近代汉语虚词

刘 坚 江蓝生
白维国 曹广顺 著

2018年·北京

图书在版编目（CIP）数据

近代汉语虚词 / 刘坚等著. —北京：商务印书馆，2018
ISBN 978-7-100-09660-7

Ⅰ．①近… Ⅱ．①刘… Ⅲ．①汉语—虚词—研究—近代 Ⅳ．① H146.2

中国版本图书馆 CIP 数据核字（2012）第 284261 号

权利保留，侵权必究。

近代汉语虚词

刘 坚 江蓝生
白维国 曹广顺 著

商 务 印 书 馆 出 版
（北京王府井大街 36 号 邮政编码 100710）
商 务 印 书 馆 发 行
北京市艺辉印刷有限公司印刷
ISBN 978-7-100-09660-7

2018 年 6 月第 1 版	开本 880×1230 1/32
2018 年 6 月北京第 1 次印刷	印张 13¾

定价：52.00 元

目 录

前言 ··· 1

一 绪论 ·· 1
 （一）近代汉语的历史年代划分 ······································ 1
 （二）近代汉语文献简述 ·· 5
 （三）建国以来近代汉语研究综述 ·································· 24

二 虚词专论 ·· 51
 （一）助词 ·· 51
  1 动态助词 ·· 51
   却 了 ·· 51
   将 ·· 69
   得 ·· 83
   取 ·· 99
   着（著）·· 113
   过 ·· 124

	2 事态助词	133
	了	133
	来	147
	去	156
	3 结构助词	166
	地　底	166
	来　得来	176
	4 语气助词	201
	呢（哩）	201
	5 概数助词	222
	以来　来	222
（二）介词、连词		241
	和　共　连	241
	吃（乞）	255
	打	273
（三）副词		285
	1 疑问副词	285
	颇　可（岂、宁、敢）　还	285
	莫	317
	2 禁止副词	323
	别	323
（四）词缀		336
	是~（阿~）	336

～生 344

三　近代汉语论著索引（1978—1989）................ 350
　（一）专著 350
　（二）论文 353

附：主要引用书目 **417**
　史传典章 417
　佛经 418
　释儒语录 418
　诗词曲 420
　笔记小说 421
　其他 423

前　言

最近十多年，是近代汉语研究的兴盛时期，在语音、词汇、语法各方面都出了不少成果，及时把这些成果加以总结、归纳，可以推动今后的研究工作向纵深发展。基于这一想法，我们把最近十年中在近代汉语虚词研究方面的一些心得整理出来，以向同行和广大读者请教。

近代汉语这一名称，是最近十多年才在语言学界通行开来的，语言学界以外的同志对于这一名称恐怕还比较生疏，因此我们在全书开头的绪论部分扼要介绍了关于划分近代汉语历史年代的几种有代表性的意见，介绍了近代汉语的主要文献资料，以及建国以来近代汉语研究的概况和研究方法，希望通过以上的介绍使读者对这一研究领域有个大概的了解。

在虚词专论部分，重点讨论了二十九个虚词，连同附带涉及的七个，共有三十六个。其中以在动态助词和疑问副词方面着力较多。这些专论有的篇幅较长，为了帮助读者掌握要点，这里先简要介绍所论各章节的主要内容。

助词类下分动态助词、事态助词、结构助词、语气助词和概数助词五类。其中动态助词讨论了"却""了""将""得""取""着""过"七个。

却、了 唐初"却"出现在"动+却+宾"格式中,已从动词转变为动态助词,改变了汉语完成态表示法,产生了一个新的语法范畴。中晚唐以后,受到"动+却+宾"格式的影响,"动+宾+了"式逐渐向"动+了+宾"式变化,"了"字开始转变为动态助词,这个过程完成于宋代。

将 "将"是由"挟持"义的动词发展成助词的。虚化的第一步是用在跟它意义相同或相近的动词之后,组成连动式或述补结构,在表示"结果"这个总的语义下,以多种语法格式分别表达完成、持续等多种语义;宋代以后,语义迅速趋向单纯表达动作的完成,语法格式也逐渐统一为"动+将+补"。

得 唐代已见"得"作动态助词,表示动作的持续或完成。主要有"动+得+趋向动词"和"表示趋向的动词+得+处所/时间名词"两种格式。清代中叶,表示动态的"得"逐渐被"了""着"取代。"得"与"将"在用法上有一些不同。

取 助词"取"的演变过程跟"将"相近。它是专门表达语法意义的虚词,但它在分布上又没有自己独具的特点,所以后来被语言实践所淘汰是毫不奇怪的。

着 "着"由"附着"义的动词虚化为表示持续态的助词,约成熟于唐代。它前面的动词分为动作本身可持续的和动作本身虽不能持续,但产生的结果是可持续性的两种。其发展大致经历了1)跟在某几类特定动词之后表示附着性结果;2)跟在一般动词后面表示动作的结果;3)表示动作状态的完成、持续以及进行这样三个阶段。

过 助词"过"产生于唐代,主要表示动作的完结,宋代又产生出表示"曾经"的用法。"过"的语义变化和发展过程受到当时助词系统中相关的几个助词(却、了、来)的相互影响和制约。

事态助词讨论了"了""来""去"三个词。

了 即通常所说的了$_2$。用在句末,主要肯定事态出现了变化,或将要出现变化,有结句的作用。"了"本是动词,它发展为事态助词是通过"动(+宾)+了"和"动+却+宾"两种表示完成态的格式的共同影响而完成的。唐以前汉语完成态句式是"动+完成动词"(如"讫、毕、已"等)。唐以后动词"了"进入这一格式,这一格式逐渐统一为"动+了","了"并获得了用于句末的位置,这是第一步。第二步,唐五代时该格式与"动+却+宾"格式合并而成"动+却+宾+了"式。第三步,宋代随着动态助词"了"(了$_1$)取代"却"的趋势,就产生了"动+了$_1$+宾+了$_2$"的格式。

来 "来"表示事件曾经发生过,是表示"曾然"的事态助词,产生于唐代。它的语法位置在句子或分句的末尾。"来"的历史表明它是汉语固有的助词,不可能是蒙语借词。

去 "去"跟事态助词"了""来"的语法位置相同,总是出现在句子或分句之末。它的功能跟"了"相近,主要表明事态的"已然"或"将然"。"去"跟"了"的区别在于"了"在早期更侧重于表示"已然"。

结构助词主要讨论了一直沿用到现代的"底""地"和现在只在少数方言中使用的"来"和"得来"。

底、地 在唐五代的文献里,这两个结构助词的使用没有清楚的分界。"底"字的使用特点表明它跟"者"字之间有来源关系。宋代以后"底""地"先后变成了"的"。

来、得来 现代吴语里的结构助词"来"始见于唐代,"得来"始见于宋金。"得来"是"得"和"来"的叠用。"来"和"得来"不是吴语所独有的结构助词,但不带补语的B式只出现在现代吴语中。不带补语的B式是带补语的A式的省略。动词"来"虚化为结构助词的义理跟"得"相类。

语气助词只讨论了一个"呢",着重探讨其表示疑问的用法及来源。结论是:现代汉语表示疑问的语气词"呢"来源于"尔"。这在上古有《公羊传》《穀梁传》的例子;六朝有各类小说的例子;五代《祖堂集》里作"聻""你""尼";北宋《景德传灯录》中作"你""那";元明以后"呢"字渐多,大致可以建立起从古代到近代的历史联系。

概数助词"以来""来" "来"是"以来"的省用。"以来"在唐代以后不只表示时间的范围,又扩大到表示处所、事物乃至人等的范围,所以它又用于表示数量的范围(即概数)是顺理成章的。"以来"和"来"最初只表示不超过某数,到后来才可兼表比某数略多或略少。文中还对比了"以来／来"跟唐以前表概数的"许"和现代表概数的"来"在位置、格式上的演变关系。

在介词、连词部分讨论了"和""共""连"和"吃""打"五个词。

和、共、连 从"和"字在文献资料中的实际用法来看，它在唐代已开始由动词发展为连词，在宋代发展为介词。"共"在唐代只作介词，宋代以后又作连词，后来渐被"和"所取代。现代汉语表示"连带"和"甚至"义的介词"连"至迟在宋代已经出现。

吃（喫） "吃"是口语里表示被动的介词，至迟在北宋就已出现。它源自动词"喫"的引申义"遭受""蒙受"。虽然它在元明文献中又写作"乞"，但这个"乞"只是"吃"的音借字或省旁字，跟现代闽南话里兼表给与和被动的"乞"不是一个来源，跟动词"给"在语音上也没有来源关系。

打 介词"打"最早见于南宋辛弃疾词。其用法依时间先后为：1）表示空间的经由（宋元）；2）表示空间的起点（约十六世纪）；3）表示时间的起点（约十八世纪）。由"打"组成的复合介词除"打从"最早见于元代外，其他如"自打""打自""从打""由打"等出现更晚，这说明介词"打"的功能不是从"打从"这一复合介词中获取的。介词"打"最有可能是从动词"打"虚化而来，即"打"有捶击、冲撞义，由此引申为顶着，冲着等朝向义；当朝向义的"打"后面出现处所名词，并再在处所词后面出现一个表示经由或趋向类的主体动词（打＋

处所名词+动）时，"打"就具备了虚化为介词的条件。

副词部分讨论了疑问副词和禁止副词两类，其中疑问副词讨论了"颇""可""还""莫"四个，附带涉及了"岂""宁""为""敢"四个词。

颇 "颇"盛行于六朝，直到晚唐以前仍然使用。它用在"VP不？"式反复问句和句末带疑问语气词的是非问句里，表示中性的疑问。

可 "可"从汉代到唐初只表示反诘问，中晚唐始见表示中性的疑问，但并不多见，且所跟动词多限于"能""是"。表示中性疑问的"可"的大量使用是在元明以后。

还 "还"盛用于晚唐五代，它在明清以前只表示中性疑问和选择问，明清时始见用于反问句。

从来源上看，"颇"与"可"有关。"可"本为助动词，在一定的语境中产生出疑问副词的用法。"颇"即"叵"，为"不可"的合音，在用法上"颇"与"可"呈互补状态。"还"与六朝时候的疑问副词"为"是替代关系，替代的基础是"还"与"为"在语义上有共同点。

莫 "莫"表示测度疑问，先秦已见其例。其语义的实质是表示不确定的肯定，并非真性疑问，在这方面跟以上三个疑问副词有明显的区别。

别 禁止词"别"是"不要"的合音。明代文献中"别要"多于"别"，"别要"是"不要"合音发生音变的反映。"别"读阳平，是"别要"连读音变的结果。

词缀部分讨论了唐五代特有的代词前缀"是～",以及形容词性的后缀"～生"。

是～ "是"加在某些疑问代词和三身代词之前,前者如"是物""是底",后者如"是我""是你""是他"。前缀"是"是从系动词"是"发展而来,是为了加强疑问代词的疑问语气和加强三身代词的指示性而使用的。前缀"是"只通行于八至十世纪左右。

～生 "生"是个形容词性的后缀,唐五代时候,它不仅用在形容词后面,也用在名词、动词(包括词组)之后,表达事物的情貌、状态。宋以后,用在分句、句子后面的"生"已经具有语气词的性质了。

汉语的特点决定了虚词研究在汉语语法研究中的重要地位。通过对上述近三十个虚词的探讨,可以窥见近代汉语语法面貌之一斑,也能从中总结出一些带有普遍性的规律。现从以下五点简要说明。

(一)唐五代是汉语发展的极其重要的时期,这一时期内出现或确立了许多新兴的语法成分、语法范畴。比如现代汉语里的动态助词系统"了""着""过"就是在这一时期出现和渐趋成熟的。联系到现代汉语的三身代词系统(我、你、他)是在唐代确立的;指示代词的二分系统(这、那)是在晚唐五代确立的;现代汉语最通用的疑问代词"什么"的前身就是唐五代文献里先后出现的"是物""是没""甚摩""什摩"等;表示复数的词尾"们"虽然始见于宋代,但唐代文献里已出现其前身"弭"和"伟"等（详见吕叔湘《近代汉语指代词》），这些事实都说明，把晚唐五代作为近代汉语历史年代的上限是比较合适的。

（二）在近代汉语时期，助词系统的发展极为活跃，呈现出纷繁交错的状态。表现在：1）往往同时出现两个和两个以上的相同语法范畴的一组虚词，比如动态助词有"却""了""将""得""取"等，事态助词有"了""来""去"等，结构助词有"得""来"等（当然它们的出现和地位有先后主次之分）。2）一个助词在承担某一主要职能之外，还往往同时兼有他种功能。比如"得"既作结构助词，又兼作动态助词；"着"既表持续态，又可表完成态；"来"既作结构助词，又可表完成态，偶或也表持续态。这种既重复又分工不明的状态不能适应语言交际的需要，因此在语言向精密化发展的过程中，通过助词系统内部的竞争和协调，淘汰其赘余成员，逐渐形成分工明确、各司其职的局面。

（三）汉语的虚词一般都是从实词发展变化而来的，通过对实词虚化过程的探讨，可以看出虚词的语法意义大都跟它所来自的实词意义有关，只不过有的语义关系比较直接（如"了""着""和"），有的语义关系不那么直接（如"吃""打"）就是了。此外，一个实词的虚化往往跟它所结合的词的类别和意义有关，跟它在句中所处的位置或语境有关，因此在探讨实词的虚化过程时不能脱离开以上诸因素进行。

（四）相同语法范畴的虚词，在语义、功能等方面必然要受到该系统中相关虚词的影响和制约，比如动态助词"了$_1$"的产生，就受到先于它产生的动态助词"却"的影响；疑问副词"岂"自上古至唐代都是兼表反问和中性疑问的，"可"最初只表反问，中晚唐开始兼表中性疑问，到了明清以后逐渐调整为"岂"专表反问，"可"专表中性疑问。因此把一个虚词放到它所属的系统中去考察，比之于孤立地研究单个虚词视野更开阔，也更便于找到问题的症结。

（五）在虚词研究中，要注意区分新的语法成分的出现和虚词替代这两种性质不同的语言现象。比如唐初在"动＋却＋宾"式中，"却"字由动词转变为动态助词，这是新的语法成分的出现。中晚唐以后，"了"受"却"的影响，由"动＋宾＋了"变为"动＋了＋宾"式，"了"也变化为动态助词，这则是一种词汇的兴替现象。再比如唐五代时，"动＋了"与"动＋却＋宾"两种格式合并为"动＋却＋宾＋了"，产生了一种新的句型，句末的"了"（即了$_2$）是新的语法成分——事态助词；而宋代的"动＋了$_1$＋宾＋了$_2$"，其中的了$_1$则是虚词的替代。

本书在写作过程中比较注重材料的搜集和选择，特别注意引用某个语法成分，某种语言现象出现的最早或较早例句，同时也很注意那些反映某一成分由量变发生质变的材料，力求以可靠材料为依据，力求立论有新意。由于本书不是一部全面、系统讲述近代汉语虚词的专著，所以凡是前人已经论及的虚词，而我们在材料和结论上没有什么不同的，这里概不收录。

为了帮助读者利用最近十年来近代汉语研究的各项成果，

本书在第三部分详列了国内外有关论著的索引。专著在前，论文在后，论文以通论、语法、词汇、语音、校勘等为序，其中又把论题相同或相关的排列在一起，这样查阅和利用起来可能要方便一些。由于条件所限，无论国内还是国外的论著肯定都会有一些遗漏，这里只能请求作者和读者原谅。

这本书由我们四人分写，在体例和内容上定有照顾不周之处；而且由于我们的水平有限，肯定会有叙述疏漏和结论不当之处，这些都恳请读者和同行们批评指正。要写出一部比较全面的近代汉语语法，进而写出一部全面的汉语语法史，需要有很多人共同努力，但愿这本小书能为汉语语法史的研究增添一砖半瓦。

作　者
1990年4月

一 绪论

（一）近代汉语的历史年代划分

近代汉语是汉语历史发展中的一个阶段。近代汉语从什么时候开始，到什么时候结束，它的上限和下限是我们在研究工作中首先遇到的问题。

围绕这个问题，语言学界大致有以下几种意见：

1. 王力早在二十世纪五十年代首先提出"应该以语法作为主要的根据"来看待语言发展，而"语音和语法有密切关系，……都是整个系统，所以语音的演变也可以作为分期的标准"。"一般词汇的发展，也可以作为分期的标准，但它不是主要的标准"。按照这些标准，他提出"公元十三世纪到十九世纪（鸦片战争）为近代"。"近代汉语的特点是：1）全浊声母在北方话里的消失；2）-m尾韵在北方话里的消失；3）入声在北方话里的消失，等等"。（《汉语史稿》上册，34—35页，1958）

潘允中的意见与王力比较接近。他认为"自宋元明清至鸦片战争以前，是汉语史的近代时期"。"在这期间，动词词尾'着''了'，形容词词尾'的'，副词词尾'地'，都已经普遍使用，日趋于规范统一。由古汉语发展而来的句末语气词'么''吗''呢''哩''呀'，在近代书面语言里已广泛出现……"他还举出了这个时期句法上的一些发展。(《汉语语法史概要》，17页，1982）

2. 吕叔湘论证这个问题时，先肯定了"把五四时期定为现代汉语开始的时期是合理的"。然后把五四时期以前的语言分成古代汉语和近代汉语两个时期。他说，"尽管从汉魏到隋唐都有夹杂一些口语成分的文字，但是用当时口语做基础，而或多或少掺杂些文言成分的作品是直到晚唐五代才开始出现的（如禅宗语录和敦煌俗文学作品），因此我们建议把近代汉语的开始定在晚唐五代即第九世纪。"他还指出，"尽管我们说古代汉语、近代汉语、现代汉语，我们却不认为把汉语史这样平分为三段是适当的。我们的看法是，现代汉语只是近代汉语的一个阶段，它的语法是近代汉语的语法，它的常用词汇是近代汉语的常用词汇，只是在这个基础上加以发展而已的。"(《近代汉语读本》序，1983）

1984年，吕先生在《近代汉语指代词》一书的序里重申了这一看法。他说，"秦以前的书面语和口语的距离估计不至于太大，但汉魏以后逐渐形成一种相当固定的书面语，即后来所说的'文言'。虽然在某些类型的文章中会出现少量口语成分，但是以口语为主体的'白话'篇章，如敦煌文献和禅宗语录，却要到晚唐五代才开始出现，并且一直要到不久之前才取代'文言'的书面汉语的地位。根据这个情况，以晚唐五代为界，把汉语的历史分成古代汉语和近代汉语两个大的阶段是比较合适的。至于现代汉语，那只是近代汉语内部的一个分期，不能跟古代汉语和近代汉语鼎足三分。"

由此可以看出，吕先生主要是从文言和白话的消长，综合了语法和词汇标准，来划分近代汉语这一历史时期的。

3. 吕叔湘的看法发表以后，引起了近代汉语研究者的重视，1986年在上海举行的第二届近代汉语研讨会上曾对此进行了专门的讨论。杨耐思、袁宾的意见后来写成专文发表。杨耐思认为，"语音、词汇和语法三者的发展不平衡，所以近代汉语的上限与下限不能一刀切。"他同意近代汉语大致上是"晚唐五代到清代的一千余年"。（《加强近代汉语研究》，《语文建设》1981年第1期）袁宾提出，近代汉语的历史范围，不采用画线切分规定上下限的方法。他认为，汉语历史阶段由主干部分和交替重叠部分组成，以南宋、元、明、清初为近代主干，上下可推延几个世纪。（《论近代汉语》，《广西师大学报》1987年第1期）

胡明扬在研讨会上详细论述了他的看法。他认为，近代汉语的上限不晚于隋末唐初，下限不晚于《红楼梦》以前，《红楼梦》对话部分反映的口语应该是现代汉语。他提出的分期标准是：1）语音上阴阳入对应的严整格局开始动摇，入声韵尾-p，-t，-k从相混到消失；全浊声母的消失；-m韵尾的消失。2）语法上"的""了""哩／呢"的出现和全面代替旧的助词系统；

"这、那"替代"彼、此";"将/把"字句的出现和发展;"动+将+趋"的出现、发展和消失。3)语汇中"我、你、他"(还有"们")的出现和全面替代"吾、汝、其"等古汉语人称代词。

蒋冀骋不同意"隋末唐初"说,他举出许多语言事实,认为胡明扬的说法不能成立。他也不同意王力的十三世纪上限说,认为王力概括的三个特点中,"至少有两项(如全浊声母、入声韵尾的消失)并不是在元代才出现的"。他同意吕叔湘的意见,但并不同意古代、近代二分的说法。蒋冀骋的意见是把晚唐五代到明末清初(九至十七世纪)划为近代,他的分期标准是:

1)音韵上,轻唇音已分化;舌上音已与照三合流;全浊声母、入声韵尾开始消失;-m韵尾开始动摇。

2)词汇上,方言俗语大量使用;"头、子、老、打"等构词成分的出现和大量使用;双音词增多;新义大量出现;外来词大量进入。

3)语法上,出现了新的指代词,新的语气词,被字句、把字句有了新的发展。(以上见蒋冀骋《近代汉语词汇研究》,杭州大学博士学位论文,1989)

目前对近代汉语历史年代划分问题的讨论还没有得出完全一致的结论,但是大部分近代汉语研究工作者倾向于接受近代汉语的上限定在晚唐五代前后,下限定在清代前后的意见。这个问题的最后解决,还有待研究工作的进一步深入。随着研究工作的进一步深入,对近代汉语的描写将会更加细致和充分,分期问题也将得到明确的答案。

（二）近代汉语文献简述

我们研究古代汉语，跟研究现代汉语有一点不同：研究现代汉语，除了依靠书面材料以外，还可以直接分析活在现代人口头上的语言材料；而研究古代汉语，却只能依靠古代留传下来的书面材料。换句话说，研究现代汉语，既可以研究书面语，也可以研究口语；而研究古代汉语，则只能研究古代书面语，尽管这种书面语本来也是拿古代口语做基础的。

汉语从有文字记载算起，已经有了三千多年的历史，也就是说，汉语的书面语已经有了三千多年的历史了。在这么长的时期内，书面语反映口语的程度是不一样的。《诗经》里的"国风"是民间口头文学的记录，《论语》是孔门弟子记录下来的当时的言谈，应该都是比较接近口语的。即使像《尚书》那样，在今天看来非常古奥难懂的文章，在当时也该是距离口语不远的。只不过在汉魏以后，写文章的人往往沿袭和模仿先秦的语言，书面语跟口语的距离才越来越大，逐渐形成了称为"文言"的书面语，在书面上占据着统治地位，一直延续了约两千年之久。我们今天所说的"古代汉语"，实际上就是指的这种文言；就连先秦那些本来比较接近口语的书面记载，因为它跟现代的语言差别太大，也归到了文言的范围之内。这样算起来，文言的历史就有三千多年了。

跟文言相对待的是"白话"。白话从什么时候开始，这个问题很难用简单的话说清楚，因为在文言占据统治地位的古代，很少有人用真正的白话来写文章。我们今天所能看到的通篇纯用白话写成的作品，最早要算那些被称为"话本"的短篇白话小说，其中有些篇的初作年代大约可以追溯到南宋末年。当然，这不等于说白话迟至南宋才产生。"话本"那样的白话作品，不可能是突然出现的。在它之前，晚唐五代的"变文"已经相当接近口语，敦煌所出的一些话本和俗赋也是如此，这都可以说是古代白话作品的滥觞。如果再往上追溯，六朝时翻译佛经，译成的文章里就有不少口语成分。因为宗教要以一般群众为宣传对象，自然不能完全用脱离群众口语的文言来从事译述。南朝刘义庆撰写《世说新语》，记述后汉至东晋间佚闻遗事和名士言行，书中也有许多口语语汇。拿韵文来说，从六朝乐府歌辞直到一部分唐诗，都比同时代的散文更加接近口语。上述这些作品为通篇语体的白话文章的产生准备了条件。

近代汉语以上面所说的唐五代以来的早期白话为研究对象，这方面的研究应该是汉语研究范围里的一个重要环节。如果不把近代汉语研究清楚，那就不能够说对汉语史已经有了全面的认识。而要弄清现代汉语中的一些现象，也往往要上溯到近代汉语，因为两者之间本来就有很密切的历史联系。

下面分类介绍有关近代汉语的文献。

壹　敦煌文献

1899年（一说1900年），敦煌莫高窟千佛洞的藏经洞被发现了，其中所藏佛教经典和其他文献约在两万卷以上，这就是有名的"敦煌石室藏书"。从1907年至1908年，这批文献先后遭到英国斯坦因（M. A. Stein）和法国伯希和（P. Pelliot）的劫夺。1910年清政府才把劫余部分运来北京，押运途中及运京以后又遭到劫掠。斯坦因所获汉文古写本及刊本，今藏伦敦大英博物馆，编号以字母S起头，已经整理出来的约有七千卷。伯希和所获约有二千五百卷（不包括藏文写本），今藏巴黎国家图书馆，编号以字母P起头。这两批，特别是巴黎所藏，都是敦煌文献中的精华部分。劫余部分收藏在北京图书馆，按千字文顺序"天、地、玄、黄"等编号，总数约八千卷。此外还有散落在国内外的。这部分文献过去不大有人知道，现在逐渐披露出来，其中最重要的是苏联科学院东方学研究所列宁格勒分所的收藏。

敦煌石室藏书绝大多数是写本，刊本只占百分之一二，写本年代大概从四世纪末到十世纪末。其中大多数是佛教经典，也有经史子集四部书籍、契约文书、账籍、"俗讲"文学作品、诗词、俗赋，等等。对于古代白话的研究来说，文学作品、契约文书等是最重要的资料，因为这些材料大多比较接近口语。

唐代寺院中盛行一种"俗讲"，讲的内容多取材于佛经，也有不少取材于民间传说的历史故事；讲的形式多半是有说有唱；讲唱的对象是一般百姓，所以必须通俗易懂。敦煌石室所出俗讲底本名目很多，有变文、词文、传文、押座文、缘起等，通常用"变文"这个名称来概括其余。变文大部分有说有唱，也有纯用散文，有说无唱的。这种俗讲文学作品与宋代话本有密切的渊源关系，有的作品如《庐山远公话》在题目上就已经标明是一种话本了。一般说来，演述佛教故事和民间故事的作品，其白话化的程度要比演述历史故事的为高，对于语言研究就更有价值。在同一部作品中，韵文部分的口语化程度又常比散文部分为高。

敦煌石室所出诗词，有五言白话诗、王梵志诗、曲子词等。

契约文书之类除了作为经济史的研究资料之外，对于语言研究也是很有用的。这类材料虽然不是纯用白话写成，但写的人文化程度一般不高，常常露出白话的痕迹，而且这些文书往往有年代可考，所以对于我们的研究工作还不失为有用的材料。

敦煌藏书发现以后，引起了国内外学者的注意。半个多世纪以来，逐渐形成了一门"敦煌学"。诸学者校录出版的俗讲文学作品和诗词辑集很多，利用颇为方便。比较早的有罗振玉《敦煌零拾》（1924），刘复《敦煌掇琐》（1925），许国霖《敦煌杂录》（1937），等等。解放后出版的较为重要的辑集有周绍良《敦煌变文汇录》（1955），王重民等《敦煌变文集》（1957），周绍良等《敦煌变文集补编》（1989），王重民《敦煌曲子词集》（1950），任二北《敦煌曲校录》（1955），张锡厚《王梵志诗校辑》（1983），项楚《〈王梵志诗校辑〉匡补》（1985），等等。契约文书的辑集有中国科学院历史研究所（现属中国社会科学院）资料室编的《敦煌资料》第一集（1961）。不过敦煌写卷异文别字很多，利用过录排印的本子时，最好能用原卷照片参校。现在北京图书馆等处所藏敦煌文献显微胶片比较齐全，可供利用。

此外，把目前所能见到的敦煌文献摄成照片，纂为一书，因而便于翻检的，要推台湾黄永武所编的一百四十钜册《敦煌宝藏》（1986）。这是一部非常有用的敦煌文献总集。

利用敦煌文献，一份完备的目录是必不可少的。过去国内外编制的敦煌文献目录很多，各有所长，用起来最方便的要算是商务印书馆编印的《敦煌遗书总目索引》（1962）。白化文等所著《敦煌学目录初探》（1989）可以说是目前对于敦煌学各种目录的最好的总结。

贰　禅宗语录和宋儒语录

禅宗是中国佛教史上重要流派之一。它托始于菩提达摩而畅行于惠能，惠能被称为"六祖大师"，唐贞观十二年至先天二年时人。

佛教传入中国是东汉初年的事。佛教的势力，六朝时渐臻巩固，到隋唐时期有了更大的发展，形成了许多宗派。当时一般佛教宗派都注重背诵和解释浩如烟海的佛教经典，着重繁复的宗教仪式和认真修行的所谓"渐修"功夫。在寺院经济日益发达的情况下，逐渐产生了一批显贵的僧人。他们交接官府，出入宫廷，并且占有大量的土地和奴仆，形成佛教中的贵族派。同时，也出现了像禅宗这样的平民派：他们出身比较贫苦，没有很多学问，不注重背诵佛经和引经据典，也不讲究宗教仪式；他们只凭借自己的主观信仰，以"顿悟"为教义，也就是说，不必刻苦修行，只要主观上有所觉悟就可以成佛。

禅宗用所谓"机锋"来传授其基本主张。所谓"机锋"，是因人因时因地而采用的一种宗教上的教学方法：有时对同一问题作不同的回答，有时对不同的问题作相同的回答，有时对所提出的问题根本不作回答。发展到后来，更用比喻、隐语，甚至用拳打脚踢来表达自己的思想。这些禅师们问答的记录就是禅宗语录。由于这一宗有它特殊的主张和方法，不重背诵而采取口耳传习，因此其语录也就很多。禅宗语录盛行于唐代和北宋，今天看到的这一时期的语录都很接近口语，这以后的语录大多陈陈相因，沿袭前人的套语，同实际语言的距离也越来越大。

禅宗语录有单行的，也有后人编成总集的。单行的如《六祖坛经》《神会和尚遗集》等。日本《大正新修大藏经》和《续藏经》收录禅宗语录很多。禅宗语录总集最重要的是《祖堂集》和《景德传灯录》。

《祖堂集》是现存最早的一部禅宗史料总集，二十卷，南唐泉州招庆寺静、筠二禅师编集，书成于南唐保大十年（952年）。本书收录雪峰义存一系禅师的语录至多，可以看成禅宗南宗的历史。这部书在我国早已失传，直到二十世纪初才在朝鲜发现高丽朝高宗三十二年（1245年）的覆刻本木版。覆刻本现在也不易见到，日本有影印本。

北宋道原编的《景德传灯录》辑录唐五代以来禅宗语录，凡五十二世，一千七百零一人，是一部重要的总集。与《祖堂集》相比勘，可以看出道原编集此书时已对有关材料做了不少剪裁，但是可以肯定并没有过多的删改，作为研究唐五代以迄宋初的口语的材料而言，应该是可信的。本书有四部丛刊三编影宋本和碛砂藏本等版本。

应该注意的是，现存唐代禅宗语录大多是后世编纂的，不免会有后人修改之处，有的甚至经过多次改订。如前述《六祖坛经》现存最古的敦煌本，大约已是五代写本，已经不是原来面貌；更不用说宋以后的本子，改动就更多了。《祖堂集》一书，我们相信它最能够存真，但也已掺入了少数宋初的材料。此外，同一个禅师的语录见于不同的集子，文字也常常会有出入，利用这些材料之前，有时需要做一番校勘的工作。而且这类材料在用作语言研究的资料时，最好能参考同时代的其他材料，避免单纯根据语录材料来下结论。

语录以记言为主，另外还有一种以记行为主的文字，可以附在这里来谈。

《入唐求法巡礼行记》四卷，日本僧圆仁撰。圆仁生于延历十三年（794年），卒于贞观六年（864年），谥慈觉大师。他在承和五年（838年）作为请益僧由日本遣唐，承和十四年（847年）归国，历时十年。他曾到五台山巡礼，后来又到长安，足迹遍及今江苏、山东、河北、山西、陕西、河南、安徽。《入唐求法巡礼行记》是他遣唐十年间所写的日记，始于承和五年六月十三日，止于承和十四年十二月十四日。全书用浅近文言写成，比较接近口语体，可供研究晚唐词汇语法时参考。

本书有正应四年（1291年）京都东山长乐寺僧兼胤抄本，现藏京都东寺，为日本国宝。《大日本佛教丛书·游方传丛书》排印本（1918年），以东寺本为底本。

佛教势力兴盛的时候，儒家思想受到压抑，从南北朝到隋唐，前后数百年之久。唐中叶以后，终于引起了反抗。韩愈攘斥佛老，已开其先河。宋儒更以古代儒家思想为本，融合老庄思想，建立了所谓"道学"。他们喜欢给儒家经典以新的解说，同时又受禅宗口耳传习的教学方式的影响，讲学之风一时大盛，而讲学时又多用通俗的语言，这种讲学或谈话的记录就是这里所说的宋儒语录。

道学创始者是周敦颐、邵雍、张载，集大成的是程颐、程颢兄弟，称"二程"。二程的弟子很多，到南宋时分为两大派：一派宗小程，以朱熹为首，影响直至元明；一派宗大程，以陆九渊为首。他们的语录分别见于各自的文集，接近口语的程度很不一样，比较而言，程朱语录，特别是朱熹的，更接近口语。朱熹的语录有专门的辑本，容易看到的有清代张伯行编的《朱子语类辑略》，有丛书集成据《正谊堂全书》排印本。

元明以后的儒家语录多承袭旧说，陈词滥调很多，不大能反映语言实际情况。

叁　诗、词、曲

早期白话有些虚词始见于唐诗，但是唐诗很少有通首用白话的，宋诗也如此。王梵志是唐代早期白话诗人，敦煌卷子里存有他的诗集（残）。寒山和拾得也是以白话写诗的，不过他们两人的时代不很清楚，有的书上说他们是唐贞观时人，有的书上说他们是唐大历时人，两说相差一百年以上。国外有的学者主张有两个寒山。《寒山子诗集》有四部丛刊初编影宋本，附载拾得诗。宋邵雍有《伊川击壤集》，是介乎文言和白话之间的诗集，有四部丛刊影明刊本。

词是盛唐开始出现，中晚唐以后进一步发展，两宋时十分盛行的一种新的诗歌体裁。宋词反映口语胜于唐五代词，但宋词内部情形很不一致，大体上可以分为三种：

1）作品中偶尔出现白话词语。大部分宋词属于这一类。

2）通首在雅俗之间。典型的如辛弃疾的部分作品。

3）通首俚俗的。这一类作品数量最小，典型的如黄庭坚的若干作品，可能是以方言入词的缘故，有些句子今天已不易读懂。稍后的晁元礼和曹组也是以口语入词的作家。

与诗词相比，更值得重视的是曲，一般说来，这是比诗词更接近口语的资料。例如：

1. 诸宫调

诸宫调是一种有说有唱而以唱为主的讲唱故事的民间文学形式。说的部分用散文，唱的部分用宫调。相传是北宋民间艺人孔三传所创，是一种北曲。现存诸宫调只有金代的两种作品，即《刘知远诸宫调》（残本）和《西厢记诸宫调》，以及见于曲集和曲谱的元代王伯成《天宝遗事诸宫调》佚曲。

2. 戏文

戏文又称南戏，是一种南曲。它产生于宋室南渡以后，流行于宋元时期。现在流传下来的不多，最著名的是《永乐大典戏文三种》，大概都是元人作品，不过其中《张协状元》戏文的时代也许要早到南宋。此外，有传本的戏文凡十五种，《古本戏曲丛刊》初编都已收入。戏文中，宋元旧篇不少，但其中有许多已经过明朝人妄改。戏文还有许多散佚了的，钱南扬辑有《宋元戏文辑佚》一书（1956），可供参考。

3. 元杂剧

杂剧是元代最重要的文学样式，我们通常所说的"元曲"就是指元杂剧。这是以元代大都为中心而广泛流行的一种北曲。杂剧有唱有说，唱的部分称为"曲"，说的部分称为"白"或"宾白"。它以同属一个宫调的一组曲子为一折，一般每本杂剧是四折，往往再加一段"楔子"。曲文部分是文白夹杂的，自成程式，形成一种"曲的语言"。对于语法研究来说，它的用处几乎只限于虚词，但词汇方面却是一个宝库，元代白话词语在这里有相当充分的反映。当然，在取材的时候也需要辨别什么是口语语汇，什么是文言性的套语。杂剧的宾白部分里，白话成分比较多。但是现存三十种元刊本杂剧里只有极简略的宾白；今所见明刊本和明钞本的元杂剧，里面的宾白虽较元刊本完全，但很可能是累次演出中逐渐形成而到明代才写完了的，至少也是经过明朝人修改和润色的。因此，杂剧的曲文和宾白作为语言研究材料的价值是不一样的。

明朝人编印元杂剧多有改动，因此《元刊古今杂剧三十种》是最可靠的。此外，比较能存元人之旧的有：明万历龙峰徐氏刊本《古名家杂剧》，明息机子编《古今杂剧选》，万历顾曲斋刊本《元人杂剧选》，以及万历赵清常钞校的《脉望馆钞校古今杂剧》。特别是赵氏钞校的脉望馆本，大多从内府藏本录校，态度相当严谨,并不任意删改原文。这许多本子现在都有《古本戏曲丛刊》四集影印本,取材很为方便。臧懋循(晋叔)编选的《元曲选》是流传最广的本子。臧氏所见虽然也多内本,但编集时删改很多,作为语言研究的材料,价值不如脉望馆本。

4. 元散曲

散曲兴起于金而极盛于元,是一种雅俗共赏的文学作品。它分小令和套数两类。小令通常以一首为一篇;套数则联合几个曲子为一套,往往附有尾声。散曲的语言与杂剧一样,也常常是文白夹杂的,有的甚至比杂剧更典雅一些,但是也有一部分作品,或抒情,或咏物,或谐谑,反映口语的程度远胜于杂剧。例如杜善夫《庄家不识勾阑》、关汉卿《不伏老》和《女校尉》、马致远《借马》、睢景臣《高祖还乡》,等等,几乎可以说是明白如话。总的来说,元人散曲里不乏好材料,值得利用。

现存元人选辑的散曲集只有《阳春白雪》《太平乐府》《乐府新声》《乐府群玉》四种,元代散曲作家有别集流传下来的也不多,其余作品多散见于各种曲选、曲语、词集等。隋树森辑有《全元散曲》(1964),是比较完全的散曲总集。

肆 文集

一般说来,文集里边极少见成篇的白话资料。《文选》卷四十所收梁任昉《奏弹刘整》,具录家奴婢女证词,反映出当时口语的实际情况,但这类文字在文集里殊不多见。收入文集的书信和公文性质的篇章里有时出现一些白话成分,有的"家书"白话成分更多一些。这类材料需要我们多方细心搜寻。

文集里有时也能发现很宝贵的材料。比如元代的大臣给皇帝讲解汉文典籍，他们的文集里有时就保存着讲谈的记录等材料。吴澄的《吴文正公集》记有他给皇帝讲史书的"讲议"，许衡的《许文正公遗书》有《直说大学要略》《大学直解》《中庸直解》，语言都很通俗。元代散曲作家贯云石也有用当时的口语逐字逐句翻译《孝经》的《孝经直解》，是至大年间进呈太子爱育黎拔力八达即后来的元仁宗的。

此外，明代刘基《诚意伯文集》卷首的《遇恩录》记录了明太祖召见刘基的儿子刘仲璟时的谈话。清代钱谦益《牧斋初学集》"太祖实录"里有明初李善长一案的许多供词。这都是不可多得的很好的白话材料。

伍　史籍

史部书籍中，正史都出于文人史官之手，编写这些史书所用的原始资料大多经过熔铸改写，字句已经不是本来面目，因此，一般说来，正史里保存白话资料不多。但史传中往往摘录奏疏书札或记录人物对话，其中有时也会出现接近口语的成分，这种情形与文集类似。《汉书》以行文艰深严整著称，而《外戚·孝成赵皇后传》里审讯宫女时的口供却比较浅显。《三国志》裴注以博洽称，其中也有一些零星的接近口语的材料。此外，《魏书》《宋书》《南史》《北史》里保存白话资料多一些，《旧唐书》和《旧五代史》也较胜于《新唐书》和《新五代史》。这些史书里零星的白话材料，需要我们耐心地去爬梳剔抉。《元史》里的《泰定帝纪》所载泰定帝即位诏，明洪武刊本采用的是从蒙文直译为汉语白话的文体，直到乾隆四年刊本仍保留原貌，后来的版本才改译为文言（中华书局标点二十四史本《元史》里，这一段用的是白话体），这样的材料在正史里是比较难得的。

比之正史更可注意的是实录、会要、别史、稗史，等等。这些书里除了零星的白话资料之外，还能够找到成段甚至成篇的白话资料，如诉状供词、审讯记录、谈判记实，乃至对战争经过的描写之类。例如李焘《续资治通鉴长编》卷二百六十五载有沈括在宋神宗熙宁八年受命出使契丹谈判领土问题，回国后的翔实报告《乙卯入国奏请》。李心传《建炎以来系年要录》编年记述宋高宗朝三十六年间事，书中摘录了一些狱辞、诉状、劄子。特别是该书卷一百四十三所录的王俊首岳侯状，全用白话，是书中最长的一篇白话资料。徐梦莘《三朝北盟会编》网罗旧闻，拾掇各书，记述宋徽宗、钦宗、高宗三朝与金人和战的始末，书中采用的《燕云奉使录》《茅斋自叙》《靖康城下奉使录》《山西军前和议奉使录》《秀水闲居录》等都有不少白话材料。明朝人编的《纪录汇编》里也有好几种白话记录。如《正统临戎录》用白话记录了明英宗"土木之变"中被俘经过。这些完整的白话材料都是正史里所不易见到的。

《元朝秘史》，元初人撰，所记元先世及太祖、太宗两朝事迹。原书用古蒙文写成，约在明洪武初年译成汉文，译文全用白话。有四部丛刊影顾千里本等版本。《元典章》，胪载元世祖即位至英宗二年期间法制、案牍、诏令等类文件。其中大量文件译自蒙文，和《元朝秘史》一样，全用白话。有元刊本。陈垣《沈刻元典章校补》比较易得。此外，元代还有一种白话碑，碑文大多译自元代蒙文公牍。元代各种公牍大都先用蒙文写成，再译为汉语白话，刻在石碑上就成为白话碑，从广义上说，也是一种史籍。有冯承钧和蔡美彪两种辑本。

《元朝秘史》《元典章》和元代白话碑是同一种文体，即翻译体，与当时实际语言虽然还会有差别，但这样长篇的白话文献还是非常难得的。

陆　笔记小说

笔记小说这种体裁出现于汉魏，唐宋达到极盛。它的特点可以用一个"杂"字来概括，举凡稗乘野史，乡土风物、琐事遗闻乃至齐谐志怪，几乎无所不包。笔记小说的作者往往不刻意为文，文辞不求典雅，所以有时比较接近口语，或者叙事趋于文言而记言趋于白话。不过其中的白话资料大多是片言只语，很少成篇的。而且历代笔记小说数量极多，浩如烟海，这类白话材料只能披沙拣金地去搜求。

除了记述小说故事、琐事遗闻以外，笔记小说里还有考据辨证一类值得注意。作者所考订的有故实，也有名物，乃至方言俗语，这对古代白话词语的研究是很有用处的。这类考据性质的笔记小说，唐代有封演的《封氏闻见记》，李匡乂的《资暇集》；宋代有洪迈的《容斋随笔》，程大昌的《演繁露》；元代有李冶的《敬斋古今黈》；等等。明代顾起元的《客座赘语》以记金陵掌故为主，同时也记载了金陵一带的许多方言词。

笔记小说大多散见于各种丛书，上海图书馆编的《中国丛书综录》(1959)是一部很好的书目,所收丛书很多,可以据此查找编入各种丛书的笔记小说。

笔记小说的辑集不多,最重要的辑集是宋初李昉等编的《太平广记》。《太平广记》是一部大型类书,收集汉魏六朝直至宋初的笔记小说,凡五百卷,引书达四百七十五种。其中保存了不少古代,特别是唐五代至宋初的白话语词。

笔记小说里间或有成篇的白话材料。如宋代王明清《挥麈录》所载王俊首岳侯状,反映出王俊受命陷害岳飞、张宪的经过(文字与《建炎以来系年要录》略有歧异)。元代陶宗仪《南村辍耕录》载有王万里妖术害人供状。这都是通篇用白话的。

柒 白话小说

白话小说渊源于古代民间艺人的讲说故事——"说话"。说话这种伎艺唐代已经出现,到了宋代,由于城市经济发达,说话伎艺作为市民文学更加盛行。说话艺人称为"说话人","话本"就是说话伎艺的产物,也就是这里所说的白话小说。

敦煌所出的《庐山远公话》《叶净能诗》《唐太宗入冥记》《韩擒虎话本》等作品是我们目前所能看到的最早的话本,它们的时代大约在晚唐五代。还有南宋刊刻的《大唐三藏取经诗话》,通常认为南宋作品,但细考其内容,与敦煌所出话本实在是非常相近的东西。它的时代很可能早于南宋,甚至与敦煌话本相近,但在刊刻时已经掺入了一些宋代语言成分。这些话本虽然用通俗浅近的文言写成,但白话化的程度相当高,尤其在对话方面,是很接近口语的。

宋代说话伎艺分为许多家数，其中最重要的是"小说"和"讲史"两家。

明代洪楩编刊的《清平山堂话本》，今存二十九篇，除了两篇文言小说以外，其余已是通体白话，不同于比较早的敦煌话本。这二十九篇中有三篇是明朝人的作品，其余大概可以认为初作于宋元而在不同程度上经过明人修改。但是总的说来，可以相信，《清平山堂话本》所收白话小说是比较多地保留了宋元时代语言特点的。

还有一部很有争议的话本集，就是缪荃孙在1915年影刻的《京本通俗小说》。据缪氏自称，这是一个残本，包括九篇话本，他影刻了七篇，所据底本"的是影元人写本"。但是近半个世纪以来，国内外的研究者举出大量证据，证明所谓《京本通俗小说》不过是缪荃孙的伪托，这七篇话本实际上是他从"三言"里边的《警世通言》和《醒世恒言》中抽出来的。

明末冯梦龙编成的《古今小说》（又称《喻世明言》）、《警世通言》和《醒世恒言》，合称"三言"，收集宋、元、明三代的话本以及文人拟作的话本共一百二十篇，是最重要的话本和拟话本总集。民间话本和文人拟话本，作为语言研究的资料，其价值当然是不一样的。即使是民间话本，也有一个写作时代问题。现存的话本没有一篇署上作者的名字，无从知道其确切年份。而且这些话本大概都经过不断修改补充。有的作品中，宋元的语言成分仍然是主要的；有的作品实际上已经过明朝人改写或改编，其中明代的语言成分就更多。由于话本语言层次上的这种复杂性，给我们利用这部分资料增加了困难。我们在利用这部分资料的时候有必要分辨清楚话本里的语言哪些是宋代的，哪些是元代的，哪些是明代的。

"三言"以后，明朝人仿作的话本很多，例如初刻和二刻《拍案惊奇》、《醉醒石》，等等。这些作品的作者大多是南方人而模仿北方话，但对后世有相当影响，清末的白话小说大多从此学习而来。

以上是说宋元说话伎艺中"小说"家及其影响。"讲史"家的话本有《新编五代史平话》和《全相平话五种》。前一种历来看作宋人作品，其实未必可靠，至少是经过元人修改的。后一种是元至治刊本，是元人作品。还有《大宋宣和遗事》一种，像是讲史艺人所用的资料书，书中大抵用浅近文言而夹杂了一些白话，过去认为是宋人作品，但从书中时有元人语以及谈到宋亡以后的情况来看，它的时代不会早到宋代。

《薛仁贵征辽事略》是从《永乐大典》中发现的唯一的一部讲史话本，赵万里定为南宋或元初作品。

元末明初开始出现了长篇白话小说，《水浒传》是其中最著名的一部。水浒故事在南宋时应该是有底本的，这种底本今天已经不存；但《大宋宣和遗事》中宋江三十六人故事已具水浒传的雏形，宋人笔记里也提到"宋江事见于街谈巷语"，可见水浒故事在当时相当流行。在长期流传过程中最后形成了长篇的《水浒传》。关于它的作者，向来有罗贯中、施耐庵二说，又有"施耐庵的本（即"底本"），罗贯中编次"的说法。它的语言与元杂剧一系的北方官话不同，大致是以南方官话（江淮流域）做基础的。

《西游记》，吴承恩著。吴氏明弘治至万历时人，《西游记》以江淮方言为基础。

《金瓶梅》，明兰陵笑笑生著。笑笑生不知是谁。兰陵，一般认为山东峄县，也有认为浙江兰溪的。关于本书的作者，向有争论。有人认为本书作于嘉靖间，有人认为本书作于万历时。本书的方言，过去多看成山东方言，但近年的研究表明，除了山东方言（这大概还是主要的）以外，书中还有江淮一带的官话以及浙江地区的吴语。总之，《金瓶梅》的作者、成书时期、方言背景都还值得进一步研究。

吴敬梓的《儒林外史》和曹雪芹的《红楼梦》是清朝前半期长篇白话小说最重要的代表。前者用的是下江官话。后者用的是北京话，间或也有南方方言词语。

清朝后半期的白话小说《儿女英雄传》，从语言上看，已经很接近现代汉语了。

捌　会话书

会话书指非汉族人学习汉语白话的教科书。作为学习汉语的教科书，会话书的语言应该是典范的，合乎共同语标准的；古代的会话书是我们今天研究古代白话的极好资料。

《老乞大》和《朴通事》是旧时朝鲜人学习汉语的两部会话书。原著者已不可考，成书时期也没有记载，据研究者的考订，成书约在元朝末年。这两部书所反映的大致是宋元以来的北方话，也有少数元代蒙古语成分。

关于这两部书最早的记载，见于朝鲜《世宗实录》。《世宗实录》卷二十，世宗五年（相当于明永乐二十一年，1423年）六月壬申条："礼曹据司译院牒呈启：'《老乞大》《朴通事》《前后汉》《直解小学》等书，缘无板本，读者传写诵习，请令铸字所印出。'从之。"可见这两部书早已编定，但没有刊本。印成书是世宗五年至十六年间的事。可以想象，在两书传抄、刊板的过程中，一定会有所改动，以适应发展变化了的语言；并且在印成书之后也还有随时改订的必要。我们现在看到书里的语言风格并不很一致，有的地方还提到"古本"如何如何，可见原来是不止一个本子的。现在通行的是收在朝鲜《奎章阁丛书》里，加上了"谚语"的《老乞大谚解》和《朴通事谚解》。谚解的作者是著名语言学家崔世珍（十六世纪中叶人）。还有《老乞大集览》《朴通事集览》《单字解》等，是研究这两部书的重要参考书。

这两部书内容很丰富。《老乞大》以旅行、商业交易方面的会话为主要内容，而《朴通事》则几乎涉及社会生活的各个领域，举凡名物制度、社会习尚、饮食起居、文化娱乐，都利用对话形式编入书中。这两部书是我们今天研究当时口语语汇的好材料。

清代有不少会话书。满族人学汉语，西方人学汉语，日本人学汉语，都编有会话教科书。但就其内容而言，已经近于现代汉语。

近代汉语文献是非常丰富的，这里所述只不过是沧海一粟，没有提到的还非常多。例如历代所修的各种地方志，其中就保存了许多方言俗语材料。日本波多野太郎教授辑成《中国方志所录方言汇编》九编，我国《方言》杂志1980年第3期发表了这九编的总目录，查阅方便，这里就不多说了。

（三）建国以来近代汉语研究综述

近代汉语是汉语研究中的一个重要环节，也是一个薄弱环节。传统语言学受其研究目的和方法的局限，很少涉及近代汉语。从二十世纪四十年代起，一些前辈语言学家开始使用科学的方法从事这方面的研究，并取得了一些重要的成果。但在当时，无论是从事这方面研究的语言学家，还是所取得的研究成果，都为数不多。建国以后，近代汉语研究工作逐渐开展起来，出现了一些重要的著作和论文。近十余年，有了较快的发展，已经开始形成了一支较稳固的研究队伍，每年都有一批新的研究成果出现，并先后在武汉华中工学院（1984）、上海教育学院（1986）、深圳大学（1988）举行了三次近代汉语研讨会。经过四十年的努力，近代汉语研究的局面已经打开，对一些基本问题经过讨论逐渐取得了趋于一致的认识，资料整理和普及工作取得了一定的进展，词汇、语法研究工作已经广泛地开展起来，同时也逐渐形成了一些具有一定特色的研究方法。

壹

近代汉语是汉语研究中一个较新的分支，它所研究的文献资料是与文言相对的古白话材料。这些材料，在传统语言学中不被重视，在现代很少为人所知，所以，近代汉语研究所面临的一个重要任务，就是介绍、整理有关的文献资料和普及近代汉语知识。近年来在这方面已经取得了一些成果。

1985年上海教育出版社出版了刘坚编著的《近代汉语读本》。该书选录了从魏晋南北朝到明代的40种接近口语的文献资料，逐篇加以注释和校勘，每篇之前，还以题解的方式对写作年代、作者、版本及作品的主要内容等情况都作了简要的介绍。评论者认为，该书展示了丰富多彩的近代汉语研究资料，为初学者全面认识近代汉语的面貌，提供了一个开阔的视野。建国以后，高校一直没有开展过近代汉语教学工作，"文革"后，虽有少数院校开设了一些有关的讲座课程，但缺乏相应的教材。《近代汉语读本》虽然只是一种自学读本，但它的出版还是填补了这方面的空白。

近年来，还出现了一些介绍近代汉语文献的文章。刘坚在《古代白话文献简述》（《语文研究》1981年第1期）一文中从敦煌文献、禅宗语录和宋儒语录、诗词曲、文籍、史籍、笔记小说、白话小说、会话书等八个方面，介绍了近百种文献作为近代汉语研究资料的史料价值，以及其内容、年代、作者、版本等情况。梅祖麟在《敦煌变文里的"熠没"和"乱（举）"字》（《中国语文》1983年第1期）一文中介绍了现存最早的禅宗语录集《祖堂集》。刘坚在《〈建炎以来系年要录〉里的白话资料》（《中国语文》1985年第1期）一文中介绍了像《建炎以来系年要录》这类史籍作为近代汉语研究资料的可能性。江蓝生在《〈皇明诏令〉里的白话敕令》（《语文研究》1988年第3期）一文中介绍了明初诏令中的白话资料。通过介绍这些过去较少为人所知的文献资料，开阔了大家的眼界，拓宽了资料范围，使研究工作开展得更深入、广泛。同时，对各种资料进行校勘、汇集整理的工作也在进行中。由中国社会科学院语言所和北京大学中文系汉语专业部分同志合作编集的《近代汉语语法资料汇编》三卷已经完稿。杭州大学古籍研究所利用显微胶片对校敦煌变文的工作也在进行中。这些工作的完成，必将为近代汉语的研究工作提供更好的条件。

贰

近代汉语语音的研究开始于二十世纪三十年代。在这之前，钱玄同《文字学音篇》[①]把汉语语音的演变分为周秦、两汉、魏晋南北朝、隋唐宋、元明清及现代等六期，首次提出元明清代所谓"北音时期"的语音为语音史的一个发展阶段，并指出了《中原音韵》等韵书在语音史上的文献价值。三十年代就有白涤洲《北音入声演变考》（《女师大学术季刊》1931年2.2）、罗常培《中原音韵声类考》（《史语所集刊》1932年2.4）和赵荫棠《中原音韵研究》[②]等论著问世。王力《中国音韵学》[③]辟有专节介绍《中原音韵》。四十年代，陆志韦撰《释中原音韵》等论文九篇，陆续发表在1946年12月至1948年6月的《燕京学报》上[④]。

他们对《中原音韵》的音系分类、声韵构拟、版本源流进行了系统的研究,做出了许多贡献,开创了近代汉语语音研究的新领域。

建国以后,近代汉语语音的研究随着汉语史研究的兴起和推广普通话、促进现代汉语规范化的工作而开展起来,不断取得一些新的进展。特别是近十年来,发展较快,有趋向繁荣的好势头,出现了一些重要的论著。

四十年来的近代汉语语音研究仍以关于《中原音韵》及其音系的探讨为重点。五十年代,王力的《汉语史稿》(上册)⑤就是把《中原音韵》音系作为近代汉语语音的代表——汉语语音史的一个新的重要发展阶段来论述的。随后有杨耐思的《周德清的〈中原音韵〉》(《中国语文》1957年第11期),对《中原音韵》及其音系的性质和它的重要性作了概括的介绍和评价。六十年代初期,《中国语文》等刊物就《中原音韵》的语音基础和"入派三声"的性质问题展开了一次讨论。发表的论文有赵遐秋、曾庆瑞的《〈中原音韵〉音系的基础和"入派三声"的性质》(《中国语文》1962年第7期),李新魁的《〈中原音韵〉的性质及其代表的音系》(《江汉学报》1962年第8期),《关于〈中原音韵〉音系的基础和"入派三声"的性质——与赵遐秋、曾庆瑞同志商榷》(《中国语文》1963年第4期),忌浮的《〈中原音韵〉二十五声母集说》(《中国语文》1964年第5期)等。八十年代上半期出现了三部研究《中原音韵》的著作:

杨耐思:《中原音韵音系》⑥

李新魁:《中原音韵音系研究》⑦

宁继福:《中原音韵表稿》⑧

《中原音韵音系》采用新发现的讷庵本《中原音韵》作研究对象,参照《古今韵会举要》和八思巴字汉语对音,编制了《中原音韵同音字表》,是这部著作的特色,在取材、方法和结论上都有一些新意。《中原音韵音系研究》具体分析了《中原音韵》音系的特点,并用图表格式排列了《中原音韵》的同音字组代表字,以显示《中原音韵》声、韵、调相拼的音节结构。《中原音韵表稿》用声、韵、调相配合的表式列出了《中原音韵》每一个同音字组的全部字,还创立了《中原音韵》音系研究的"内部分析法"。考证翔实,论述周密,被认为是同类著作中后出转精之作。关于《中原音韵》的音系基础和"入派三声"的性质问题,三书各有不同的观点。宁主张大都音和没有入声,李主张当时的中原地区语音——以洛阳音为代表的河南音和有入声,杨主张当时通行于中原广大地区、应用于广泛的交际场合的一种共同语音和有入声。

这项研究还有一些论文发表。像刘俊一的《关于〈中原音韵〉的"入派三声"》(《齐鲁学刊》1980年第1、2期)认为《中原音韵》所反映的语音系统已经没有入声,入声派入三声是根据实际语音来进行的;张清常的《〈中原音韵〉新著录的一些异读》(《中国语文》1983年第1期)论证了《中原音韵》东钟与庚青等两韵并收字的读音,反映了当时新产生的异读;蒋希文的《从现代方言论中古知庄章三组声母在〈中原音韵〉里的读音》

(《中国语言学报》,1983年第1期),用赣榆方言材料,证明中古知庄章三组声母在《中原音韵》里的读音应分为两套声母,并参照方言读音确定其音值;刘静的《〈中原音韵〉音系无入声新探》(《陕西师大学报》1986年第3期)、黎新第的《〈中原音韵〉"入派三声"析疑》(《重庆师院学报》1987年第4期)以及陆致极的《〈中原音韵〉声母系统的数量比较研究》(《中国社会科学》1988年第5期)等,都表现出对《中原音韵》音系研究的进一步深入。

跟《中原音韵》同类的另一部重要韵书《中原雅音》,向来以为"中原雅音"非书名。七十年代末蒋希文撰《〈中原雅音〉纪略》和杨耐思撰《〈韵学集成〉所传〈中原雅音〉》同时在《中国语文》1978年第4期上发表以后,立刻引起国内[9]学者们的注意,相继出现了多种论著。例如冀伏的《〈中原雅音〉考辨——兼与蒋希文同志商榷》(《吉林大学学报》1980年第2期)根据他所辑录的1422条《中原雅音》的佚文,讨论了这部韵书的体制、系属和年代问题,龙晦的《〈韵学集成〉与〈中原雅音〉》(《中国语文》1979年第2期)、《释〈中原雅音〉》(《音韵学研究》1984年第1期),何九盈的《〈中原雅音〉的年代》(《中国语文》1986年第3期)等。邵荣芬的《中原雅音研究》[10]全面分析了《中原雅音》辑佚资料,总结了前人研究的成果,考订和构拟了它的音系,成为这项研究集大成的一部专著。

以《中原音韵》音系作为近代汉语语音的代表,包含了关于汉语语音史分期的意见。四十年来的研究,语音史研究者大致上取得了这样一种共识：近代汉语语音平面应该截取存在于十三、十四世纪时期的语音。这一段时间是从十三世纪七十年代初忽必烈汗建立元朝开始，到十四世纪六十年代末元朝灭为止的将近100年。这一段时间里战争平息，天下一统，汉语语音的发展相对稳定，反映汉语语音的资料也相当丰富。再以这个语音平面为基点，向上追溯，向下推寻，分析它的发展规律，探求它的发展趋向和脉络，也就是关于语音的历史的"线"的研究。无论是近代汉语语音平面的研究，还是语音历史的"线"的探求，都是属于近代汉语语音研究的范畴。

关于近代汉语语音平面的研究，除了较多地投入《中原音韵》的研究以外，四十年来也注意到了其他方面，开展了一些研究。首先是关于元曲用韵的研究。六十年代，廖珣英撰有《关汉卿戏曲的用韵》(《中国语文》1963年第4期)。八十年代，曹正义撰有《元代山东人剧曲用韵析略》(《山东大学文科论文集刊》1981年第2期)、杨耐思、蓝立蓂撰有《元曲里的"呆"字音》(《语言学论丛》第十三辑)、忌浮撰有《曲尾及曲尾上的古入声字》(《中国语文》1988年第4期)等。这些研究对于加深了解曲韵和构拟《中原音韵》音系都是很有帮助。

其次，关于这个时期出现的另一路韵书《古今韵会举要》、《蒙古字韵》等，建国后也投入了一定力量进行介绍和研究。五十年代发表了罗常培的《论龙果夫的〈八思巴字和古官话〉》(《中国语文》1959年第12期)，这是作者关于八思巴字与元代汉语研究的一个提纲，评介和修订了龙果夫根据数量有限的八思巴字拼写汉语的资料而构拟的"古官话"音系。杨耐思的《八思巴字对音——读龙果夫〈八思巴字和古官话〉后》(同上)作了补充评介。八十年代,杨耐思的《汉语"知章庄日"的八思巴字译音》(《音韵学研究》第一辑)、《汉语"影幺鱼喻"的八思巴字译音》⑪、《近代汉语"京,经"等韵类分合考》(《音韵学研究》第二辑)、《元代汉语的浊声母》(《中国语言学报》第3期)、《〈韵会〉、〈七音〉与〈蒙古字韵〉》⑫等,除了部分论述属于从民族古文字的角度研究八思巴字外,主要是说明八思巴字汉语、《蒙古字韵》跟《古今韵会举要》、《七音》在音系上的一致性和音系的特征,揭示跟《中原音韵》音系的主要差异。姜聿华的《黄公绍词韵及〈古今韵会举要〉》(《吉林师院学报》1984年第3期)从词韵来验证《古今韵会举要》的分韵。照那斯图、杨耐思编著的《蒙古字韵校本》⑬,为近代汉语语音研究提供了很好的资料。

　　从近代汉语平面望上追溯,鲁国尧从词韵入手研究宋代语音,颇有成绩。他的《宋代辛弃疾等山东词人用韵考》(《南京大学学报》1979年第2期)、《宋代苏轼等四川词人用韵考》(《语言学论丛》第八辑)、《宋词阴入通叶现象的考察》(《音韵学研究》第二辑)、《宋代福建词人用韵考》⑭等,收集了宋代1330余词人的19900余首词的用韵材料,做了穷尽式的分析整理,各篇都列出了韵谱式的韵字表。同类论文还有姜聿华的《宋代北方籍词人入声韵分韵考》(《齐齐哈尔师院学报》1987年第3期)、程朝晖的《欧阳修诗词用韵研究》(《中国语文》1986年第4期)

等。李行杰《〈韵补〉声类与南宋声母》(《徐州师范学院学报》1983年第1期）是从古音学家的注音中透视当时声母系统的。

关于金代语音，也是从整理韵文材料入手来了解的，这方面的论文有一些，如周大璞的《〈董西厢〉用韵考》(《武汉大学学报》1963年第2期）、廖珣英的《诸宫调的用韵》(《中国语文》1964年第1期）、李爱平的《金元山东词人用韵考》(《语言研究》1985年第2期）等。近来开始重视《五音集韵》的研究。

从近代汉语语音平面向下推寻，分为两个方面。一个方面是以某一种音韵资料为对象的专书研究，另一个方面是以某一种语音演变趋势为对象的史的研究。这两个方面都有不少进展，研究成果也较多。

以某种音韵资料为对象的专书研究涉及的韵书、韵表相当广泛。例如：刘静的《试论〈洪武正韵〉的语音基础》(《陕西师大学报》1984年第4期）、张竹梅的《试论〈琼林雅韵〉音系的性质》(陕西师大学报》1988年第1期）、何九盈的《〈中州音韵〉述评》(《中国语文》1988年第5期）、《〈诗词通韵〉述评》(《中国语文》1985年第4期）、许德宝的《〈中州音韵〉的作者、年代以及同〈中原雅音〉的关系》(《中国语文》1989年第4期）、唐作藩的《〈正音捃言〉的韵母系统》(《中国语文》1980年第1期）、龙庄伟的《本悟〈韵略易通〉的"重×韵"辨》(《中国语文》1988年第3期）、《略说〈五方元音〉》(《河北师院学报》1988年第2期）、群一的《本悟〈韵略易通〉的两个刻本》(《中国语文》1986年第2期）、耿振生的《〈青郊杂著〉作者籍贯考》

(《中国语文》1987年第2期)、刘埊的《〈西儒耳目资〉与中法文化交流》(《河北师院学报》1982年第1期)、忌浮的《〈元曲选·音释〉与臧晋叔的戏曲批评》(《学术研究丛刊》1984年第2期)、花登正宏的《〈诗词通韵〉考》(《语言学论丛》第十五辑)、胡明扬的《〈老乞大谚解〉和〈朴通事谚解〉中所见〈通考〉对音》(《语言论集》1980年第1期)、张玉来的《〈韵略汇通〉的几个问题》(《山东师大学报》1986年第4期)、尹斌庸的《〈西字奇迹〉考》(《中国语文天地》1986年第2期)、俞敏的《李汝珍〈音鉴〉里的入声字》(《北京师范大学学报》1983年第4期)、侯精一的《清人正音书三种》(《中国语文》1980年第1期)、冯蒸的《〈圆音正考〉及其相关诸问题》(《古汉语研究论文集》1984年第2期)、麦耘的《〈笠翁词韵〉音系研究》(《中山大学学报》1989年第1期)、曹正义的《革新韵书〈合并字学集韵〉述要》(《文史哲》1987年第5期)，等等。

  以某一种语音演变趋势为对象的史的研究，做出好的成绩的首推李思敬的《汉语"儿"[ɻ]音史研究》[15]，根据大量的资料特别是《金瓶梅》等俗文学资料考证出儿化音产生于明代，并至少在隆庆、万历时代已经成熟。对儿化音的构音原理进行了新的探索，提出了儿化音包括"韵母拼合型"和"韵尾化合型"两种构音方式的观点，用这两种方式的消长来阐述儿化音的历史演变。张清常的《-m韵古今变迁一瞥》(《南开大学语言研究论丛》1982年第2期)、杨耐思的《近代汉语-m的转化》(《语言学论丛》第七辑)、李新魁的《论近代汉语介音的发展》(《音韵学研究》第一辑)、《论近代汉语照系声母的音值》(《学术研究》1979年第6期)、朱声琦的《近代声母的腭化问题》(《徐州师范学院学报》1986年第1期)、潘家懿的《从交城方言看汉语入声消失的历史》(《音韵学研究》第一辑)等,也都是在这方面的较好的成果。

关于近代汉语语音史的通论性的作品,近年来也出现多种,如薛凤生的《北京音系解析》[16],唐作藩的《普通话语音史话》[17],俞敏的《北京音系的成长和它受周围的影响》(《方言》1984年第4期)、林焘的《北京官话溯源》(《中国语文》1987年第3期),李新魁的《论近代汉语共同语的标准音》(《语文研究》1980年第1期),宁忌浮的《试谈近代汉语语音下限》(《语言研究》1987年第2期),表现出理论方面的提高也有新的进展。

叁

近代汉语词汇研究在近代汉语研究中是开展较早,收获较丰的。从明清开始,已经有一些学者注意到这方面的问题、做过一些汇集资料,证古寻源的工作。二十世纪二年代以后,出现了胡朴安《俗语典》[18]、徐嘉瑞《金元戏曲方言考》[19]、朱居易《元剧俗语方言例释》[20]三部俗语词专著。《俗语典》搜集各种俗语词,罗列材料而不加解释,仍是汇集资料性的工作。《金元戏曲方言考》和《元剧俗语方言例释》都是考释元曲词语的专书,但材料收集的面窄且少,考释自然也就难以准确精到了。

建国后近代汉语词汇研究工作取得了很大进展,出现了不少著作,较为重要的有:

张相:《诗词曲语词汇释》㉑

蒋礼鸿:《敦煌变文字义通释》㉒

王锳:《诗词曲语词例释》㉓

陆澹安:《小说词语汇释》㉔

《戏曲词语汇释》㉕

顾学颉 王学奇:《元曲释词》㉖

龙潜庵:《宋元语言词典》㉗

胡竹安:《水浒词典》㉘

《诗词曲语词汇释》是从语言学角度研究近代汉语词汇的发轫之作。作者广泛收集唐宋金元明历代诗词曲中的俗语词,使用"体会声韵""辨认字形""玩绎章法""揣摩情节""比照意义"等方法,解释字义和用法。该书引证详审,释义也大体上准确,从解放初出版以来,一直是研究近代汉语词汇和阅读、欣赏古典文学作品不可缺少的工具书。这本书的不足之处主要在于作者缺乏科学的语法观念,在处理部分词条的各种不同用法时,分类排比过多,而对词义的归纳和词语的考源不够。同时,作者使用的材料大体上局限在诗词曲之内,其他文献涉及不多,从而影响了对部分词语考释的准确性。尽管存在这些不足,《诗词曲语词汇释》仍是四十年来出版的最重要的近代汉语词汇研究著作之一,它在这方面的首创之功也是不容轻视的。

《敦煌变文字义通释》继《诗词曲语词汇释》之后,把近代汉语词汇研究向前推进了一步。该书是考释敦煌变文字义的专书,但作者的眼光没有局限在敦煌变文上,也没有局限在唐五代。书中作者有意识地搜集使用了上起先秦下至近代的各种语言材料，内容囊括了诗、词、赋、曲、笔记小说、语录、史籍、文籍、诏令、佛经、碑文、字书、韵书等各种体裁的文献。材料搜罗宏富，为给变文中大量的疑难词语作出准确的解释提供了基础。在考释方法上，作者除沿用张相在《诗词曲语词汇释》中提出的五种之外，还特别注意从语言的角度进行探索，注重从音韵上寻找词语的不同形式间的关系，从纷繁复杂的书写形式中归纳出明晰、概括的词义。作者在对变文词语作出解释的同时，还力求探索这些词语的来源和发展线索，解释变文字义常常是不仅提出同时代的语言材料，而且介绍先秦汉魏六朝以来的相关资料，"从而把词语的断代研究纳入词汇史和语言学史的轨道"，"为汉语词汇史研究提供了丰富的资料"。[29]这本书从1959年出版至今已三十年了，三十年来作者不断对它进行补充修改，1981年出版的第四版（新一版），篇幅上已比前三版增加了一倍，条目也新添了100多条。现在该书不仅是阅读敦煌变文、研究敦煌学不可缺少的工具书，而且也是研究近代汉语词汇的基本工具书之一。

《诗词曲语词例释》的"资料来源、取例释义以至编排体例方面，大率不出《汇释》序言中所指示的蹊径和范围"。[30]这本书的用意在补充《诗词曲语词汇释》的不足，搜集其失收的条目，完善、修正其部分条目的释义，在其收入的数百条词语中，很多条目的释义都有新的发明，也是一本很有用的工具书。

《小说词语汇释》和《戏曲词语汇释》把研究的范围扩展到

小说和戏曲领域中，篇幅较大，在小说、戏曲的范围内，整理了不少的资料，但两书的考释欠精，时有疏漏出现。两书出版后，发表了不少有关的讨论文章。

《元曲释词》是研究元曲词汇的专著，收词以元杂剧为主，兼及散套、小令，以经史子集、笔记杂著、南戏、诸宫调、明清戏剧、话本小说等材料为佐证，文献收集较广泛，考辨也比较周详，被认为是同类各书中后出转精之作。

《宋元语言词典》是第一部断代的语言词典，收词的年代上起五代、宋初，下迄元末明初。收录的范围以戏曲小说为主，旁及诗、词、笔记、语录及各种杂著。宋元之际语言情况复杂，接近口语的俗文学作品及笔记杂著等数量繁多，作者积二十余年的努力，搜集了大量的文献资料，对这个时期使用的许多词语作出了谨慎稳妥的解释。该书的出版是断代词典编纂工作的有益的尝试。

此外，张永言《词汇学简论》[31]一书的有关章节（如第三章各节）中，对许多与近代汉语词汇相关的问题进行了颇具特色的讨论，这样的研究工作既丰富了词汇学理论，也探讨了近代词汇研究的方法。目前类似的研究工作还很少见。

除上述专著外，建国以来还有400左右篇有关近代汉语词汇的论文，发表在各种刊物上。其中有200余篇是近十年内发表的。从这些论文看，近年来近代汉语词汇研究有以下一些特点。

1. 在近代汉语词汇研究中，已经形成了一支以中青年为主的研究队伍，涌现出一批学力坚实、成果丰硕的中青年研究人员。

2. 研究对象涉及广泛，各类文献都有研究成果发表，同时又相对地集中在不同历史时期内的一些有代表性的口语文献上。像诗、词、曲方面，郭在贻撰有《杜诗札记》（《文史哲》1981年第2期）、《唐代白话诗释词》（《中国语文》1983年第6期）、《唐诗与俗语词》（《文史》第二十五辑），刘坚撰有《关于〈刘知远诸宫调〉残卷词语的校释》（《中国语文》1964年第3期），廖珣英、蓝立蓂撰有《〈刘知远诸宫调〉词语选释》（《中国语文》1980年第1期），蒋绍愚撰有《杜诗词语札记》（《语言学论丛》第六辑）、《唐诗词语札记》（《北京大学学报》1980年第3期），王锳撰有《诗词曲语词举例》（《中国语文》1978年第3期）、《唐宋诗词语零札》（《中国语文》1982年第1期）、《诗词曲语词释义补》（《中国语文》1983年第2期）、《元明剧曲语释》（《文史》第十六辑），王贞珉撰有《元人杂剧语词考释》（《文科教学》1981年第4期），李崇兴撰有《词义札记》（《中国语文》1983年第5期），王迈撰有《〈元曲释词〉商补》（《中国语文》1986年第3期），刘凯鸣撰有《〈戏曲词语汇释〉注释商榷》（《中国语文》1983年第6期）、《元杂剧选注中一些注释的问题》（《重庆师院学报》1985年第1期）等等。敦煌文献方面，郭在贻撰有《敦煌变文校勘拾遗续补》（《杭州大学学报》1983年第3期）、《苏联所藏押座文及说唱佛经故事五种校记》（《文献》第二十一辑），项楚撰有《敦煌变文语词札记》（《四川大学学报》1981年第4期）、《敦煌变文校勘商榷》（《中国语文》1982年第4期）、《维摩粹金补校》（《南开大学学报》1983年第2期）、《伍子胥变文补校》（《文史》

第十七辑)、《敦煌变文语词校释商兑》(《中国语文》1985年第4期)，陈治文撰有《"浑塠自扑"校释》(《中国语文》1981年第4期)、《敦煌变文词语校释抬遗》(《中国语文》1982年第2期)，江蓝生撰有《敦煌写本燕子赋二种校注》(《关陇文学论丛·敦煌文学专辑》)、《"望空便额"别解》(《中国语文》1983年第2期)，袁宾撰有《敦煌变文校勘零札》(《社会科学》1983年第6期)、《敦煌变文校勘零拾》(《中国语文》1984年第1期)、《〈敦煌变文集〉校补》(《西北师院学报·敦煌文学研究专集》1984年第10期)、《变文词语考释录》(《敦煌语言文学论文集》，浙江古籍出版社)，蒋绍愚撰有《〈敦煌变文集〉(上册)校补》(《敦煌语言文学论文集》，浙江古籍出版社)。1983年，中华书局出版了张锡厚编辑的《王梵志诗校辑》，该书对敦煌写本王梵志诗作了较全面的辑录、校勘和注释，它的出版引起了众多的研究工作者对考释、校勘王梵志白话诗的兴趣，先后有赵和平、邓文宽《敦煌写本王梵志诗校注》(《北京大学学报》1980年第5、6期)，项楚《〈王梵志诗校辑〉匡补》(《中华文史论丛》1985年第1期)、《〈王梵志诗校辑〉匡补》(《敦煌研究》第四期)、《王梵志诗释词》(《中国语文》1986年第4期)，蒋绍愚《〈王梵志诗校辑〉商榷》(《北京大学学报》1985年第5期)，袁宾《〈王梵志诗校辑〉校释补正》(《社会科学》1985年第6期)等文章发表，对王梵志诗的校释提出了许多很好的意见。最近，郭在贻遗著《敦煌写本王梵志诗汇校》和项楚《王梵志诗校注》分别在浙江古籍出版社的《敦煌语言文学论文集》和北京大学中国中古史研究中心编辑的《敦煌吐鲁番研究论文集》第四辑中发表。前者汇集了作者自己和国内外学者对王梵志诗的校释，集众说之精华于一体；后者以自己对俗语词研究的深厚功力和对释藏的广博知识，不仅对王梵志诗众多难以索解的语词进行了广征博引的考释，而且还从思想、文化背景上对王梵志诗进行了探讨。两篇文章的发表把对王梵志诗中俗语词的研究推进到了一个新的高度。笔记小说、白话小说方面，郭在贻撰有《〈太平广记〉里的俗语考释》（《中国语文》1980年第1期）、《〈太平广记〉词语考释》（《杭州大学学报》1981年第4期），周定一撰有《〈红楼梦〉里的词尾"儿"和"子"》（《中国语言学报》第二期），刘坚撰有《语词杂说》（《中国语文》1978年第2期），胡竹安撰有《〈水浒传〉中的明代用语》（《语文园地》1983年第4期），王锳撰有《唐宋笔记语词释义》（《语文研究》1986年第4期）、《唐宋笔记语词释义》（《中国语文》1987年第1期），江蓝生撰有《"影响"释义》（《中国语文》1985年第2期），钟兆华撰有《〈红楼梦〉"白"字来源探疑》（《中国语文》1987年第1期），白维国撰有《〈小说词语汇释〉误释举例》（《中国语文》1981年第6期），隋文昭撰《校注本〈儿女英雄传〉注释商略》（《中国语文》1986年第6期）、《〈醒世姻缘传〉词语注释商略》（《中国语文》1988年第4期），弥松颐撰有《〈儿女英雄传〉语汇释》（《中国语文》1981年第5期），张鹤泉撰有《小说词语释义辨误》（《中国语文》1985年第5期）。同时，在一些过去较冷僻、较少有人注意的方面，也逐渐出现了有相当水平的研究成果，像禅宗语录,近年来就有蒋绍愚《〈祖堂集〉词语试释》(《中国语文》1985年第2期)、袁宾《〈五灯会元〉词语释义》(《中国语文》1986年第5期)等一批文章发表。以上我们还只是就这几个方面举其大端,近年来从事这方面研究的人员和成果实际上要远比我们所例举的多得多。

3. 使用的材料更加广泛,方法上有所发展,研究成果日趋深入。广泛搜集材料是词语研究工作的基础。近年来发表的许多近代汉语词汇方面的文章都广征博引,在材料方面显示出深厚的功力。像项楚《王梵志诗校注》中释"查郎"一词,就引用了李涉诗、《封氏闻见记》《酉阳杂俎》《文镜秘府论》《太平御览》等多种资料。释"呼唤"一词所使用的材料更是遍及历代笔记、诗词、类书、语录、杂剧、白话小说,并引1981年《小说选刊》中所刊现代小说,证明其在现代方言中的保留情况,材料上下一千余年,几乎是一篇该词在近代汉语中的发展简史。就材料范围来说,近年来大家逐渐重视使用佛经、禅宗语录,重视使用活的方言材料,是两个较突出的特点。佛教思想对中国文化有过不可低估的影响,佛经的性质又使它不能不保存相当数量的接近口语的词汇,在近代汉语词汇研究中佛经、禅宗语录都是十分有用的材料。在上文中我们曾多次提及的项楚《王梵志诗校注》中,佛经材料得到比较广泛的使用,收到了很好的效果。像释"贪著"条引《大乘义章》:"缠爱不舍名著。"引文简洁而词义显豁。释"惭愧"引《大方广佛华严经》:"未尝惭愧丈夫恩,纵意邪思心不绝。"也有类似的效果。禅宗语录更接近口语，也保存了一些一般文献中很少见的近代语词，袁宾在《变文词语考释录》(《敦煌语言文学论文集》，浙江古籍出版社，1987) 一文中就多次使用了《五灯会元》中的材料。现代汉语方言中也保存了许多近代语词，近年来不少文章都很注意挖掘这方面的材料，像李行健、折敷濑兴《现代汉语方言词语的研究与近代汉语词语的考释》(《中国语文》1987年第3期)，李申《元曲词语今征》(《中国语文》1983年第5期)，陈庆延《山西稷山话所见宋元明白话词语选释》(《语文研究》1984年第4期)，隋文昭《〈醒世姻缘传〉词语注释商榷》(《中国语文》1988年第4期)，以及张惠英、刘钧杰等关于《金瓶梅词话》所用方言的几篇文章都使用了不少现代汉语方言资料。材料和方法的进步自然使对俗语词的考释更准确、清楚，许多过去无法索解或无从讨论的问题，现在都引起了热烈的讨论，有一些已经获得了比较清楚的认识，像张永言、郭在贻等关于"信"字书信义产生时间的讨论；陈治文、江蓝生等关于"望空便额""浑塠自扑"的讨论；刘坚、郭在贻等关于"治鱼"的讨论；特别是有郭在贻、项楚、蒋绍愚诸家参加的关于王梵志诗中俗语词的讨论，等等。

随着近代汉语词汇研究工作的发展，一些专书词典，如《〈红楼梦〉词典》《〈水浒传〉词典》《〈金瓶梅〉词典》等或者已经出版或者正在编纂中。一些断代的语言词典也正在编纂。可以预言，在不久的将来，近代汉语词汇研究工作一定能取得更大的进展，获得更丰硕的成果。

肆

近代汉语语法的研究开始于二十世纪四十年代,当时,吕叔湘先生先后发表了《释〈景德传灯录〉中"在""著"二助词》(1940)、《论"底""地"之辨兼及"底"字的由来》(1943)、《与动词后"得"与"不得"有关之词序问题》(1944)、《说"们"》(1949)、《说代词词尾"家"》(1949)等一系列重要文章。这些论文从语言材料的历史发展变化着眼,对大量丰富可靠的资料作了细致周密的分析,不仅论文本身取得了有很高学术价值的研究成果,同时在近代汉语语法研究的理论和方法上,也做出了开创性的贡献。但是吕先生的研究在当时的语言学界似乎并未引起很大的反响,整个四十年代从事近代汉语语法研究的语言学家寥若晨星,成果屈指可数。

1949年以后,近代汉语语法研究逐渐起步,五六十年代出现了一些文章和几部专著,七十年代以后,特别是近十年来研究工作有了较大的进展。

四十年来有关近代汉语语法的著作主要有:

吕叔湘:《汉语语法论文集》[32]

王力:《汉语史稿》(中册)[33]

潘允中:《汉语语法史概要》[34]

吕叔湘、江蓝生:《近代汉语指代词》[35]

《汉语语法论文集》中汇集了吕叔湘先生四十年代发表的有关近代汉语语法的重要文章,集子的出版对推进近代汉语语法的研究工作起到了积极的作用。

《汉语史稿》（中册）是我国第一部语法史专著，书中对近代汉语的许多重要语法现象，像"使成式""处置式""被动式"的产生发展过程，代词、动词、形容词、副词、介词、连词、助词、语气词、疑问词在近代的发展变化等等，都有述及。《汉语史稿》（中册）第一次从整体上勾画出了汉语历史发展过程的轮廓，也第一次简要地描绘出了汉语语法体系在近代的一些面貌特征，作为汉语语法史研究专著的先导，该书的功绩是不可泯没的。但由于当时对汉语语法史，特别是对近代汉语语法的研究还刚刚起步不久，在今天看来，《汉语史稿》（中册）对近代汉语语法特点的描绘显得过于简略，近代汉语中一些特有的格式，一些格式在不同历史时期中的变化和不同的使用特点，一些特有的虚词等等都没有触及，对"使成式"等格式形成和发展过程的描写也显得比较简单，还没有进行一种深入、展开的研究。这些缺陷和不足很大程度上是研究工作历史发展阶段的局限性所造成的，随着研究工作的发展，正在逐渐得到解决。

《汉语语法史概要》是"文革"后第一部语法专著。全书的体系类似《汉语史稿》（中册），内容上注意吸收二十多年来的研究成果，在近代语法这部分，像对"述补式"产生发展过程的描写，对一些虚词语源的探索等，都有新意。但全书仍比较简单，这也反映出当时近代汉语语法的研究水平，仍有待于提高和突破。

《近代汉语指代词》是吕叔湘先生四十年代的旧稿，1983年由江蓝生补充、整理，再经吕先生调整，1985年出版。该书建立了一个完整的近代汉语指代词系统,全书的10章里,对人称指代词、名词性、定语性指代词、状语性指代词和数量指代词作了全面的论述,每个词都既举出大量例句说明用法,又从使用方法、音韵关系上探求其语源关系,全书描绘出了近代汉语指代词使用和发展的一个完整面貌,"无论从内容看,还是从方法看,《指代词》都是汉语语言学的一个里程碑"。㊱

近年来出版的近代汉语语法方面的专著还有赵克诚的《近代汉语语法》㊲。该书专以近代语法为研究对象,对整个近代汉语语法系统都有涉及。所采用的材料以近代小说为主,论述似仍比较简略。看来,要写出一部较为深入、周详、系统的近代汉语语法,还需要进一步的努力。

建国以来,近代汉语语法方面的文章有200篇左右,研究对象以虚词和一些语法格式为主,五六十年代研究进展缓慢,文章较少;七十年代以后逐渐发展起来,先后有100余篇文章发表,并在研究内容和方法上形成了一些特色。例如:

1. 重视近代汉语与现代汉语间的紧密联系,在研究中把两者联系起来,追溯现代汉语语言现象的源流。这种溯源性研究在近代语法研究中占了重要地位,从五十年代起,先后有王力先生《汉语被动式的发展》(《语言学论丛》第一辑)、祝敏彻《论初期处置式》(《语言学论丛》第一辑),梅祖麟《现代汉语选择问句法的来源》(《史语所集刊》第36辑)、《现代汉语完成貌句式和词尾的来源》(《语言研究》1981年第1期)等数十篇论文发表,讨论的范围涉及现代汉语使用的各种句法格式和重要虚词。这种溯源性研究的成果，不仅使我们能较清楚地了解汉语的历史，同时也为现代汉语语法分析研究工作提供了支持。

2. 突破过去在语法研究中单纯研究虚词的传统，从语法格式与虚词两方面着眼进行语法史研究。梅祖麟在《现代汉语选择问句法的来源》和《现代汉语完成貌句式和词尾的来源》两篇文章中指出，句型的发展变化包含着语法（重新分析）和词汇（词汇兴替）两个层次，新句型的产生与新虚词的产生并不总是同一的，在一个句型产生之后，仍会发生不引起句型改变的新旧虚词的替换。梅祖麟的理论使我们对近代汉语句型发展的研究，以及对含有不同虚词的句型之间关系的研究更深入了一步，把研究的注意力从虚词更多地引向了句型。继梅祖麟之后，像唐钰明《唐至清的"被"字句》(《中国语文》1988年第6期)等一组关于汉语被动表示法的文章，曹广顺《〈祖堂集〉中"底（地）""却（了）""著"》(《中国语文》1986年第3期)，陈刚《试论"动—了—趋"和"动—将—趋"》等许多文章都在这方面进行了探索。

3. 在研究语言现象发展变化的同时，注意其在时间和地域上的分布差别，使研究结果更精确、深入。近代汉语的使用历时千年，各种语言现象的使用在不同的时间、空间中有各种细微的差别，只有充分注意到这一点，才能真正揭示各种语言现象在近代的发展过程。近年来像刘坚《〈大唐三藏取经诗话〉写作年代蠡测》(《中国语文》1982年第5期)、梅祖麟《从语言史看几本元杂剧宾白的写作年代》(《语言学论丛》第十三辑)、袁宾《近代汉语"好不"考》(《中国语文》1984年第3期)、江蓝生《八卷本〈搜神记〉语言的年代》(《中国语文》1987年第4期)、曹广顺《试说"就"和"快"在宋代的使用及有关的断代问题》(《中国语文》1987年第4期)等文章都从时间和地域的角度去考察一些语言现象的发展过程,使我们对这些语言现象的历史情况有了更清楚的了解。

4. 在研究中引进数量统计方法,并进而把数量变化的规律作为语言现象在时间中变化的尺度来使用。近年来发表的许多文章都不再满足于举例性的质的分析,而是同时作量的统计。不同时期内语言现象出现的量的变化,既可以更准确地显示出质的变化情况,又可以作为语言材料的时间标志。近年来梅祖麟《从语言史看几本元杂剧宾白的写作时代》、唐钰明《唐至清的"被"字句》、袁宾《近代汉语"好不"考》、杨平《"动词+得+宾语"结构的产生和发展》(《中国语文》1989年第2期)等许多文章都广泛应用了数量统计的方法,收到了很好的效果。

5. 重视近代汉语语法的特点,加强了对近代语法中一些特有语法现象的研究。近代汉语法中有许多语法现象现代已经消失了,这些语法现象的产生和消失,是受汉语语法体系的变化及各种社会文化背景变化制约的,搞清这些现象的历史发展过程,有助于我们更深刻、全面地了解汉语的历史。像何融《汉语动词词尾"将"的研究》(《中山大学学报》1955年第1期)、俞光中《元明白话里的助词"来"》(《中国语文》1986年第1期)、余志鸿《元代汉语"一行"的语法意义》(《语文研究》

1987年第2期）、伍华《论〈祖堂集〉中以"不、否、无、摩"收尾的问句》（《中山大学学报》1987年第4期）等文章都对这些问题进行了研究。

四十年来对句型和词类也有少量的研究文章发表。句型方面有胡明扬《〈老乞大〉复句句式》（《语文研究》1984年第3期）、李思明《〈水浒传〉的因果句》（《中国语文》1987年第2期）等；词类方面有胡竹安《敦煌变文中的双音节连词》（《中国语文》1961年第10—11期）、曹广顺《敦煌变文中的双音节副词》（《语言学论丛》第十二辑）等。

近代汉语语法研究是近代汉语研究中的弱项，几十年来虽有所发展，但直到今天研究水平仍不很高，成果也较少。在这方面还存在许多问题和空白，还需要作更大的努力。

附注

① 北京大学出版组，1918。

② 商务印书馆，1936，1956重印。

③ 商务印书馆，1936，《汉语音韵学》（重印改名），中华书局，1956。

④ 见《陆志韦近代汉语音韵论集》，商务印书馆，1988。

⑤ 科学出版社，1957。

⑥ 中国社会科学出版社，1981。

⑦ 中州书画社，1983。

⑧ 吉林文史出版社，1985。

⑨ 早在1958年，日本迁本春彦教授在《东方学》发表的《洪武正韵反

切用字考——关于反切上字》一文中,就已考定《中原雅音》是一部书,当时国内学者未之见。

⑩ 山东人民出版社,1981。

⑪ 收入《中国民族古文字研究》,中国社会科学出版社,1984。

⑫ 收入吕叔湘等著《语言文字学术论文集》,知识出版社,1989。

⑬ 民族出版社,1987。

⑭ 同⑫。

⑮ 商务印书馆,1986。

⑯ 北京语言学院出版社,1986。

⑰ 连载于《文字改革》1985年4—6期,《语文建设》1986年1期至1987年6期。

⑱ 广益书局,1922。

⑲ 商务印书馆,1948。

⑳ 商务印书馆,1956。

㉑ 中华书局,1953。

㉒ 上海古籍出版社,1981。

㉓ 中华书局,1980。

㉔ 上海古籍出版社,1964。

㉕ 上海古籍出版社,1981。

㉖ 中国社会科学出版社,1983。

㉗ 上海辞书出版社,1985。

㉘ 汉语大词典出版社,1989。

㉙ 郭在贻《读新版〈敦煌变文字义通释〉》,《天津师大学报》1982年

第5期。

㉚ 王锳《诗词曲语词例释·前言》。

㉛ 华中工学院出版社，1982。

㉜ 科学出版社，1955。

㉝ 中华书局，1958。

㉞ 中州书画社，1982。

㉟ 学林出版社，1985。

㊱ 梅祖麟《关于近代汉语指代词——读吕著〈近代汉语指代词〉》,《中国语文》1986年第6期。

㊲ 陕西师范大学出版社，1987。

二　虚词专论

（一）助词

1　动态助词

却　了

本节中我们讨论近代汉语中的动态助词"却"和"了"。"却"和"了"都是用于表示动作完成的助词，出现的基本格式是"动+却／了"和"动+却／了+宾"，功能、意义都大体相同。

壹

"却"字是从动词发展演变为助词的。《说文解字》："却，节欲也。"汉代前后产生出"退""使退"的意思，如：

（1）沛公自度能却项羽乎？（史记·留侯世家，卷五五）

到魏晋又进一步演变为"去"意，成为趋向动词，在述补结构中用作补语：

（2）夷甫晨起，见钱阁行，呼婢曰："举却阿堵物。"（世说

新语·规箴)

再以后的文献中,"却"作补语由表示趋向转变为表示结果,例子也有所增加。例如:

(3)锋出登车,兵人欲上车防勒,锋以手击却数人,皆应时倒地,于是敢近者,遂逼害之。(南齐书·高祖十二王,卷三五)

(4)每朝士咨事,莫敢仰视,动致呵叱,辄詈云:"狗汉大不可耐,唯须杀却。"(北齐书·恩幸传,卷四二)

(5)先是,景每出师,戒诸将曰:"若破城邑,净杀却,使天下知吾威名。"(南史·贼臣传,卷七〇)

(6)灵太后曰:"卿女今事我儿,与卿是亲,曾何相负,而内头元叉车内,称:此妪须了却。"(北史·崔挺传,卷三二)

以上"却"字的词义类似"掉",表示动作的对象被消灭、去除,是"杀、击、了"这类动作的结果,是"去"义"却"的进一步引申。这种"却"字虽然词义比表"去"义的"却"虚化了,但它仍然带实词义,所以,这个时期出现的带"却"的动词只有上面列举的几个,它出现的格式,也多为"动+却",像例(3)的"动+却+宾"极为少见。

唐代以后,"却"开始虚化为表示完成的动态助词,广泛出现于各种文献中。例如:

(7)待收陕州,斩却此贼!(旧唐书·史思明传,卷二〇〇)

(8)先有谣言云:金色虾蟆争努眼,翻却曹州天下反。(旧唐书·黄巢传,卷二〇〇下)

（9）大使打驿将，细碎事，徒涴却名声。（朝野佥载，太平广记，卷一七六）

（10）太宗尝罢朝，自言："杀却此田舍汉！"（刘肃：大唐新语，卷一）

（11）吾早年好道，常隐居四明山，从道士学却黄老之术。（宣室志，太平广记，卷七四）

（12）抽出一卷文，从手叶却数十纸。（河东记，同上，卷一五七）

（13）李龟年善羯鼓，玄宗问向打多少枚，对曰："臣打五十枚讫。"上曰："汝殊未，我打却三竖柜也。"（传记，同上，卷二〇五）

（14）井崖不得已，遂以竹盛却枪头而行。（广异记，同上，卷四三二）

（15）一日，震趋朝，至日初出，忽然走马入宅，汗流气促，唯言："锁却大门！锁却大门！"一家惶骇，不测其由。（无双传，同上，卷四八六）

（16）汉帝不忆李将军，楚王放却屈大夫。（李白：悲歌行，全唐诗，1722页）

（17）君看渡口淘沙处，渡却人间多少人。（刘禹锡：浪淘沙，同上，403页）

（18）上却征车再回首，了然尘土不相关。（吴融：新安道中玩流水，同上，7860页）

（19）唤出眼，何用苦深藏；缩却鼻，何畏不闻香。（睿宗：

戏题画，同上，9841页）

（20）男儿何必恋妻子，莫向江村老却人。（岑参：送费子归武昌，同上，2054页）

（21）高却垣墙钥却门，监丞从此罢垂纶。（冯道：放鱼书所钥户，同上，8406页）

（22）看他终一局，白却少年头。（赵延寿：棋，同上，8411页）

（23）谁能学得空门士，冷却心灰守寂寥。（郑良士：寄富祥院禅者，同上，8324页）

唐代的"却"字使用已经很广泛，在我们以上举的十七例中包括了史籍（例7、8）、笔记小说（例9至15）、唐诗（例16至23）三类，无论在哪一类文献中，"却"字的使用都已不再是个别的现象了。

"却"字演变成助词的主要标志，是其所表达的意义的变化。唐以前，"却"带有"去除""消失"的意思，它所跟的，自然也就都是能造成"去除""消失"的结果的动词，像"杀、了"等等。唐代的例子中，动词不再有这种局限，像例（9）"浣"、例（11）"学"、例（14）"盛"、例（15）"锁"、例（17）"渡"、例（18）"上"等，这些动词不仅不会造成什么东西的"去除"或"消失"，反而会造成一些事物的"获得"（"学、盛"）或状态的存在（"锁、渡、上"），这样，"却"所表达的意义，就变成了一种抽象的完成，而不管造成的是一种"失"还是"得"的结果。从而，使它从一个表达具体词义的实词，变成了一个表达抽象意义的虚词。

"却"字演变成动态助词的时间,应当在唐代前期,我们在初、盛唐时王梵志[①]、李白、杜甫等人的作品中,都已经可以看到"却"字的使用了。

助词"却"的产生,是汉语发展史上一个重要变化,它改变了过去汉语仅以结果补语或表示完成义的动词来表达动态、事态完成的方法,产生了一个新的词类和一个新的语法格式。"却"是由趋向动词虚化而成为助词的,它从在连动式中充当并列动词,到在述补结构中充当趋向补语,再到充当结果补语,这个发展过程,决定了它紧跟动词的位置,以及"动+却""动+却+宾"两种格式的建立。唐代以后,汉语完成态助词有所更替,但由"却"造成的两种语法格式始终没有改变。

在唐代的数百年使用中,"却"也在发展完善。初盛唐的例子里,除去"老却"(如例20)之外,很少见到形容词带"却"表示变化完成的例子,到晚唐五代,"形+却+宾"格式的使用增加了,像例(21)"高却"、例(22)"白却"、例(23)"冷却"就是其用例。

晚唐五代另一类更接近口语的文献——禅宗语录中,"却"的出现更为频繁,像南唐保大十年(952年)成书的《祖堂集》中,就有很多"却"字的用例。例如:

(24)问:"三界竞起时如何?"师云:"坐却著!"(祖堂集2.90)

(25)一句子活却天下人,一句子死却天下人。(同上,2.87)

（26）过却多少林木，总是境。（同上，2.106）

（27）师云："老僧要坐却日头，天下黯黑，忙然者匝地普天。"（同上，2.87）

（28）和尚关却门，便归丈室。（同上，1.169）

（29）雪峰放却垸水了云："水月在什摩处？"（同上，2.127）

《祖堂集》中助词"却"用了近二百例，带"却"的动词有七十余个，"却"字显示出很强的生命力和结合能力。"却"的语义，还是表达一种与时间无关的动作完成状态，所以它可以见于各种时态的例句中。

到宋代，"却"的使用还在延续，在宋代词人的作品中，它仍是一个较常见的助词。例如：

（30）三月花飞几片，又减却，芳菲过半。（张先：离亭宴，全宋词，76页）

（31）忍泪一春愁，过却花时节。（晁补之：生查子，同上，576页）

（32）未应真个，情多老却天公。（杨无咎：白雪，同上，1179页）

（33）一拥河豚千百尾。摇食指。城中虚却鱼虾市。（洪适：渔家傲引，同上，1372页）

（34）怕嫦娥，隔窗偷看，须下却，帐儿睡。（李曾伯：水龙吟，同上，2784页）

在宋词的例句中，"却"字的用法与唐五代比并未发生什么变化，但带"却"的动（形容）词，却逐渐集中到

"过""老""换""忘"等几个词上,这反映出,它的结合能力在减弱,而造成上述现象的原因,应当是动态助词"了"字的产生。

贰

"了"和"却"一样,也是由动词发展成助词的。大约在汉代以后,动词"了"具有了"终了""完毕"的意思,并同意义相近的动词"已""讫""毕""竟"等一起,构成了汉语中表示完成状态的句式"动+宾+完成动词"[②]。例如:

(35)公留我了矣,明府不能止。(三国志,蜀志,杨洪传,卷四一)

(36)臣松之以为,权愎谏违众,信渊意了,非有攻伐之规,重复之虑。(同上,吴志,吴主传裴注,卷十七)

(37)益部耆旧传令送,想催驱写取了,慎不可过淹留。(王献之:杂帖)

(38)没能信已如梦,其说经法如幻师化了,听假音不著其声,不造解脱。有二事者,是乃名为善听受法也。(法护:佛说大净法门品经,碛砂藏,卷一五六)

"动+宾+完成动词"格式在魏晋以后广为使用,其中的完成动词,在唐五代前后开始向"了"归并,"了"字逐渐在这个格式中占据了主导地位[③]。

起源于魏晋的"动+宾+完成动词"格式在唐代与助词"却"构成的"动+却+宾"格式并存,成为当时两种不同的完成态表示法。这两种句式语义上的区别在于,"动+却+宾"只表示动态的完成，而"动+宾+完成动词"格式则如前辈学者所说，是一种"谓+谓"格式，完成动词充当的是后一个谓语性成分，它的功能，是对事件的状态作出陈述。就唐代来说，"了"字所陈述的"事件"大体上有两种情况，一种是对一个完整事件的状态作出陈述，如：

（39）下邽杨王林庄今年买了。（白居易：祭弟文，全唐文，卷六八一）

另一种则只是对一个动作（也是一个简单的事件）作出陈述，如：

（40）杀人了，即曰：我有事而杀，非故杀也。（同上：论姚文秀打杀妻状，同上，卷六六八）

这两种情况前者发展下去变成了事态助词"了"④，后者表达的意义和"动+却+宾"相近。从中晚唐起，完成动词"了"出现虚化趋势，位置从"动+宾"之后，逐渐移至"动+宾"之间助词"却"的位置上，变成了动态助词。

"了"字的虚化是从中晚唐开始的，这个时期的例句，目前所见只有唐诗、五代词、变文中的几例，例为：

（41）补了三日不肯归塯家，走向日中放老鸦。（卢仝：与马异结交诗，全唐诗，4384页）

（42）鬓鬌鲜轻松，凝了一双秋水。（白居易：如梦令，同上，10057页）

（43）将军破了单于阵，更把兵书仔细看。（沈传师：寄大府兄侍史，同上，5304页）

（44）几时献了相如赋，共向嵩山采伏苓。（张乔：赠友人，同上，7324页）

（45）林花谢了春红，太匆匆。（李煜：乌夜啼）

（46）见了师兄便入来。（难陀出家缘起，敦煌变文集，396页）

（47）切怕门徒起妄情，迷了蘡多谏断。（维摩诘经讲经文，同上，521页）

（48）唱喏走入，拜了起居，再拜走出。（唐太宗入冥记，同上，211页）

以上八例都是韵文作品，在同期的散文作品，包括像《祖堂集》这样比较口语化的散文作品中，动态助词"了"都还没有出现。

动态助词"了"的大量出现，是从北宋开始的，首先见于北宋词人的作品中：

（49）爱揾了双眉，索人重画。（柳永：洞仙歌，全宋词，50页）

（50）如此春来春又去，白了人头。（欧阳修：浪淘沙，同上，141页）

（51）若使当时身不遇，老了英雄。（王安石：浪淘沙令，同上，207页）

（52）分飞后，泪痕和酒，占了双罗袖。（晏几道：点绛唇，同上，246页）

（53）臂间刺道相思苦，这回还了相思债。（苏轼：踏莎行，同上，333页）

（54）灯前写了书无数，算没个，人传与。（黄庭坚：望江东，同上，413页）

（55）恰则心头托托地，放下了日多萦系。（毛滂：惜分飞，同上，677页）

同期，在接近口语的散文作品中"动+了+宾"格式也开始出现了：

（56）臣括答云："北朝自行遣了萧扈、吴湛，括怎生得知？"（沈括：乙卯入国奏请，续资治通鉴长编，卷二六五）

（57）学士对制使及一行人道了二三十度，言犹在耳，怎生便讳得？（同上）

（58）地界事已了，萧琳雅已受了擗拨文字，别无未了。（同上）

沈括《乙卯入国奏请》是宋神宗时（1075年）与辽进行边界谈判的记录，其中"了"字除作主要动词外，均用作动态助词。

（59）老僧熙宁八年丈帐，在凤翔府供申，是年华山崩倒，压了八十里人家。（北涧居简禅师语录，续藏经，卷一二一）

熙宁八年恰是1075年，北涧活动时间，应与沈括相去不远。

（60）棒头点出眼睛来，照了诸相悉皆空。（虎丘绍隆禅师语录，同上，卷一二〇）

（61）抛了弓，掷下箭，撒手到家人不识，鹊噪鸦鸣柏树间。（续古尊宿语要，同上，卷一一八）

动态助词"了"和"却"是意义和功能基本相同的两个助词；动态助词"了"和完成动词"了"是意义相近而功能不同

的两个词（这里仅指处于"动+宾+了"格式中而又只陈述一个动作状态的动词"了"）。所以，动态助词"了"的产生，对"动+却+宾"和"动+宾+了"两种格式的使用，都产生了影响。从北宋各类文献看，宋词中"动+了+宾"大量出现，"动+却+宾"仍继续使用⑤，"动+宾+了"则接近于消失了；《乙卯入国奏请》与宋词情况相似；禅宗语录里，北涧、虎丘、东山等人三种格式并用，同期或稍早的汾阳、雪窦、开福等人则仍是使用"动+却+宾"和"动+宾+了"；在北宋的笔记中，以"动+宾+了"为主，常常是不仅不用"动+了+宾"，就连"动+却+宾"也少见。这种情况应当是由于不同类型作品反映口语程度不同造成的。宋词在当时是一种较新的文学形式，较易于接近生活，接受新的语言成分；《乙卯入国奏请》是出使谈判的汇报，理应是当时口语的实录；所以二者中动态助词"了"出现较多。宋代禅宗已经部分失去了旧日质朴的本色，其语录虽然仍维持着过去的文体，但其所用的语言材料，却可能已经不是参用当时的口语，而是或多或少地因袭旧说了。这种情况在不同禅师的语录中反映不尽相同，从而使动态助词"了"在北宋禅宗语录中的出现呈矛盾状态。至于北宋文人笔记，仍以文言为主，间或使用零星的白话词语，像动态助词"了"这样的新口语词不出现是完全可以理解的。

南宋时动态助词"了"进一步普及。此期的禅宗语录，已经很难找到不用"动+了+宾"格式的了⑥。像始终活动在南宋政治文化中心苏杭一带的名僧虚堂智愚的语录中，尽管少，但亦可见到用例。如：

（62）是年华山崩，陷了八十里人家。（虚堂和尚语录，大藏经，卷四七）

南宋史籍和笔记中，情况与北宋禅宗语录相似。一些保存部分口语材料的文献，如：《建炎以来系年要录》《挥麈录》中，已经可以见到"动+了+宾"格式的踪迹⑦；而另外一些文言色彩较浓的作品，如方勺的《泊宅编》等，还是只用"动+宾+了"。

南宋儒家语录《朱子语类》中，"动+了+宾"格式已俯拾皆是，"动+宾+了"则极罕见。从这些材料看，南宋时动态助词"了"的使用已经基本上取代了完成动词"了"。

"却"在南宋也由于"了"的影响而开始衰落，其过程在不同类型的文献中反映不尽相同。在宋词中，南宋词人对"却"的使用还大体上与"了"持平，有些人甚至仍是"却"多于"了"⑧。在僧、儒两家的语录中，"了"的使用都大大高于"却"。《朱子语类》中"了"字每卷出现以百十计，而"却"常常是数卷不见一例。禅宗语录中不仅"了"的出现高于"却"，而且还出现了把前人作品中"却"字改作"了"字的例子。《续古尊宿语要·白云端和尚语录》中收了洞山和尚的一首诗："天晴盖却屋，乘时刈却禾，输纳皇租了，鼓腹唱讴歌。"到《灵隐大川济禅师语录》中，两处"却"字均被改作"了"，变为："趁晴盖了屋，乘时刈了禾，输纳皇租了，鼓腹唱讴歌。"这种情况表明，到南宋中晚期"却"在口语中已经开始为"了"所取代。

为了更清楚地反映动态助词"了"的发展过程,下面我们列表考察一下不同地域、时间中北宋词人和两宋禅师对"动+了+宾"和"动+宾+了"两种格式的使用情况。

表一 北宋词人作品中的"动+了+宾"和"动+宾+了"

姓名	生卒年代	籍贯	动+了+宾	动+宾+了
柳 永	约987—1053	福建崇安	7	0
宋 祁	998—1061	湖北安陆	2	0
欧阳修	1007—1072	江西吉安	7	0
杜安世	?	陕西西安	1	0
刘 敞	1019—1068	江西新余	1	0
王安石	1021—1086	江西临川	3	0
晏几道	约1030—1106	江西临川	4	1
王 诜	1048—1104	山西太原	1	0
苏 轼	1036—1101	四川眉山	2	1
黄 裳	1044—1130	福建南平	3	0
黄庭坚	1045—1105	江西修水	2	1
秦 观	1049—1100	江苏高邮	5	0
晁补之	1053—1110	山东钜野	4	1
毛 滂	约1061—1120	浙江衢州	5	0

表一中例举了十四位十一到十二世纪之间的北宋词人,地域上有南方福建、湖北、江苏、江西、浙江等地人氏,也有北方河南、山东、陕西等地人氏,作品中无一例外地都以用"动+了+宾"格式为主,"动+宾+了"或不用,或极少见,

两者的比例是47∶4,动态助词"了"无论在南方还是在北方词人的作品中,使用都占了绝对的优势。

表二　两宋禅师语录中的"动+了+宾"和"动+宾+了"

姓名（法号）	生卒年代	籍贯	动+了+宾	动+宾+了
汾阳	947—1024	山西太原		+
雪窦	980—1052	四川遂宁		+
开福	？—1113	江西婺源		+
北涧	—1075—	（安徽、浙江）	+	+
虎丘	1077—1136	安徽和县	+	+
东山	1095—1158	福建福州	+	+
应庵	1102—1163	安徽		+
密庵	1118—1187	福建福州	+	+
松源	1131—1202	江苏苏州	+	+
破庵	？—1211	四川广安	+	+
月林	1142—1217	福建福州		+
运庵	1156—？	浙江宁波		+
无准	？—1249	四川梓橦	+	+
灵隐	1178—1252	浙江宁波		+
无门	1182—1260	浙江杭州	+	+
偃溪	1188—1263	福建侯官	+	+
虚堂	1185—1269	浙江宁波	+	+

表二中列入的十七位两宋禅师的活动时间在公元十世纪到十三世纪,地域偏重南方,但也有一些北方人氏。参照上文中曾列举过的沈括《乙卯入国奏请》等北方作品中"动+了+

宾"格式出现的情况,该格式在南方禅师语录中出现的时间(北涧:1075年),应当并不比北方晚,整个使用情况的变化过程,大体上是依时间的推移而发展的,不同的地域没有表现出明显的差异⑨。

综上所述,表示完成的动态助词"了"起源于中晚唐,北宋以后开始普遍使用,并逐步取代了完成动词"了"和动态助词"却"。从宋以后的材料看,动态助词"了"进入不同地域的时间没有明显的差异。

叁

对动态助词"了"的历史,前辈及当代许多语言学家作过不少深入的研究,提出过不少精辟的见解,这里特别要指出的是梅祖麟先生一系列关于"汉语完成貌"词尾的研究。梅先生不仅对"了"的历史作了精到的描写,而且提出了"词汇兴替"理论,即在一个语法格式产生之后,仍会产生不影响格式变化的词汇变化。

基于这一理论,我们回过头来看本节前两部分对"却"和"了"的描写,就会发现这是两种不同类型的发展变化。"却"的产生是一种语法意义上的变化,"却"从实词,作补语,转变成虚词,在句中表达动态完成这一专门的语法意义,这个转变如我们在前面所说的,产生了一个新的词类和一个新的语法格式。动态助词"了"的产生,则是一种词汇变化,词汇的兴替,它的产生对语法格式并没有产生什么影响。我们比较唐宋两代"动+却+宾"和"动+了+宾"的例句可以清楚地看出,两者之间从语法关系上看是完全一样的，唐人说"白却少年头"和宋人说"白了少年头"所表达的语义完全相同。因此，从"却"和"了"的历史看，汉语完成态助词的产生应该是在唐代，现代汉语完成态助词"了"的产生和确立，则是在中晚唐到宋之际。

同样，根据这一理论考察完成态助词产生的历史，也为"动＋助词＋宾"这一表完成态格式的产生提供了合理的解释。"却"是由作补语发展成作助词的，而汉语补语，无论是趋向补语还是结果补语，都是以紧跟动词为基本格式。汉语趋向补语由连动式产生，由第二个动词变成的补语自然是紧跟在第一个动词之后，早期的趋向补语，一般都不带宾语，以后虽然带宾语的情况增加，但补语紧跟动词的格式仍占统治地位。结果补语也是如此，据研究，在《史记》中二十七个充当结果补语的动词中，只有一个（"醉"）出现过"动＋宾＋补"格式；在十三个作结果补语的形容词中，只有三个用于"动＋宾＋补"格式（而且它们还都有连带状语一起充当补语的限制）[⑩]。对"得"字的考察也是如此，据统计，在《游仙窟》《王梵志诗》《六祖坛经》《神会和尚遗集》《敦煌变文集》《祖堂集》《朱子语类辑略》七种文献中，"动＋得＋宾"共出现九百九十五例，"动＋宾＋得"却只有七例。[⑪]所以，"却"的历史来源注定了它变成助词后的格式只能是"动＋却＋宾"，而不能是其他。"了"字是在这一格式确立之后，作为取代助词"却"的成分进入这一格式的。其进入这一格式的原因，如前所述，是它所表达的语义同"却"有相通之外,此外,唐代以后,汉语动态助词系统的产生和发达,从外部也为其变化起了一定的推动作用。应该说,"了"字是在"却"的影响之下,作为"却"的替代成分进入"动+了+宾"格式的,所以,它承袭"却"的语法位置,是一个自然的变化过程。

"却"和"了"的关系及其各自的发展过程进一步提示我们,助词的发展变化是在语法格式中实现的,是在助词体系的制约下进行的,只有放在格式和体系的框架之内,才能清楚地显示出单个助词发展的历史过程及其中包含的复杂因果关系,才能准确地对其产生变化的历史和原因作出描写。

附注

① 王梵志生卒年代不详,张锡厚在《唐初民间诗人王梵志考略》(《王梵志诗校辑》附录)中主张是"天宝、大历之前"人。

② 参阅梅祖麟《现代汉语完成貌句式和词尾的来源》,《语言研究》1981。

③④ 参阅事态助词"了"一节。

⑤ 参阅下文表一。

⑥ 参阅下文表二。

⑦ 参阅刘坚《〈建炎以来系年要录〉里的白话材料》,《中国语文》1985年第1期。

⑧ 宋代词人对"动+却+宾"和"动+了+宾"两种格式使用情况的对比,请看下表:

姓名 格式	欧阳修	晁补之	朱敦儒	杨无咎	范成大	辛弃疾	魏了翁	李曾伯	周密	仇远
动却宾	2	3	4	1	5	27	8	9	5	5
动了宾	5	3	10	2	6	25	2	2	4	1

⑨ 同注②。

⑩ 参阅何乐士《〈史记〉语法特点研究》,《两汉汉语研究》,山东教育出版社,1985。

⑪ 参阅杨平《"动词+得+宾语"结构的产生和发展》,《中国语文》1989年第2期。

参考文献

梅祖麟(1981):《现代汉语完成貌句式和词尾的来源》,《语言研究》,创刊号。

《〈三朝北盟会编〉里的白话材料》,《中国书目季刊》十四卷二期。

《从语言史看几本元杂剧宾白的写作时代》,《语言学论丛》第十三辑。

潘维桂等(1980):《敦煌变文和景德传灯录中"了"字用法》,《语言论集》。

太田辰夫(1987):《中国语历史文法》,北京大学出版社。

赵金铭(1979):《敦煌变文中所见的"了"和"着"》,《中国语文》第1期。

志村良治(1984):《中国中世语法史研究》,三冬社。

将

"将"是近代汉语中很活跃的一个动态助词,在近代汉语各个历史时期内,助词"将"出现的结构类型,表达的意义、功能曾发生过许多变化。本节中我们将讨论助词"将"的产生发展过程。

壹

魏晋南北朝是助词"将"产生的前期,这个时期"动+将"结构开始使用,但用例比较少见。我们在《古小说钩沉》中发现十例,颜之推《颜氏家训》中发现两例,《还冤志》中发现两例。基本格式是"动+将+趋向补语"。例如:

(1)晋唐遵……晋太元八年,暴病而死,经时得苏,云:有人呼将去,至一城府。(冥祥记,古小说钩沉)

(2)有二人乘黄马,从兵二人,但言捉将去,二人扶两腋东行,不知几里,便大城如锡铁。(幽明录,同上)

(3)行至赤亭山下,值雷雨日暮,忽然有人扶超腋径曳将去,入荒泽中。(颜之推:还冤志)

(4)若生女者,辄持将去,母随号泣,使人不忍闻也。(同上:颜氏家训·治家)

十四例中,只有一例不带趋向补语,例为:

(5)见一老妪,挟将飞见北斗君。(幽明录,古小说钩沉)

这个时期的"将"字是动词,含有明显的"携带、挟持"义,所构成的"动+将"结构是一种连动式。在这种连动式"动+将"结构中,"动+将"之间的联系是平等而松散的,可以在中间插入宾语，变为"动+宾+将+补"格式：

（6）有二人录其将去，至一大门，有一沙门据胡床坐。（冥祥记，古小说钩沉）

也可以在中间插入并列连词，变成"动+而+将+补"格式：

（7）忽有白蛇，长三尺，腾入舟中……萦而将还，置诸房内。（王嘉：王子年拾遗记）

魏晋时期，进入"动+将"结构的动词都是及物的（所见十四例，除以上列举者外，还有"牵、钓、缚、缚录、执缚"五个动词出现）。这个结构只用于表达一种"携带"性的运动，动作总是由主体携带对象共同进行的。魏晋时期汉语趋向补语已相当发达，但"动+将"结构却很少出现，像干宝《搜神记》中，"动+趋向补语"有三百零一例，仅"来、去"充当趋向补语的就有五十五例。在如此之多的例句中，没有一例"动+将"结构出现。究其原因，大概正是这种语义限制，影响了它的广泛使用。

这个时期进入"动+将"结构的动词的另一个特点是，有一部分动词与"将"词义相似（如例4"持"和例5"挟"）或隐含有"携带""挟持"的意思（如例2"捉"、例3"曳"，这些动词带上趋向补语后，即使没有"将"字，仍然表达主语"携带"宾语运动的意思）。这种情况动摇了"将"在连动式"动+将"结构中作为一个并列动词的地位，从而为"将"字以后的变化提供了条件。

贰

唐代"将"字有较大的发展,从我们在《全唐诗》①中查到的八十一例看,此期"将"字的性质、表达的意义都发生了重要变化。由"将"字构成的"动+将"结构的类型多样化了,使用亦有所增多。

从结构类型上看,唐代"动+将"结构主要有以下四种:

A. 动+将(+宾)+趋向补语

(8)凭人寄将去,三月无报书。(元稹:酬乐天书怀见寄,全唐诗,4486页)

(9)家僮若失钓渔竿,定是猿猴把将去。(卢仝:出山作,同上,4390页)

(10)扬眉斗目恶精神,捏合将来恰似真。(蒋贻恭:咏金刚,同上,9871页)

(11)送将欢笑去,收得寂寥回。(袁不约:客去,同上,5772页)

唐代"动+将+趋向补语"结构与魏晋相比,突出的区别是"将"字的动词性开始消失,"携带""挟持"的意思没有了,多数例句中作趋向运动的物体,都从主语、宾语双方变成了其中的一方。因此,一些魏晋不出现于"动+将"结构的、只能表示主语或宾语单方运动的动词(如表示授受关系的动词"寄、取、送"等),开始出现于唐代的"动+将+趋向补语"结构中,并且占了很大的比例。同时,也出现了一些表示非趋向性动作的动词,如例(10)的"捏合"。在这种例句中,"将"字虚化的程度显然更高一些。A类格式中"将"字的功能可以分为两类，一种用作趋向补语的标志，表示动作的趋向性，如例（8）（9）（11）。另一种表示动作完成或获得结果的状态，如例（10）。从现有A类例句看，无论是表示"动向"，还是表示"动态"，"将"字均多用于动作已经完成或假设完成的句子里。

"将"字的虚化，造成了它对前面动词的依附性，所以这个时期"动＋将"之间的结合比魏晋要紧密，宾语一般都出现在"将"字之后。

B．动＋将＋宾

（12）收将白雪丽，夺尽碧云妍。（白居易：江楼夜吟元九律诗成三十韵，全唐诗，4896页）

（13）鸟偷飞处衔将火，人争摘时蹋破珠。（白居易：吴樱桃，同上，5029页）

（14）买将病鹤劳心养，移得闲花用意栽。（李中：赠朐山孙明府，同上，8514页）

（15）谱从陶室偷将妙，曲向秦楼写得成。（王仁裕：荆南席上咏胡琴妓二首之二，同上，8401页）

（16）输将虚白堂前鹤，失却樟亭驿后梅。（白居易：花楼望雪命宴赋诗，同上，4955页）

（17）走却坐禅客，移将不动尊。（李涛：题僧院，同上，9870页）

（18）瓶添涧水盛将月，衲挂松枝惹得云。（韩偓：赠僧，同上，7808页）

如果说A类结构中有一部分"将"字表示动态,那么B类里表示完成或获得结果这种动态,就是它的基本功能了。例(12)(13)"将"与作结果补语的"尽""破"互文,例(14)(15)(18)与表示结果的助词"得"互文,例(16)(17)与表示完成的助词"却"互文。上述例中的"将"字,无疑都是用来表示动作完成或获得结果这种动态的。

C. 动$_1$+将(+宾)+动$_2$

(19)骑将猎向南山口,城南狐兔不复有。(岑参:卫节度赤骠马歌,全唐诗,2057页)

(20)携将贮作丘中费,犹免饥寒得数年。(白居易:自喜,同上,5034页)

(21)跨将迎好客,惜不换妖姬。(白居易:有小白马……题二十韵,同上,5043页)

(22)常思和尚当时语,衣钵留将与此人。(李涉:题宣化寺道光上人居,同上,5439页)

C类中出现的"动$_1$"都是表示可持续性动作或动作会产生可持续性结果的动词,加上"将"之后,表示在"动$_1$"持续的状态下进行"动$_2$"。"将"的作用,近乎近代汉语表示持续态的助词"着"。

从表面上看,C类格式中"将"字的功能与A、B两类有所不同,但实际上"持续"本身也是一些动作的结果,近代汉语表示持续态的助词"着",就是从表示结果的补语"着"发展而来的,所以C类与A、B两类之间,仍然存在着某种联系。

D. 动+将

（23）红软满枝须作意，莫教方朔施偷将。（蒋防：玄都楼桃，全唐诗，5763页）

（24）红芍药花虽共醉，绿蘼芜影又分将。（姚合：欲别，同上，5633页）

（25）道书虫食尽，酒律客偷将。（姚合：喜喻凫至，同上，5702页）

（26）金镞有苔人拾得，芦花无主鸟衔将。（吴融：彭门用兵后经汴路三首之二，同上，7859页）

（27）闲地占将真可惜，幽窗分得始为明。（许书：中秋月，同上，8220页）

（28）何处邀将归画府，数茎红蓼一渔船。（谭用之：贻钓鱼李处士，8670页）

D类大多数用例与B类相似，也是用来表达动作完成或获得结果的状态，所以它也常常与表示结果的补语或助词互文（如例25、26、27）。其中有一些例子，实际上就是B类句式的变换，把其中的宾语移到了"动+将"之前，如例（27）。D类中也有少数例句中"将"字的作用似乎比助词更虚一些，像例（23），在这种例句中"将"字似已变成了一种后缀，没有什么实际意义了。

在《全唐诗》里，上述四种"动+将"格式出现的频率大体上相差不多，我们所见的八十一例中，A类十九例，B类二十三例，C类十七例，D类二十二例。

以上的分析表明，唐代"将"字已经虚化成为一个用法比较复杂的助词,它在所出现的"动+将"结构的四种格式中,表达的意义虽各有不同,但大体上都与动作的状态或方向有关。

叁

晚唐五代助词"将"所构成的"动+将"结构的格式,趋向于统一为"动+将+趋向补语"。对这个时期"将"字的使用情况,我们以产生于长江以南的禅宗史料《祖堂集》和产生于西北地区的《敦煌变文集》两部文献为代表来考察。

《祖堂集》中"动+将"结构共出现十七次,除一例"$动_1$+将+$动_2$"之外,均为"动+将+趋向补语"。这十六例"动+将+趋向补语"和唐代的同类格式一样,也可以分为两类:

A

(29)洞山云:"把将德山落底头来。"(祖堂集,2.34)

(30)龟毛兔角杖,拈将来随处放。(同上,2.28)

(31)师云:"他时后日若欲得播扬大教去,一一个个从自己胸襟间流将出来,与他盖天盖地去摩。"(同上,2.93)

(32)莫只拟取次容易,持一片衣口食过一生,明眼人笑你,久后总被俗汉弄将去。(同上,4.134)

A类例句中的动词都表示带趋向性的动作,补语"来""去"等用来表示运动的趋向,"将"字用作表"动向"补语标志。

B

(33)道吾问:"有一人无出入息,速道将来。"(同上,2.72)

(34)讶将去,钻将去,研将去,直教透过。(同上,2.91)

B类例句中的动作都不带趋向性,作补语的"来""去"也已经虚化，不再表示动作的趋向，而是表示动作开始或持续了。这类例句中"将"字的功能，主要是和补语一起表示某种"动态"（开始、持续、完成等）。

《祖堂集》中"将"字另一个值得注意的现象，是新出现了带复合补语的用例（例31）。这种现象在此期作品中，目前仅见到这一例。

《敦煌变文集》中"将"字的使用情况，出现的结构类型，与《祖堂集》相比，更接近于唐代的用法，其中还保存着一些《祖堂集》中已经消失了的类型或其变体。

《敦煌变文集》中"动+将"结构共出现一百一十三次，以"动+将+补语"为主，九十七次。在这九十七次之中，又以变文中唱白交替间的"唱将来"为主，有八十一例。如：

（35）欲问若有如此事，经题名目唱将来。（破魔变文，敦煌变文集，345页）

（36）若也捉得师僧，速领将来见我。（庐山远公话，同上，172页）

（37）黑绳系项牵将去，他（地）狱里还交度奈何。（太子成道经一卷，同上，294页）

和《祖堂集》中的用法相比，"唱将来"类似B类，动作是不带趋向性的，补语也已经虚化，不再表示运动方向了。但在《敦煌变文集》中，可以列入B类的只有"唱将来"②，其他十六例"动+将+补"结构，除以上举出的例（36）（37）外，出现的动词主要有"引、请、捉、绕、诱、送、遣、索"等，作补语的主要是"来",动词和补语的趋向性都比较明显,大体上都应相当于《祖堂集》中的A类用法。除去"唱将来"外,像《祖堂集》中动词不带趋向性,趋向补语也虚化了的B类用法,在变文中还没有出现。

《敦煌变文集》中出现居第二位的是一种新的"动+将"格式:"被(+主)+动+将":

(38)天下鬼神,尽被净能招将。(叶净能诗,同上,216页)

(39)小女一身邂逅中间,天衣乃被池主收将。(搜神记,同上,883页)

(40)明达载母遂(逐)农粮,每被孩儿夺剥将。(孝子传,同上,908页)

这类例句共十例。这种宾语提到"被"字之前的格式,是"动+将"结构与"被"字句融和的产物,只有如此,它才能满足"被"字句一般不带宾语和要带表示完成或获得结果的补语的双重要求。这种用"被"字加入而造成宾语移位的"动+将"格式,实际上是"动+将+宾"的一种变体,它表达的意义也明显地带有原格式的痕迹。

同时,变文中也还有少量的"动+将+宾"和"动$_1$+将(+宾)+动$_2$"格式继续使用(各三例):

(41)领将陵母,髡发齐眉……转火队将士解闷。(汉将王陵变,同上,43页)

(42)阿娘不忍见儿血,擎将写(泻)着粪堆(堆)傍。(孔子相托相问书,同上,235页)

（43）无量阿僧只世界，七宝持将惠有情。（金刚般若波罗蜜经讲经文，同上，442页）

《敦煌变文集》中"动+将+补"、"被（+主）+动+将"、"动+将+宾"、"动$_1$+将（+宾）+动$_2$"四种格式出现的比例，如果不把"唱将来"算进去，是16∶10∶3∶3。后三种格式在出现频率上与第一种有明显差距，整个格式呈现出向"动+将+补"统一的趋势。

比较《祖堂集》和《敦煌变文集》中"将"字的使用情况，可以看出，尽管都在发展，但变文中无论是在结构类型的统一，还是在所表达的语义的虚化程度上，都明显落后于《祖堂集》。作为同一时期不同地域的两部作品，这种情况表明，"将"字的发展从晚唐五代开始，可能在不同地区出现了发展不平衡的现象，南方的发展可能要比北方快一些。

肆

宋代"将"字的使用情况，沿着晚唐五代所显示的趋势进一步向前发展。

在北宋早期的文献中，还可以见到少量"动+将+宾"格式使用，如：

（44）记将北朝曾差教练使王守源、副巡检张永、勾印官曹文秀计会，……已立定鸿和尔大山脚为界，此事甚是明白。（沈括：乙卯入国奏请，续资治通鉴长编，卷二六五）

在另一些同期或以后的两宋中原及江南籍作者的作品中，出现的就基本上是"动+将+补"格式了。如：

（45）存养熟后泰然行将去便有进。（二程语录，卷五）

（46）致知工夫，亦只是且据已所知者，玩索推广将去。（朱子语类，卷一五）

（47）明明道不在言语上，何必用三寸舌头带将出来。（虚堂和尚语录，大藏经，卷四七）

上面所举的三种语录中，都只有"动＋将＋补"格式出现，其中二程用七次，《朱子语类》卷五至十五用四十九次，虚堂用十九次。作补语的成分以"去"为主，其他少见，如《朱子语类》中所见四十九例，四十八例为"去"，"来"仅一见。

宋代"将"字的意义，与唐、晚唐五代相比，越来越偏向用于表示动态，在《朱子语类》中，表动态例句的比例已占到80%以上。同时，我们上节所提到的，趋向动词"来""去"在补语位置上虚化而表示动作开始、持续或完成的语法意义的倾向，也日趋明显。试比较：

（48）读书理会道理，只是将勤苦捱将去，不解得不成。（朱子语类，卷一一）

（48'）如此逐旋捱去，捱得多后，却见头头道理都到。（同上，卷一〇）

（49）若平日不曾养得，临事时便做根本功夫，从这里积将去。（同上，卷一二）

（49'）读书，只怨逐段子细看，积累去，则一生读多少书。（同上，卷一〇）

两组例句中是否有"将"字，对意义似并不产生什么明显的影响。由于趋向补语"来""去"的虚化,"将"字在部分句子中可有可无的情况,和以后"了"字的兴起,大概就是导致"将"字在现代汉语中消亡的原因。

以上三种语录中,复合趋向补语仍少见,仅虚堂用了两次。值得注意的是,《朱子语类》中"将"字虽不带复合补语,却出现了"了"字带复合补语的用例。

(50) 如遇试则入去,据己见写了出来。(同上,卷一三)

这种情况表明,"了"字在"动+将+补"结构中取代"将"字的过程,远在南宋已经开始了。

与中原、江南地区作品相比,宋元之际受北方影响较多的作品中,"将"字的发展仍较慢一些,保留的"动+将+宾"格式也较多一些。如《大宋宣和遗事》中出现两例"动+将"结构,一例带补语,一例带宾语。《新编五代史平话》中出现十四例,七例带补语(其中五例复合补语),七例带宾语。《全相平话五种·秦并六国平话》中出现五十一例,四十八例带补语(复合补语两例),三例带宾语。这几部作品中充当补语的趋向动词,也大部分含义较实,不少都接近《祖堂集》中A类用法。

伍

"将"字及其构成的"动+将"结构从魏晋南北朝到宋代的发展变化过程,可以归纳为下表(见下页)。

表中的数字显示,唐代以后,助词"将"的使用向"动+将+补"归并,语法意义趋向于单一,这个变化,是和同期内汉语语法、助词体系的变化一致的。

年代 \ 篇目 \ 类型		动将补	动将宾	动₁将动₂	动将	被主动将
魏晋南北朝	古小说钩沉	10				
	颜氏家训	2				
	还冤志	2				
唐	全唐诗	19	23	17	22	
晚唐五代	祖堂集	16		1		
	敦煌变文集	97	3	3		10
宋元	二程语录	7				
	朱子语类	49				
	虚堂语录	19				
	大宋宣和遗事	1	1			
	五代史平话	7	7			
	秦并六国平话	48	3			

魏晋南北朝是汉语补语在两汉基础上广泛发展的时期[③],"动+将"结构在这个背景下产生,并从连动式向动补式发展,"将"字开始了从动词向助词转化的过程。

唐代汉语语法产生了重要变化,其中尤为显著的一点就是新产生了一批助词,其中有表示动作完成的"却""了",表示持续的"着""取",表示结果的"得"等等。它们使用上的突出特点是不稳定,意义上常有交叉,常常是一个助词同时具有几个意思,或几个助词具有一个意思。这种不稳定、交叉的现象，应当是从使用补语（用多个实词表达一种语法意义）到使用助词（用一个专门的虚词表达一种语法意义）这一转变中留下的痕迹。唐代助词的这一特点，在同期动态助词"将"的使用情况中，表现尤为突出。

从晚唐五代开始，近代汉语各个助词的功能、意义趋向于单一。在这个过程中，有些助词站住了脚，稳定下来，有些助词由于各种各样的原因消亡了。"将"字从晚唐五代到宋，功能逐渐规范为作表示动态或动向的补语的标志，格式统一为"动+将+趋向补语"。宋以后随着助词系统的调整和助词"了"的发展，逐渐消亡④。从晚唐五代以后的材料看，"将"字在这个时期内的发展进程，在不同的地域，快慢有所不同。

附注

① 《全唐诗》我们主要统计了1、2、3、4、11、12、13、14、15、17、18、19、22、23、24、25等16册，并抽查了其他册。

② 变文中除"唱将来"外，还有"唱罗罗""唱唱罗""唱将将""唱将罗罗"等多种说法，这几种说法无论其中是否有"将"字，均未作为"动+将+补"统计进去。

③ 请参阅何乐士《〈史记〉语法特点研究》等文章，载于《两汉汉语研究》，山东教育出版社，1984。

④ 宋以后"将"字的使用、消亡情况及其与"了"的关系，请参阅陈刚《试论"动—了—趋"式和"动—将—趋"式》，《中国语文》1987年第4期。

得

这里讨论动态助词"得"(又作"的")①的语法意义和格式,并探寻它的发展和变化。由于"得"跟动态助词"将"有很多相似之处,故文中对二者的同异进行了比较。

壹

首先讨论作为动态助词使用的"得"。在现代汉语中,助词"得"通常用在动词或形容词的后面,表示可能或者连接表示程度、结果的补语,被看作结构助词。但在近代汉语中,"得"还可以用在动词的后面,表示动作变化的持续或完成,就是说,它还可以充当动态助词。下面看一组例句:

(1)一个鞭挑魂魄去,一个人和的哭声回。(西蜀梦,一,新校元刊杂剧三十种)

(2)鲁某只靠得岳母一人做主,如何三日后也生退悔之心?(陈御史巧勘金钗钿,古今小说,卷二)

(3)脸儿稔色百媚生,出得门儿来慢慢地行。(董解元西厢记,一)

(4)徐铉听得这诗,大服太祖志量。(新刊大宋宣和遗事,元集)

(5)韩道国那边使的八老来请吃茶。(金瓶梅词话,第九十八回)

(6)我还没谢的哥,昨日蒙哥送了那两尾好鲫鱼与我。(金瓶梅词话,第三十四回)

(7)狄婆子也没对着提素姐一个字,管待的薛夫人去了。

(醒世姻缘传,第五十二回)

(8)这四百九十三两银子,是俺取得去,是谭大叔送来呢?(歧路灯,第四十三回)

例(1)、例(2)中的"得"表示动作或变化的持续态,相当于现代汉语的"着"。这一类例句数量不是很多。例(3)到例(5)中的"得"表示动作或变化的完成态,相当于现代汉语的"了"。这种用法在早期白话中比较常见,今天在某些方言中(如湘方言、吴方言)或戏词、评书讲播中仍可听到。所以《现代汉语词典》"得"字条下有一义项:"用在动词后面,表示动作已经完成(多见于早期白话)。"举的例子是"出得门来"。例(6)到例(8)中的"得"现代汉语已经省去不用,没有一个相当的词去替换它,但从它的语法作用上讲,仍是表示动作或变化的完成态,不妨碍我们把它看成"了"。

表示持续或完成的动态助词"得",跟表示可能或程度的结构助词"得",都是由动词"得"虚化而来的。在唐代的文献中已经见到"得"作为动态助词使用的例子:

(9)大王遣官人抱其太子,度与仙人。仙人抱得太子,悲泣流泪。(太子成道经,敦煌变文集,卷四,290页)

(10)官健唱诺,改换衣装,作一百姓装裹,担得一栲栳馒头,直到萧磨呵寨内。(韩擒虎话本,同上,卷二,200页)

(11)来到金璘江岸,房劫舟舡,领军便过。到得岸,应是舟舡,溺在水中,遂却继自家旗号。(同上)

(12)牡丹枉用三春力,开得方知不是花。(司空图:红茶

花,全唐诗,7264页)

(13)长戈拥得上戎车,回首香闺泪盈把。(韦庄:秦妇吟,全唐诗外编,33页)

但是这样的例子不是很多,说明"得"作为动态助词使用还不普遍。还有一些句子,"得"虽然处在动态助词的位置上,但仍保留着"得到""获得"等动词意味。例如:

(14)长大取得妻,却嫌父母丑。(王梵志:你孝我亦孝,王梵志诗校辑,卷二)

(15)与我寺内寺外,处处搜寻,若也捉得师僧,速领将来见我。(庐山远公话,敦煌变文集,卷二,172页)

(16)况是掳得你来,交我如何卖你!(同上,175页)

(17)瘿木杯,杉赘楠瘤刳得来。(皮日休:夜会问答,全唐诗,7106页)

由此可见,这一时期的"得"还没有取得完全的动态助词的资格。

宋元明时期的白话著作中,"得"经常用来表示动作的持续态或完成态,它作为动态助词的资格没什么疑问,但它的使用范围有一定的限制。下面就白话小说的用例。大致归纳成五种常见的格式:

A. 动词+得+动词

(18)府尹听的大惊道:"多管是生辰纲的事。"(水浒传,第十七回)

(19)妇人接的袖了,一直走到他前边。(金瓶梅词话,第

七十三回）

（20）你且收拾了，等走时，叫相公称的走。（歧路灯，第三十三回）

（21）那猴子一面笑的耍去了。（金瓶梅词话，第二十八回）

（22）便藏了也成何用？多管是与人有奸，约的走了。（姚滴珠避羞惹羞，拍案惊奇，卷二）

（23）但只是等我回去，把露水鞋换了，同马大叔把鹌鹑炒的吃了。（歧路灯，第六十四回）

（24）只指头略擦得一擦，他自倒了。不曾见这般鸟女子，怎地娇嫩！（水浒传，第三十九回）

（25）元来众人从来不认得钱氏，只早晨见得一见，也不认得真。（何道士因术成奸，拍案惊奇，卷三一）

（26）韩道国那边使的八老来请吃茶。（金瓶梅词话，第九十八回）

（27）这就放心罢，必定是夏大哥引的在谁家闲玩。（歧路灯，第二十五回）

例（18）到例（20）中的"得"表示前后两个动作是相继发生的，大致与"了"相当。例（21）到例（23）中的"得"（的）表示前一个动作是后一个动作或行为的方式，大致与"着"相当。例（24）和例（25）是同一动词在"V得一V"这一格式中重叠使用的例子。例（26）和例（27）是在两个动词间插入兼语或介词结构的例子。

B. 动词+得+宾语

（28）这里多得一贯文，与你这媒人婆买个烧饼，到家哄你呆老汉。（快嘴李翠莲记，清平山堂话本）

（29）蒋兴哥人才本自齐整，又娶得这房美色的浑家，分明是一对玉人。（蒋兴哥重会珍珠衫，古今小说，卷一）

（30）这贼只损得舌头，不曾杀得。（酒下酒赵尼媪迷花，拍案惊奇，卷六）

（31）太宗欲定京都，闻得华山陈希夷先生名抟表德图南的，精于数学，预知未来之事。（大宋宣和遗事，元集）

（32）前日宗师考他个案首，闻得说还要特荐他哩。（平山冷燕，第十一回）

例（28）到例（30）中的"得"表示动作的完成态，相当于"了"，后面接名词（词组）。例（31）（32）后接短句，前面的动词只限于"闻""听"二字，短句叙述听闻的内容。

C. 动词+得+趋向动词

这一组本可划归"动词+得+动词"，因为用例数量大，所以单独拿出来讨论。

（33）他如今在那里？瞧的来，当面考证。（歧路灯，第三十回）

（34）前院请满相公来，叫他把琵琶也带的来。（同上，第十五回）

（35）恰好江南一位官人，送得这几瓮瓜菜来。（闲云庵阮三偿冤债，古今小说，卷四）

（36）我赠他一百两赆仪，他再三不受，如今我叫小价换的

钱来。(歧路灯,第二十七回)

（37）贫道有一千贯寄在博平县城隍处,今早取得来了,现在都排床了。(三遂平妖传,第三十二回)

（38）原文书都拿的来了,又收拾添盖,使费了许多,随爹主张了罢。(金瓶梅词话,第七十一回)

（39）双庆儿取的通关利窍药面儿来了。(歧路灯,第五十九回)

（40）两个锡匠挑的担子来了。(同上,第三十八回)

这一组是动词+得+趋向动词"来"的用例。例（33）（34）是祈使句,趋向动词后没有再加其他成分。例（35）（36）在动词与趋向动词之间插入宾语成分,"来"后也没再接其他成分。例（37）到例（40）都是陈述句,在趋向动词"来"后用了语气助词"了"。末一句的趋向动词"来"充当谓语动词,跟前面各例"来"只附在别的动词之后构成复合动词或短语的用法不同。

（41）咱姐儿才待收拾起身,只见王家人来把姐儿的衣包拿的去。(金瓶梅词话,第五十九回)

（42）我送酒一坛,再备几样菜儿送的去。(歧路灯,第十五回)

（43）不管三七二十一,同了两三个少年子弟,一推一攮的牵的去。(程朝奉单遇无头妇,二刻拍案惊奇,卷二八)

（44）他到晚夕巡风,进入后厅,把他二爷东庄上收的籽粒银一包五十两,放在明间桌上,偷的去了。(金瓶梅词话,第一百回)

（45）我赏了他几个豆儿，留他吃的饭去了。（醒世姻缘传，第七十一回）

（46）王氏引的赵大儿去了。（歧路灯，第十九回）

这一组是动词＋得＋趋向动词"去"的用例。"去"充当谓语动词的用例在数量上远远超出"去"构成复合动词的用例，这跟趋向动词"来"多数用于构成复合动词的情形不同。

（47）众猴撒开手，那呆子跳得起来，两边乱张。（西游记，第三十一回）

（48）东西不怕他走趫那里去了，少不得逐渐哄的出来。（姚滴珠避羞惹羞，拍案惊奇，卷二）

（49）见说与儿子同房歇宿，有丫环相伴，思量不好，竟自闯得进去。（西山观设辇度亡魂，同上，卷一七）

（50）王中与双庆儿跟的进去，见少主人醉的动不得。（歧路灯，第一七回）

这一组是动词＋得＋复合趋向动词的用例。这样的例句不多见。

D. 动词＋得＋处所词

这一组也可划归"动词＋得＋宾语"，单独提出来讨论，也是因为用例数量大。

（51）天子出的师师门，相别了。（大宋宣和遗事，亨集）

（52）到得寺前，早有寺中都寺、监寺出来迎接。（水浒传，第四回）

（53）过得众安桥，失却了女子所在。（张舜美灯宵得丽女，

古今小说，卷二三）

（54）却说冷绛雪刚上得船，船便撑开，挂帆而去。（平山冷燕，第八回）

（55）进得二门，是个朝东的两间厢房。（老残游记，第三回）

（56）天子同文武官上的城来，则见那水便似千堆雪浪湖天滚。（大宋宣和遗事，亨集）

（57）刚扯得一件小衣服穿了，还不曾下得床来。（三遂平妖传，第四十回）

（58）到得家来，已是半夜。（宣徽院仕女秋千会，拍案惊奇，卷九）

（59）出的馆来，往南走了两条大街。（歧路灯，第二十四回）

（60）进得门来，朝炕上请了两个安。（老残游记，第十二回）

这一组例句中，"得"前面的动词只限于"进、出、上、下、到、过"等表示趋向的动词。如果不再进一步区分它们是充当谓语动词还是只构成复合动词，不妨统称之为趋向动词，把小标题改成"趋向动词+得+处所词"，这样更明确些。例（51）到例（55）中的"得"若与现代汉语对译，可换成"了"。例（56）到例（60）在动词+得+处所词之后又连用趋向动词"来"，就是前引《现代汉语词典》提到的那种用法。

E. **动词+得+时间词**

（61）寡人有三十三年天禄，才过得一十三年，还该我二十年阳寿。（西游记，第十一回）

（62）到得十四岁上，母亲熊氏殁了。（人中画·狭路逢，古

本平话小说集，301页）

（63）到得清早，就有数千头鱼共拽一只船来。（寿禅师两生符宿愿，西湖二集，卷八）

（64）到得三更，只听一声锣响，火把齐明。（乌将军一饭必酬，拍案惊奇，卷八）

（65）坏事到得开手时，一不做，二不休。（三遂平妖传，第三十五回）

（66）到得没处借时，便去卖田园，货屋宅。（杜子春三入长安，醒世恒言，卷三十七）

在"动词＋得＋时间词"的场合，"得"前面的动词只有"到"和"过"。"得"在这里也是表完成的，与"了"相当。

上面列举了动态助词"得"使用的几种情况。其中A、B两组用例有限，动态助词"得"多数用在C、D、E三种场合。这三种场合的共同点是跟趋向动词有关，用在"得"前面的有"进、出、上、下、过、到"等，用在"得"后面的有"来、去"及复合趋向动词"起来、出来、进去"等。由此，我们可以得出一个初步的结论："得"作为动态动词使用时，多出现在跟趋向动词有关的场合。

贰

近代汉语中，另一个跟趋向动词关系密切的动态助词是"将"。

"得"和"将"本来在意义上就有些关联。"得"由"获得"义引申而产生"捕获"义，"将"由"领率"义引申而产生"押

解"义,在它们开始虚化时,都可以置于表示"捉拿"的动词之后。例如:

(67)牛头捉得你,镬里熟煎汤。(王梵志:众生眼盼盼,王梵志诗校辑,卷三)

(68)从头捉将去,还同肥好羊。(王梵志:身如圈里羊,同上,卷一)

进一步虚化,"得"和"将"更加接近,常出现"得""将"对举的例子:

(69)织得锦成便截下,揲将来便入箱。(董永变文,敦煌变文集,卷一,111页)

(70)叶似蝇头撷得大,蚕如蚁脚养将来。(长兴四年中兴殿应圣节讲经文,同上,卷五,419页)

(71)瓶添涧水盛将月,衲挂松枝惹得云。(韩偓:赠僧,全唐诗,7808页)

所以清·李调元《方言藻》云:"李义山诗,'收将凤纸写相思',收将,今方言犹云收得。"

除了韵文对举的例子之外,白话小说中也可以举出些"得""将"相对应的例子。如:

(72)李逵叫道:"赢他不得。"扒将起来便走。(水浒传,第六十七回)

(73)有几个撷翻了的,也有闪肭了腿的,扒的起来奔命。(同上,四十二回)

(74)还你一个证见,教你看真赃正贼,我不屈你。左右与

我推得来。(水浒传,容与堂本,三十三回)

(75)还你一个证见,教你看真赃真贼,我不屈你。左右与我推将来。(同上,贯华堂本,三十二回)

在这样的例子中,我们看不出作为动态助词使用的"得"和"将"在用法上有些什么差别。既然"得"和"将"用法如此接近,在我们讨论动态助词"得"的时候,就不能不同时讨论一下"将"作为动态助词使用的情况。

跟"得"一样,表示动态的助词"将"也由动词虚化而来。二者虚化的进程差不多是同步的,也是在唐五代时期的文献中,我们见到了"将"作为动态助词使用的例子:

(76)惟将旧物表深情,钿盒金钗寄将去。(白居易,长恨歌,全唐诗,4819页)

(77)窠被夺将去,吓我作官方。(燕子赋,敦煌变文集,卷三,264页)

(78)各各虔心合掌着,经题名目唱将来。(押座文,同上,卷七,842页)

(79)不别运为,讶将去,钻将去,研将去,直教透过。(祖堂集,卷七)

(80)一一个个从自己胸襟间流将出来,与他盖天盖地去摩。(同上)

但是也有一些例子,"将"虽置于动词之后,却仍带有某种动词意味。如王梵志诗,"将"用于动词之后有八例,其中六例用在"驱""曳""捉"之后,明显地保留着"押送"的意味。

还有一些例句,在动词与"将"之间插入了宾语,如:

(81) 缘我当时掳许你将来,一为不得钱物,二为手下无人,所得恶发,掳你将来。(庐山远公话,敦煌变文集,卷二,175页)

(82) 相公朝退,升厅而坐,便令左右唤西院家人将来。(同上,177页)

(83) 你头手已入镬中煮损,无由可得。且借你别头手,著过王了,却来至此,与你好头手将归,慎勿私去。(搜神记,敦煌变文集,卷八,879页)

这说明"将"与动词的结合还不够紧密。这一时期的"将"也和"得"一样,还没有取得完全的动态助词的资格。

宋元时期是动态助词"将"的成熟期。成熟的标志有三:第一,"将"与所附着的动词结构稳定,结合紧密,插入成分移到"将"的后面,而不再置于动词和"将"之间。例如:

(84) 皇甫殿直叫将十三岁迎儿出来。(简帖和尚,清平山堂话本)

(85) 我特地打将上等高酒来,待和你赏七月七则个。(大宋宣和遗事,亨集)

(86) 如今蔡伯喈老员外、老安人、小娘子三人,在陈留郡里,我如今交你去请将这里来。(元本琵琶记校注,第三十二出)

第二,"将"与趋向动词,特别是与复合趋向动词的搭配成为固定格式,"将"用在句末或只带宾语的例子很少出现,说明"将"作为动态助词的功能日臻明确。第三,使用频率高。我们随意翻开《朱子语类》第十八卷，就可以举出："乃是零零碎碎凑合将来"，"也须积累将去"，"须是逐旋做将去"，"操持充养将去"等二十几个用例，几乎是有"动词+趋向动词"的场合必有"将"插入其中。

下面就白话小说中出现的用例，讨论一下"将"作为动态助词使用时，跟"得"有哪些异同。

A. 动词+将+趋向动词"来""去"

（87）张千户知得，忙赶将来。（清夜钟，第六回，古本平话小说集，181页）

（88）我在毛太尉府中说禅机诱将笋来。（济颠语录，同上，32页）

（89）姑奶奶家使了大官人说将来了。（金瓶梅词话，第七回）

（90）只见磨盘漾漾的望空便起，径往城外飞将去。（三遂平妖传，第十八回）

（91）就树撮将黄叶去，入山推出白云来。（水浒传，第二十三回）

（92）妙观以此等法传授于人，多有王侯府中送将男女来学棋。（小道人一着饶天下，二刻拍案惊奇，卷二）

跟"动词+得+趋向动词"的用法相比较，缺少"动词+将+去+了"的用例，"动词+将+来+了"的用例也只发现例（89）一例，说明"动词+将+趋向动词"之后一般不再用语气助词"了"，但"动词+将+趋向动词"之后还可以再接用动词，动词可带宾语或补语，也可以在趋向动词与后续动词之间插入介词结构，这又是"动词+得+趋向动词"所没有的。例如：

（93）计氏赶将来采打。（醒世姻缘传，第一回）

（94）林冲正没好气，那里答应，圆睁怪眼，倒竖虎须，挺着朴刀抢将来斗那个大汉。（水浒传，第十二回）

（95）连那斥鷃小鸟也都飞将来巢在他衣袖之中，他一毫也不知觉。（寿禅师两生符宿愿，西湖二集，卷八）

（96）我便送将来与你吃。（三遂平妖传，第十回）

B. 动词+将+复合趋向动词

"动词+得"后边也可以接复合趋向动词，但用例极少，说它是例外也未尝不可，而"动词+将+复合趋向动词"却是普遍现象，几乎所有的复合趋向动词都可找到用例：

（97）半山里一座断金亭子，再转将上来，见座大关。（水浒传，第十一回）

（98）辨悟叫住，也搭将上去。（进香客莽看金刚经，二刻拍案惊奇，卷一）

（99）歌童谢了，持将下来，悄悄掩到计成面前。（平山冷燕，第十回）

（100）待他一觉身动，你便把药灌将下去。（水浒传，第二十五回）

（101）那人大踏步跑将进来。（同上，第二十七回）

（102）马周来到新丰市上，天色已晚，只拣个大客店，踱将进去。（穷马周遭际卖䭔媪，古今小说，卷五）

（103）那阵恶风砂石雨雹，转风望王则阵里打将入来。（三

遂平妖传，第十九回）

（104）官人，你在房里着几句甜净的话儿说将入去。（水浒传，第二十五回）

（105）老儿用手去桌底下摸将出来。（权学士权认远乡姑，二刻拍案惊奇，卷三）

（106）便是嫁将出去别人家里，嫁了个聪明伶俐的老公，压不住定盘星。（三遂平妖传，第五回）

（107）众人发声喊，一齐拽将起来。（五色石，卷三）

（108）（张鸾）用酒滴在月上，喝声"起"，只见那纸月望空吹将起去。（三遂平妖传，第八回）

（109）贺太守头踏一对对摆将过来。（水浒传，第五回）

（110）到了捕厅，点了名，办了文书，解将过去。（进香客莽看金刚经，二刻拍案惊奇，卷一）

（111）那妇人却踅将归来。（水浒传，第二十五回）

（112）王婆自转将归去了。（同上）

C. 动补结构插入"将"＋趋向动词

（113）树根头拿了一把划楸，只顾荡，早荡将开去。（水浒传，第十五回）

（114）锯将开来，一盖一板，各置四足，便是两张床。（转运汉遇巧洞庭红，拍案惊奇，卷一）

（115）王延寿从鬼门关上放将转来。（寿禅师两生符宿愿，西湖二集，卷八）

（116）你便把这书院颠倒翻将转来，也没寻处。（三遂平妖

传,第一回)

(117)这妇人正手里拿叉竿不牢,失手滑将倒去。(水浒传,第二十四回)

(118)武松就势拘住那妇人,把两只手一拘,拘将拢来。(同上,第二十七回)

这种用法,"得"作动态助词使用时没有出现过。

把上面的结论再重复一次:

第一,"得"和"将"作动态助词时,主要用于"动词+趋向动词"的场合。

1. "动词+得+趋向动词"后面可加语气助词"了","将"一般不用。

2. "动词+将+趋向动词"后面可加动词或动补结构、动宾结构,"得"一般不用。

3. "动词+将+复合趋向动词"是常见用法,而"动词+得"很少接复合趋向动词。

第二,"动词+得"后面可加动词(不多见),"将"一般不用。

第三,"动词(趋向动词)+得+宾语(处所词、时间词)"是常见用法,"将"一般不用。

第四,"得"有"V得一V"格式,"将"无;"将"有"动+将+补+趋动"格式,"得"无。

"得"和"将"作为动态助词使用的这一时期,正是汉语史上"得"主要作为连接补语的结构助词和"着、了"作为主要的动态助词发展成熟的时期,在这样两大主趋势的夹缝中生存,"得"和"将"作为动态助词使用的范围不能不受到很大的限制,这就可以解释为什么它们多用在跟趋向动词有关的场合,而少与其他动词搭配。即使如此,它们的这一用法仍不能适应语言发展要求表意越来越精确的总趋势,大约在十八世纪,"得"和"将"表示动态的用法逐渐被"了"和"着"取代,或者被动词和后接趋向动词愈加紧密的结合排挤掉了。

注释

① "得"在文献中又作"的",本书在行文中一律作"得",所引例句中根据实际情况写作"得"或"的"。

参考文献

潘允中(1982):《汉语语法史概要》,中州书画社。

太田辰夫(1987):《中国语历史文法》,北京大学出版社(中译本)。

王力(1980):《汉语史稿》,中册,中华书局。

香坂顺一(1983):《白话语汇研究》,日本光生馆,东京。

取

"取"也是近代汉语中新产生的一个动态助词,本节中我们讨论它的产生发展过程。

壹

"取"字本身是一个表示"取得""得到"义的动词,和其他动态助词的发展过程一样，在它成为助词前，也有一个在连动结构中充当并列动词和在述补结构中作补语的阶段。当"取"字充当并列动词和补语时，它就出现在"动+取"和"动+取+宾"两种格式里，这两种格式的出现，可能在魏晋南北朝之际。例如：

（1）春月，蜂将生育时，捕取三两头着器中，蜂飞去，寻将伴来，经日渐益，遂持器归。（张华：博物志）

（2）打取杏仁，以汤脱去黄皮，熟研，以水和之，绢缌取汁。（贾思勰：齐民要术，卷九）

（3）文规有数岁孙，念之，抱来，左右鬼神抢取以进，此儿不堪鬼气，便绝，不复识人，文规索水噀之，乃醒。（甄异传，古小说钩沉）

（4）桐郎复来，保乃斫取之，缚著楼柱。（祖台之志怪，同上）

（5）复有一身，疑是狐狸之类，因跪急把取，此物却还床后，大怒曰："何敢嫌试都尉？"（幽明录，同上）

（6）音、侯伏地失魂，乃缚取考讯之。（搜神记，太平广记，卷四四七）

以上六例中，例（5）无疑应当是一个连动式，"把取"就是"抓而取之"，两个动词前一个表示动作的方式，后一个表示动作的目的，这种由动作方式与目的构成的连动式，在魏晋是一种常见现象。

其余五例，"取"都是"取得"的意思，表示动作获得的结果。从语义关系上看，宾语既是动词的，又是"取"字的，似乎说它们是连动式或述补式均可。考虑到魏晋南北朝时汉语结果补语的发展状态,以及"取"字在唐代的使用情况,似以分析为述补式较为合理。

贰

唐代"取"字仍在"动+取""动+取+宾"两种格式中使用,用例的数量急剧增多,在笔记小说、唐诗等各类文献中,都可以见到众多的例句。同时,格式内部的语义关系,"取"字所表达的意义和词性,都发生了很大变化。下面我们依"取"字的词义为线索,考察其在唐代的使用情况。

A. 表示动作实现或获得结果

(7)少顷,度方见缇褵在旧处,知其遗忘也,又料追付不及,遂收取,以待妇人再至。(摭言,太平广记,卷一一七)

(8)公即挽林杪之竹,似桔槔,末折堕地,女接取其末,袁公操其本而刺处女,处女应节入之三。(吴越春秋,同上,卷四四四)

(9)老人抚之,谓仲殷曰:"止于此矣,左右各教取五千人,以救乱世也。"(原化记,同上,卷三〇七)

(10)谁将古曲换斜音,回取行人斜路心。(王建:斜路行,全唐诗,3388页)

(11)衡阳刷羽待,成取一行回。(刘禹锡:喜俭北至送宗礼南行,同上,4167页)

(12)合取药成相待吃,不须先作上天人。(张籍:赠施肩吾,同上,4360页)

（13）愿持精卫衔石心，穷取河源塞泉脉。（王睿：公无渡河，同上，5742页）

（14）凭君画取江南胜，留向东斋伴老身。（张祜：招徐宗偃画松石，同上，5839页）

（15）待取满庭苍翠日，酒尊书案闭门休。（李群玉：移松竹，同上，6610页）

（16）一声歌罢刘郎醉，脱取明金压绣鞋。（李郢：张郎中宅戏赠，同上，6855页）

（17）殷勤润取相如肺，封禅书成动帝心。（陆龟蒙：奉和袭美谢友人惠人参，同上，7187页）

（18）嫁取箇，有情郎，彼此当年少，莫负好时光。（明皇帝：好时光，同上，10040页）

我们曾指出，魏晋时的"动＋取＋宾"格式内部的语义关系，宾语是动词和"取"字共有的，唐代情况不同了。以上例句中，从例（8）开始，以后的十一例，宾语基本上只是动词的，而不是"取"字的，像例（9）"教取五千人"，"五千人"是"教"的宾语，而不是"取"的宾语，在这里"取"字只表示动词"教"获得了成果，和动态助词"得"的功用相同。这种语义关系的改变，是由带"取"的动词的变化造成的。在魏晋，带"取"的动词都是一些本身有"取得"义（如"捕、把"）或以"取得"为目的（如"打、斫"）的动词，在这种情况下，动词的宾语，自然也就是表示"取得"的"取"字的宾语；"取"字也必定是表示"取得"义的并列动词或补语。唐代带"取"

的动词扩大到了不带"取得"义及不以"取得"为目的、结果的动词,像我们以上列举的"回、成、合、穷、画、待、脱、润、嫁"等等,在这些动词之后,"取"不可能再表示其"取得"的动词义,而只能表示动作的实现和动作结果的获得。此时,"取"字从表达具体的词汇义发展为表达一种抽象的语法义,从实词变成了动态助词。

在唐代的A类例句中,动词带"获得"义与不带者均有,从我们收集到的近一百条此类例句中的五十二个动词看,出现频率较高的是"画、买、待、领、收",各四例。"买、领、收"应是带有"获得"义的,"画、待"反之,这种情况表明,助词"取"对其前面的动词,没有什么特别的选择要求。

"动+取(+宾)"出现的句子,主要是一些表示已然或假设条件的句式,这可能与"取"的语义有关。

B. 表示动作状态的持续

(19)师入曰:"和尚厄且至,但记取去岁数日莫出城,莫骑骏马子。"(逸史,太平广记,卷八四)

(20)婆出,当有一人与婆语者,即记取姓名,勿令漏泄。(朝野佥载,同上,卷一七一)

(21)若遇丈夫皆调御,任从骑取觅封侯。(秦韬玉:紫骝马,全唐诗,198页)

(22)千官待取门犹闭,未到宫前下马桥。(王建:宫词,同上,3878页)

(23)少年留取多情兴,请待花时作主人。(刘禹锡:酬思

黯代书见戏，同上，4124页）

（24）人生只有家园乐，及取春浓归去来。（薛能：春题，同上，6511页）

B类"取"字的作用相当于持续态助词"着"，用于表示动作、状态的持续。B类用法的产生，是"取"字、带"取"的动词及语境三者共同造成的。B类用法中，"取"字的功能仍是表示动作的实现和获得成果。但这种实现和获得结果的内容，对不同类型的动词是不一样的。我们在"着"字节曾指出，持续状态本身就是动作的一种结果。对有些动词来说，它的实现，就是一种持续状态的产生，如动词"记"的结果就是保持某种记忆；"留"的结果是某种物体存在的状态保持下去。当这类动词带上一个表示动作实现或获得结果的助词时，必然就表达一种动作结果持续的状态。另一些动词是动作自身可持续的，像"骑"，它的实现就是这一动作不间断地进行，当然也是一种动作持续的状态。所以，表示动作实现和获得结果的助词"取"，与这类表可持续性动作或结果的动词结合之后，就有可能产生B类用法。第三个条件是语境，在A类中我们曾提到，A类多用于表示已然或假设条件的句子，B类则多是陈述现存或即将出现的状态的句子。试比较例（15）和例（22），两例中动词均为"待"，是动作持续性动词，例（15）是表假设完成的条件句，表示在获得结果（动作结束）后，将发生什么变化；例（22）陈述现状，表示在动作持续状态下，出现了什么情况。不同语境，造成了不同的意义。

唐代动态助词多功能（以表一种动态为主，兼有表其他动态的用例出现）的现象，是较为普遍的。像"却"是表示完成的助词，但也用于表示持续或获得结果。例如：

（25）百岁付于花暗落，四时随却水奔流。（徐夤：寄僧寓题，全唐诗，8159页）

（26）锦堂昼永绣帘垂，立却花骢待出时。（张祜：公子行，同上，5828页）

二例中"却"表持续，动词属可持续类。

（27）比寻禅客叩禅机，澄却心如月在池。（李中：访章禅老，同上，8540页）

此例"却"用如"得"，语义重点不在动作是否完成，而在于动作获得了一种什么结果。

同样，持续态助词"着"也用于表示完成或获得结果。

（28）承祯颇善篆隶书，玄宗令以三体写《老子经》，因刊正文句，定着五千三百八十言为真本以奏上之。（旧唐书，隐逸传，卷一九二）

此例"着"用如"得"，动词是不能持续类的。

（29）乞取池西三两竿，房前栽着病时看。（王建：乞竹，全唐诗，3431页）

此例"着"用如"了"，表完成而非持续。

助词"将"也有类似兼表完成、持续的情况。

（30）扬眉斗目恶精神，捏合将来恰似真。（蒋贻恭：咏金刚，全唐诗，9871页）

（31）骑将猎向南山口，城南狐兔不复有。（岑参：卫节度赤骠马歌，同上，2057页）

以上的例句，基本上包括了唐代主要的动态助词（动态助词"得"字表非动作实现、获得结果者少见，"了"唐代使用尚少），在完成、持续、获得结果这三种动态上，"取""却""着""将"均有相通的用法。造成这种现象的原因，是我们在其他节中多次指出的，它们有几乎相同的发展过程，因而在其所表达的语法意义中，隐含着一种共同的东西。

"取""却""着""将"几个助词都是由动词发展来的，其虚化的第一步都是跟在与其动词义相近或有关的动词之后，充当连动式的第二个动词，继而作表示结果的补语。我们曾指出，补语是用许多个实词来实现一种语法意义，唐代语言进一步精密化的要求，把这种语法意义抽象出来，用一个专门的词来表达，这就是助词。显然，完成、获得结果、持续，都是从不同的角度（完成是从动作状态的角度看动作的结果，获得结果则是从动作后果的角度看动作的结果），不同的动作类型（可持续的，不可持续的）来表现结果补语所反映的语法意义，因此，这三种动态中，又都隐含着动作完成，获得结果的意思。动词，补语，表示完成/结果，共同的发展过程和共同的隐含语义，是造成唐代这些助词混用现象的原因。

"取""将""却""着"四个助词之间都有混用现象，但其具体情况又有所不同。"却""着"是在表示完成，持续的同时，偶有表示其他动态的用例，"取""将"则是在表动作实现，获得结果的同时，兼表持续，例子不在少数。造成这种情况的原因，与这两组助词所表达的语义有关。这两组助词，如我们以上所说，都是从结果补语发展来的，"却"作助词表示完成，它只用于说明动作状态已经结束；"着"表示持续，是指部分动词所表达的动作状态或是其产生的状态性结果持续下去，它们都是动作的结果，但又都是有限制的，一些特定状态的结果，这就必须会限制其使用，把它们用于特定状态之外的例子，不会广泛出现。"取""将"是表示动作实现和获得结果，这一语义和述补结构的语法意义相去不远，没有什么特定的限制，这就会造成外延的扩大。当其用于不同的动词类型或对动作结果强调的角度不同时，就会产生表示"持续"或"完成"的用例。但这种混淆的用法，与近代汉语中语法关系精密化的发展趋势是不一致的，在对"将"字的讨论中，我们已经看到，从唐到宋末，"将"字的功能日趋单一，而最后，表示动作实现、获得结果的"将"字，基本上消失了，本节中的"取"字，也同样走向了消亡。

C. 词缀

（32）谓李公曰："慎勿多言，领取十年宰相。"（甘泽谣，太平广记，卷九六）

（33）汝看此样，绣取七躯佛子，七口幡子。（通幽录，同上，卷三四〇）

（34）美人倚栏独语，悲叹久之。濬注视不易，双鬟笑曰："憨措大，收取眼。"（裴铏：传奇）

（35）不信比来长下泪，开箱验取石榴裙。（武则天：如意娘，全唐诗，393页）

（36）古歌旧曲君休听，听取新翻杨柳枝。（白居易：杨柳枝，同上，397页）

（37）劝君莫惜金缕衣，劝君惜取少年时。（薛能：金缕衣，同上，406页）

（38）欲识桃花最多处，前程问取武陵儿。（独孤及：送别荆南张判官，同上，2779页）

（39）州人若忆将军面，写取雕堂报国真。（薛能：许州旌节到作，同上，6517页）

（40）合是赌时须赌取，不妨回首乞闲人。（冯衮：掷卢作，同上，6914页）

C类"取"字是不能用来表示动态的，这类例句，1）都是一些未然的事件；2）都带有祈使、劝诱的意思。"动＋取"之后是动作的对象，动作尚未进行，当然也就无所谓实现或获得结果了，在这种情况下，"动＋取"就等于"动"，像例（33）"绣取"，就是要求对方照着样子"绣"佛像、幡子；例（40）"赌取"，也就是说应赌时就"赌"，这些作词缀的"取"字，应当是在动态"取"字广泛应用的基础上产生的，它在现代汉语中也仍保留在一些凝固了的双音词中。

叁

宋代以后，"取"字上述三种用法都继续出现。例如：

A. 表示动作实现或获得结果

（41）一片樵林钓浦。是天教，王维画取。（史达祖：龙吟曲，全宋词，2345页）

（42）佛法宗乘，元来由汝口里安立名字，作取说取便是也。（五灯会元，卷八）

（43）江上买取扁舟，排云涌浪，直过金沙尾。（刘仙伦：念奴娇，全宋词，2209页）

（44）今又更留取药在，却是去得一病，又留取一病在。（朱子语类，卷一〇三）

A类例句在宋代呈减少的趋势，这主要是由于助词"得"的广泛使用。在唐代"得"和"取"语义、作用都相似，例如：

（45）说得一丈不如行取一尺，说得一尺不如行取一寸。（筠州洞山悟本禅师语录，大藏经，卷四七）

（46）说取一丈不如行取一尺。（祖堂集，5.1）

例（45）（46）是同一句话，在两种禅宗史料中，一作"说得"，一作"说取"，意义没有变化。到宋代以后，"得"字有了发展，"取"字必然相应减少，特别是到南宋，像《朱子语类》中，"取"字仅有数十例出现，"得"则多得近于无法统计。这种变化，是汉语助词体系进一步简化、成熟的表现。

B. 表示动作状态的持续

（47）学士如此言，必是别有文字，且请牢收取。（沈括：乙卯入国奏请，续资治通鉴长编，卷二六四）

（48）开取口，合不得。（五灯会元，卷八）

（49）留取帐前灯，时时待，看伊娇面。（柳永：菊花新，全宋词，38页）

（50）见得是善，从而保养取，自然不肯走在恶上去。（朱子语类，卷一一三）

B类例句的使用情况，与唐代大体相同。

C. 词缀

（51）汝即有如是奇特当阳出身处，何不发明取？（五灯会元，卷一八）

（52）遇良辰，当美景，追欢买笑。腾活取百十年，只恁厮好。（柳永：传花枝，全宋词，20页）

（53）主人今日是行人，红袖舞。清歌女。凭仗东风教点取。（张先：天仙子，同上，72页）

（54）更明年看取，东阡北陌，黄云万里。（杨无咎：水龙吟，同上，1178页）

从以上例句中可以看出，C类也仍维持唐代旧有用法，功能、意义变化不大。

宋代"取"字功能上的变化，有以下几点：

一、出现了少量"动+取+补语"的用例，如：

（55）春亦留取住，人却推将去。（郭应祥：菩萨蛮，全宋词，2217页）

（56）今即要理会，也须理会取透，莫要半青半黄，下梢都不济事。（朱子语类，卷九）

（57）其如知得某人诗好，某人诗不好者，亦只是见已前人

如此说，便承虚接响说取去。(同上，卷一一六)

三例"动+取+补语"意义各有不同，例(55)表示"可能"，(56)表示"结果"，(57)表示"持续"。这种用例在唐代尚未见到，宋代也极少见。其中例(57)表"持续"者，当是B类用法的引申。例(55)(56)，在唐代均可用"得"，如：

(58) 会待路宁归得去，酒楼渔浦重相期。(褚载：寄进士崔鲁范，全唐诗，7993页)

(59) 深水有鱼衔得出，看来却是鹭鹚饥。(杜荀鹤：鸬鹚，同上，7982页)

例(58)"归得去"和例(55)"留取住"一样，都表示具有某种可能；例(59)"衔得出"和例(56)"理会取透"一样，都表示动作获得的结果。"得"字这些用法的出现，比"取"字要早几百年，"取"字这些用法的产生，应当是在"得"字影响下的结果。

二、出现了个别用作副词词缀的例子，如：

(60) 官居只似私居样，管取寒松最后彫。(郭应祥：鹧鸪天，全宋词，2221页)

(61) 二姐你莫烦恼，我与你催促医人下药，管取安好。(洪适：夷坚志，支癸，卷八)

(62) 而今人只办得十日读书，下着头不与闲事，管取便别。(朱子语类，卷一一)

这类例子只有"管取"一个，数量亦极少，就其来源看，应是C类派生出的，但其与"管"的结合比C类似更紧，有些像一个双音词了。

三、双音节动词带"取"者增多，例（56）我们曾举出"理会取"，此外《朱子语类》中还有"体认"等其他双音词出现。这种变化是与近代汉语中复音词增多的趋势相一致的，但其对"取"字本身的功能和使用，都不产生什么影响。

以上对宋代"取"字使用情况的分析表明，"取"字在这个时期发展不大，使用也在下降，它这种发展趋势是当时助词体系发展的结果。在以上各节中，我们分析了"却""了""着""过""将""来"等近代汉语主要动态助词产生发展的过程，这些助词基本上都产生于唐代，其产生之初，在完成、获得结果、持续、过去这几种动态之间，常常表现出交错不清的使用状态（特别是"取"和"将"），宋代以后，上述几种动态的体系稳定下来，助词之间的分工也就日趋稳定，我们已经看到，"将"字在晚唐五代之后，迅速向"动+将+补"归并，"却"字在同期，也很快呈现出被"了"取代的势态，"取"字在宋代助词体系规范化的势头中，由于它与"得"的重复之处，在"得"稳定下来之后，它必然要走向衰落。

肆

元明以后，"取"字的数量更少了，三种用法虽还都保存着，但三者之间的比例，出现了根本变化。下面是元明两代"取"字的用例：

A. 表示动作完成或获得结果

（63）有那大虫要来伤残牛只，被成宝将大柴棒赶去，夺取

牛回来。(新编五代史平话·周史平话,卷上,182页)

(64)愿儿一举身及第,布衣换取锦衣郎。(新刊全相说唱张文贵传,明成化说唱词话丛刊,562页)

B. 表示动作状态持续

(65)彦超以为信,佩取弓箭,跃马奋击。(新编五代史平话·周史平话,卷上,207页)

(66)我今与你同一姓,记取张青救你身。(新刊说唱包龙图断曹国舅公案传,明成化说唱词话丛刊,502页)

C. 词缀

(67)看来只好学取长枪大剑,乘时作乱,较是活计。(新编五代史平话·梁史平话,卷上,10页)

(68)依随哥哥西川去,同共认取关将军。(新编全相说唱足本花关索出身传,明成化说唱词话丛刊,12页)

从元代起,AB两类用法越来越少,C类占的比重越来越大,在《新编五代史平话》中二十余例"取"字,AB两类加起不及十例,占不到一半。

明代以后的文献中,"取"字就更少了,文学作品中散见一些,其使用是否真反映当时的实际语言,颇值得怀疑。到现代,只有在"听取""领取""夺取"等双音动词中可以看到其踪迹,作助词的用法已不复存在。

着(著)[①]

"着"在近代汉语中用作表示动作状态持续的助词,它是由表"附着"义的动词虚化而来的,大约产生于唐代。本节中我们将讨论动态助词"着"的形成、发展过程。

壹

动词"着"的虚化过程,从汉代以后就开始了。在汉以后(包括东汉著名佛经翻译家安世高等人)的汉译佛经中,出现了跟在动词之后的"着"字用例,其用法可分为两类:

A

(1)犹如花朵缠著金柱。(佛本行经,卷二,大藏经,卷四)

(2)株机妇闻,忆之在心,豫掩一灯,藏著屏处。(贤愚经,卷三,同上)

这个时期A类用例中的动词多是一些会产生"附着"状态的,像"缠、住、覆盖"等,"着"后的宾语都表示处所,整个"动+着+处所"结构表示物体通过某种动作而附着在某处。"着"字是动作的结果,又引出物体到达的处所,从意义上看,它还带有明显的动词性。

B

(3)迦弥尼鬼者著小儿乐著女人。(童子经念诵法,同上,卷一九)

(4)不留心于无明,贪著世间。(大宝积经,卷九十三,同上,卷一一)

B类中"着"字都跟在表示思想意识、心理活动的动词之后,其后的宾语,是这些思想意识、心理活动的对象,"着"字表示这些动作附着在这些对象上,隐含着一种动作持续或获得结果的意思。

在魏晋南北朝前后的其他文献里,"着"的上述两种用法得到了广泛的应用和发展。

A类用法最为多见,例如:

(5)布恐术为女不至,故不遣兵救也,以绵缠女身,缚著马上。(三国志,魏志,吕布传裴注引《英雄记》,卷七)

(6)濬伏面著床席不起,涕泣交横,哀咽不能自胜。(同上,吴志,潘濬传裴注引《江表传》,卷六一)

(7)一二日,因载著别田舍,藏置复壁中。(同上,魏志,阎温传裴注引《魏略》,卷一八)

(8)士开昔来实合万死,谋废至尊,剃家家头使作阿尼,故拥兵马欲坐著孙凤珍宅上,臣为是矫诏诛之。(北齐书,武成十二王传,卷一二)

(9)儿年十三,遇病死,埋著家东群冢之间。(幽明录,太平广记,卷三一九)

(10)法力素有膂力,便缚著堂柱,以杖鞭之。(述异记,同上,卷三二七)

A类用法除使用增多外,一个重要的变化是,在带"着"的动词中出现了少量不能造成"附着"状态的,如例(7)"载"。这就使得"着"字"附着"的动词义趋于减弱,而只担当介绍出处所的功能,从而为这类用法的"着"转变成介词奠定了基础。

B类用法本身(指带"着"的动词限于表思想意识、心理者),在魏晋译经及其他深受佛经影响的文献之外,用得不多。

但在B类用法的影响之下,动词不带语义限制的"动+着+宾"格式,出现了极少量的用例,例如:

(11)看干湿,随时盖磨著,切见世人耕了,仰著土地,并待孟春。(贾思勰:齐民要术·杂说②)

"仰着土地"应是指土地翻开后不覆盖,表示"仰"这个状态的持续,从意义上说,例中"着"字已经完全没有"附着"义,而只表示状态的持续了。

贰

在魏晋南北朝的基础上,唐代"着"字的用法,产生了一些显著的变化。

A类用例中,带"着"的动词在词义上的限制,唐代已经见不到了,例如:

(12)又谓奴沧海:"尔将病。"令袒而负户,以笔再三画于外,大言曰:"过!过!"墨迹遂透著背焉。(酉阳杂俎,太平广记,卷八〇)

(13)妇人乘醉,令推著山下。(广异记,同上,卷四六〇)

(14)应怜脂粉气,留著舞衣中。(杜审言:代张侍御伤美人,全唐诗,735页)

上述例句中,动作的结果大都不是一种附着的状态,"着"字从表示附着的结果,转而单纯表示动作所及的处所,这时,"着"字自然就从动词转向了介词。"着"字作介词的用法在唐以后延续了很长时间,甚至在现代汉语中,还能找到其残存的痕迹。

我们在第一节介绍"着"字在汉魏六朝的两种用法时曾指

出，两种用法的"着"字，都带有表示动作结果的作用，在A类中，"附着"就是动作的直接结果；B类里，动作的持续状态，实际上也是这类动作的一种结果。唐代"着"字在表示结果这一基础上，发展出了一系列用法。例如：

（15）昨者二千骑送踏布合祖至碛北，令累路逢著回鹘即杀。（李德裕：代刘沔与回鹘宰相书意，全唐文，卷七〇七）

（16）日暮拂云堆下过，马前逢著射雕人。（杜牧：游边，全唐诗，6013页）

上两例"着"字表示动作所及的对象，是介词用法。

（17）承祯颇善篆隶书，玄宗令以三体写《老子经》，因刊正文句，定著五千三百八十言为真本以奏上之。（旧唐书，隐逸传，卷一九二）

（18）浅色晕成宫里锦，浓香染著洞中霞。（韩偓：甲子岁夏五月，全唐诗，7815页）

（19）黄鹤青云当一举，明珠吐著报君恩。（王昌龄：留别司马太守，同上，1449页）

（20）细看只似阳台女，醉著莫许归巫山。（岑参：醉戏窦子美人，同上，2107页）

（21）乞取池西三两竿，房前栽著病时看。（王建：乞竹，同上，3431页）

例（17）（18）类似表示结果的"得"；（19）似为"出"义，也是动作（吐）的结果；（20）（21）类似表示完成的"了"，总的看，这一组五例"着"字的功能是表示动作的完成或获得某种结果,和以前的用法相比,"着"字没有表示"附着"或持续的限制,语义抽象了。

(22)客尝于饮处醉甚,独乘马至半路,沉醉,从马上倚著一树而睡。(原化记,太平广记,卷四三五)

(23)主簿因以函书掷贾人船头,如钉著,不可取。(神仙传,同上,卷七一)

(24)雨中溪破无干地,浸著床头湿著书。(王建:雨中寄东溪韦处士,全唐诗,3431页)

(25)刀剑为峰崿,平地放著高如昆仑山。(卢仝:与马异结交诗,同上,4383页)

(26)尚拥笙歌归未得,笑娥扶著醉尚书。(薛能:郊亭,同上,6516页)

(27)抛来簪绂都如梦,泥著杯香不为愁。(吴融:宪丞裴公上洛退居有寄,同上,7884页)

(28)余时把著手子,忍心不得。(张鷟:游仙窟)

(29)藏著君来忧性命,送君又道灭一门。(捉季布传文一卷,敦煌变文集)

以上八例中"着"字的作用和例(11)"仰着"一样,也是表示动作状态的持续。在这类用法中出现的动词,可以分作动作本身可持续和动作本身不能持续但可产生持续状态性结果的两类。第一类如"倚""扶""泥""把"等,这些动作是可以"连绵下去"[3]的,它们"在持续之中,往往就呈现一种静止的状态。"[4]"着"加在此类动词之后,表示这种"静止"状态的持续。第二类如"钉""湿""放""藏"等，这些动作是在瞬间进行和完成的，但由此而产生的结果却会持续下去，像例（23）"钉着"，在"钉"的动作结束后，"钉着"这一结果将会保留下来，持续下去，而这一持续状态，正是由"着"来表达的。这些表示动作或动作结果持续的"着"字，已经不再具备"附着"等词汇意义，成为一个表达抽象的语法意义的动态助词了。

这种表示动作状态、结果持续的用法，是助词"着"在唐五代最常见、最基本的用法。在晚唐五代成书的《祖堂集》中，助词"着"基本上只有这一种用法出现。例如：

（30）师曰："钉钉著，悬挂著。"（祖堂集，1.116）

（31）这饶舌沙弥，犹挂著唇齿在。（同上，1.182）

（32）若记著一句，论劫作野狐精。（同上，3.114）

（33）守著合头，则无出身路。（同上，2.53）

当上述"着"所表达的持续态用来陈述另一动作进行时的状态时，"着"的作用就变成了表示动作的进行态了。例（22）是一个有趣的例子，例中"倚着"，是"睡"的状态，但在句中，这是两个并列的动作，其间用了连词"而"，当"而"去掉之后，随之产生的，就"动$_1$＋着＋动$_2$"这一进行态格式了。这个格式在唐代也开始出现了。例如：

（34）多时炼得药，留著待内芝。（高元薯：侯真人降生台记，全唐文，卷七九○）

（35）莫埋丞相印，留著付玄成。（岑参：故仆射裴公挽歌，全唐诗，2093页）

（36）旧墓人家归葬多，堆著黄金无处买。（王维：北邙行，同上，3375页）

（37）残著几丸仙药在，分张还遣病夫知。（王建：贺杨巨源博士拜虞部员外，3408页）

（38）雨来风静绿芜藓，凭著朱阑思浩然。（褚载：题宛陵北楼，同上，7993页）

（39）皇帝忽然赐匹马，交臣骑著满京夸。（长兴四年讲经文，敦煌变文集）

这类表示进行态的例句，在唐代还不多见，唐诗中，只在少数几个人作品中出现，其中，又以王建诗中的例句较集中且又典型。在《祖堂集》等禅宗语录中，也没有找到典型的例句，从这些情况推断，表示进行态的"动$_1$+着+动$_2$"格式，在唐五代还是一个新产生、尚未普及的用法。

"着"字从动词到助词的发展过程，到唐代为止，已经基本完成了。在这个过程里，"着"字经历了：1）跟在某几类特定动词之后表示附着性的结果；2）跟在一般性动词之后表示动作结果；3）表示动作状态的完成、持续及进行这样三个阶段，经过这三个阶段的抽象和虚化，"着"字的"附着"义消失了，从一个词汇成分转变成了一个语法成分。"着"字的虚化过程中，早期译经的影响和作用，是值得引起注意的。

叁

宋代以后，表示动态持续、进行的"着"继续使用，许多文献中，都有大量的用例出现，用法上也发生了一些显著的

宋以后,"着"字表示动作持续和进行状态的两种用法并存,表示进行状态的例子,逐渐增多了。例如:

(40)向尊前,闲暇里,敛著眉儿长叹。(柳永:秋夜月,全宋词,23页)

(41)看著娇妆听柳枝,人意觉春归。(张先:武陵春,同上,80页)

(42)芙蓉斗晕燕支浅,留著晚花开小宴。(欧阳修:玉楼春,同上,136页)

(43)子弟凡百玩好皆夺志,至于书札,于儒者事最近,然一向好著,亦自丧志。(二程集,卷一)

(44)如见阵厮杀,擂著鼓,只是向前去,有死无二,莫更回头始得。(朱子语类,卷一二一)

随着"动$_1$+着+动$_2$"这一表示动作进行态格式使用的增多,另一个在宋以前极少见的表示动作进行状态的"形+着+动"格式的使用,也明显增多了。例如:

(45)不是大著个心去理会,如何照管得!(朱子语类,卷一六)

(46)学是依这本子去做,便要小著心,随顺箇事理去做。(同上,卷四五)

(47)须是软著心,贴就它去做。(同上)

(48)才紧著便过了,稍自放慢便远了。(同上,卷三六)

形容词本身就是对状态的描述,"形+着+动"格式表达动作进行时的状态的功用，比之"动$_1$＋着＋动$_2$"更明显。

唐代"着"字本有表示动作完成或获得结果的用法，这种用法也延续到宋代的一些文献中。例如：

（49）又只恐你，背誓盟，似风过。共别人，忘著我。（杨无咎：玉抱肚，全宋词，1202页）

（50）斯文既在孔子，孔子便做著天在。（朱子语类，卷三六）

（51）孟子辩告子数处，皆是辩倒著告子便休，不曾说尽道理。（同上，卷五九）

（52）忽然死著，思量来这是甚则剧，怎地悠悠过了。（同上，卷一二一）

（53）且放下著许多说话，只将这四句来平看，便自见。（同上，卷七九）

从以上这些例子看，表示完成的"着"主要是用在一些不能持续、也不能造成持续状态性结果的动词（如例49"忘"，例52"死"），或是动补结构（例51"辩倒"，例53"放下"）之后，这两种情况下是不能出现表持续态的助词"着"的。

元明以后，表示持续态的助词"着"和介词"着"，都有一部分写作"的"字，例如：

（54）你兄弟每行，嫂嫂行照觑的。（元朝秘史，卷一）

（55）（成吉思汗）令在会的人各就部落立的，最后剩出一个年少的人，不回部落去。（同上，卷六）

（56）后边又是两个小厮，打着两个灯笼，喝的路走。（金

瓶梅词话，第四十一回）

（57）冯妈妈一手接了银子和衣服，倒身下拜，哭的说道："老身没造化了。"（同上，第六十二回）

（58）这李瓶儿连忙接过来，教迎春掩着他耳朵，抱的往那边房里去了。（同上，第四十三回）

（59）月娘道："头里进门，我教他抱的房里去，恐怕晚了。"（同上，第四十一回）

（60）你娘的头面厢儿，你大娘都拿的后边去了。（同上，第七十五回）

以上七例，前五例是助词，后两例是介词。例句中用"着"或"的"是自由的，像例（56），"打"后用"着"、"喝"后用"的"，或许在当时的口语中它们因为读轻声，已经弱化成一个相近的音节了，像例（59）（60）中的介词"着"，在现代北京话中，就仍读作轻声"de"。

附注

① 本文在行中文一律写作"着"，所引例句中根据实际情况写作"着"或"著"。

② 对《齐民要术·杂说》的成书年代，近年来有不同看法。柳士镇在《从语言角度看〈齐民要术〉卷前〈杂说〉非贾氏所作》（《中国语文》1989年第2期）一文中就指出，《杂说》"也许并不是唐人写定的本子"，"可能有更后的人将自己的文字附益其中"。从我们以下的分析中可以看到，此例"着"字确实出现得稍早了一些，同期又很难找

到同样用法的例句,所以此例不无可疑之处。在无法最后确定其真伪之前,我们提出这个例子,供大家参考而已。

③ 吕叔湘《中国文法要略》,57页。

④ 同上,229页。

参考文献

吕叔湘(1982):《中国文法要略》,商务印书馆。

梅祖麟(1989):《汉语方言里虚词"著"字三种用法的来源》,《中国语言学报》第三期。

赵金铭(1979):《敦煌变文中所见的"了"和"着"》,《中国语文》第1期。

过

动态助词"过"在现代汉语中有两种含义,一种是表示动作结束、完成,一般称之为"过$_1$",另一种是表示"过去曾经有过这样的事情"或"已有的经验"①,称之为"过$_2$"。本节中我们将讨论动态助词"过"在近代汉语中使用、发展的情况和过程。

壹

和所有的动态助词一样,助词"过"使用的基本格式也是"动+过"和"动+过+宾语"两种。以"过"在上述两格式中出现为标准,动态助词"过"的产生可能在唐代。例如:

(1)每至义理深微,常不能解处,闻醉僧诵过经,心自开解。(纪闻,太平广记,卷九四)

（2）汉阳展卷，皆金花之素，上以银字札之，卷大如拱斗，已半卷书过矣。（博异志，同上，卷四二二）

（3）去岁会游帝里春，杏花开过各离秦。（李频：汉上逢同年崔八，全唐诗，6808页）

（4）报状拆开知足雨，敕书宣过喜无囚。（王维：赠华州郑大夫，同上，3418页）

（5）师曰："阇黎什么处人？"云："邓州人。"师曰："老僧行脚时曾往过来。"（筠州洞山悟本禅师语录，大藏经，卷四七）

（6）婆云："水不妨饮，婆有一问，须先问过。"（瑞州洞山良价禅师语录，同上）

（7）香严被问直得茫然，归寮将平日看过底文字，从头要寻一句酬对，竟不能得。（潭州沩山灵祐禅师语录，同上）

（8）仰山云："此是心机意识著述得成，待某甲亲自斟过。"（同上）

（9）蒙使君报云："本司检过。"（圆仁：入唐求法巡礼行记，卷二）

唐代"过"字使用的结构特点是以"动+过"为主，"动+过+宾语"少见，在我们发现的例子中，只有例（1）是带宾语的。造成这种状况的原因，可能与动词"过"的词义有关，"过"是表达空间上趋向运动的动词，这种运动，无疑都是以处所为起点，以处所为终点的，它所带的宾语，自然也只能是处所宾语。当它转变成助词时，词义从空间转向时间，处所宾语无法与之搭配了。在其产生初期，由于过去的习惯，人们可能尚无法适应它与其他类型的宾语搭配，因此，这就造成了早期多用"动+过"，少用"动+过+宾"的现象。当然，这种现象也是助词"过"发展尚不成熟的一种表现。类似情况也在"却"的发展过程中出现过②，"却"和"过"一样，也是由趋向性动词向助词转化的，同样的原因，造成了同样的结果。同样产生于唐代的助词"着"就没有发生类似的情况③，而"着"字，如我们在该节中所指出的，它是由表示"附着"义的动词发展来的，当其表示动作状态（状态性结果）持续时，实际上仍有动作"附着"在对象上的意思，也就是说，它从动词向助词的转变比"却""过"更自然一些，语义上的联系更紧密一些。

唐代"过"字表达的意义，主要是动作的"完结（结束和完成）"，以上列举的九例，除例（5）外，均属这种情况。表示动作完成，在唐代还有另外一个助词"却"，"过"和"却"虽然都有表示完成的功能，但二者在语义上是有差别的。"却"所表达的完成，主要在于指明一个动作结束后，造成了（或会造成）一种什么样的状态，多用于陈述事实和现状，例如：

（10）经时未架却，心绪乱纵横。（玉堂闲话，太平广记，卷二七三）

"未架却"这一事实，造成了"心绪"不宁的结果。

（11）自从死却家中女，无人更共鹦鹉语。（王建：伤邻家鹦鹉词，全唐诗，3384页）

"邻家女"的死,使鹦鹉无人共语。

(12)珠帘卷却光更深,玉指持来色逾净。(权德舆:旅馆雪晴又睹新月众兴所感因成杂言,同上,3673页)
"珠帘"卷起来,使月光更亮了。

"过"字则多用于指明一个动作是已经(或需要)结束、完成的,在多数情况下,动作本身并不造成什么状态。如例(2)"书过",已经写完半卷了。例(3)"开过","开"这一动作结束后,友人离去。例(6)(9),"问""斟"的动作都尚未进行,但要到动作结束时才能"饮",才能弄明白。两者语义重点的差别,使本来很相近的功能(表结束、完成),并不能相通。在我们收集到的唐代"过"和"却"的例句中,就几乎没有相同的例句。特别是像"关""锁""盛"等动作结束后造成一种存在状态的动词("关""锁"后造成门被关、锁的状态),以及"老""冷""红""白"等表示存在状态变化的形容词④,都不能在"过"之前出现。

"过"字意义的另一个特征是它只表达动作的结束和完成,而不是时间的过去。以上我们提到过例(6)和例(9),两例中陈述的动作都是未进行的,从时态来说应是将来时,表示动作结束和完成的动态助词"过"与时间无关的特征,在这里清楚地显示出来。

唐代也出现了个别表示"过去曾经有过这样的事情"或"已有的经验"的用法,这就是例(5),例(5)中的"往过(邓州)"犹如现代汉语中说"去过北京"一样,是说明曾经有过某种经历或经验,但类似的例句此期仅此一例。

贰

宋代"过"的使用仍不多,在《二程集》和一些笔记性作品中有零星使用,如:

(13)又如太史书,不知周公——曾与不曾看过?(二程集,卷一一)

(14)为不合使过父母钱物,赶逐在外,无可奈何。(洪迈:夷坚志,三志,已卷第二)

这些个别用例都不足以窥见宋代"过"字的使用特色。

宋代"过"字出现较为集中的,是朱熹门人所集的《朱子语类》。

(15)看文字须仔细,虽是旧曾看过,重温亦须仔细。(朱子语类,卷一〇)

(16)"践迹",迹是旧迹,前人所做过了底样子,是成法也。(同上,卷三九)

(17)如《射法》之属,皆造过,但造得太文,军人划地不晓。(同上,卷一二七)

(18)即是空道理,须是实见得,若徒将耳听过,将口说过,济甚事?(同上,卷六九)

(19)观《曾子问》中问丧礼之变,曲折无不详尽,便可见曾子当时功夫是一一理会过来。(同上,卷二七)

(20)圣人事事从手头更历过来,所以都晓得。(同上,卷三六)

（21）圣人言语，岂可以言语解过一遍便休了！（同上，卷二六）

（22）然他这个人终是不好底人，圣人待得重理会过一番，他许多不好又只在，所以终于不可去。（同上，卷四七）

（23）草草看过《易传》一遍，后当详读。（同上，卷六七）

从《朱子语类》看，宋代助词"过"使用的主要特点是：

一，表示"过去曾经有过这样的事情"或"已有的经验"的例子有所增加。像例（15）"曾看过"、（16）"做过"、（17）"造过"、（19）"理会过"、（20）"更历过"，以及（23）"看过"，这些例句中的动作都是"曾经有过"的，都是表达一种"已有的经验"。这类例句的增多，使助词"过"的功能开始明显地分成两类。一类如例（18）（21）（22），这些例中的"过"表示动作的"完结"，这种"完结"只是说明某一动作的状态，与句子所陈述的事件的时态无关，像我们所列举的这三例，就都是一种假设的完结，动作并没有在任何时间中真正进行过。这种用法与唐代出现的绝大部分例句用法相同，是从唐代继承下来的，用现代汉语中的划分标准，它就是"过$_1$"。表示"曾经"的"过"，唐代亦有个别例句（如例5），但当时似乎还不足以构成一类。从宋代的例句看，表示"曾经"的"过"似可看作是表"完结"的"过"在一种特定条件下的产物，试比较例（19）和（22），动词都是"理会"，例（19）是在过去的时间中确实完成了的动作，因此，它是"曾经有"的，留下了一种"已有的经验"。例（22）则只是一种假设，动作并没有在过去的时间中进行过,所以,这时"过"只表示动作"完结",没有"曾经"的意思了,自然也不会是"已有的经验"。也就是说,当表"完结"的"过"用于表述过去发生的事件的句子时,它就有了"曾经"的意思,变成了"过$_2$"(当然,我们只是就宋代的资料分析其在宋代的情况,并不是说现代汉语中"过$_1$"和"过$_2$"的区别)。唐代"过$_2$"出现极少的原因,一方面是由于"过"当时刚刚产生,整个使用还在萌芽状态,作为其中的一个小类,使用自然也不可能很多。另一方面,可能更重要的原因是,唐代汉语中还有另一个表示事态"曾经"的助词"来","来"的基本功能,就是指明一个事件是已经发生过的,是"曾经"有的。"来"字的存在,必然会把"过"的使用主要局限在"曾经"之外的句子里,减少了它出现的机会。"来"的影响在宋代也依然存在,在《朱子语类》中,如果要叙述某一事件是在历史上出现过的,一般都在"过"之后再加上"来",以强调事态"曾然"的意思,象以上我们列举的例(19)"曾子""理会过来",例(20)"圣人""更历过来",就都是如此。[5]

二,带宾语的例句仍然不多。在《朱子语类》中我们看到的带宾语的例句,只有例(21)(22)(23)三例,前两例都是数量宾语,例(23)带的宾语是一个名词"《易传》"。我们在第一节中已经指出过,"动+过"多见,而"动+过+宾"少见,是助词"过"发展不成熟的表现。宋代维持这种格局,说明唐宋之际,"过"没有得到很快的发展。一个助词的发展状况,与整个助词系统的制约是分不开的,唐宋之际,表完成,有动态助词"却""了",表"曾经"有事态助词"来",在两者之间,"过"的发展空间甚小,其发展缓慢是正常的。

叁

元代以后,"过"表示"曾经"或"完结"的用法都继续使用,例子开始较多见了。例如:

(24)从来不曾断过如此体例,乞照验。(元典章,户部,卷一八)

(25)种过三十年公田,占谷二百三十五石五斗五升八合二勺。(同上,户部,卷一二)

(26)假告事故官员,既是官司说过教去了来呵,俸钱都合支与,定与限次如是违了呵,依例罚者。(同上,吏部,卷一一)

(27)或为不曾附籍,在后本主却于军籍内攒报过人口,为良作贴户。(通制条格,卷二)

以上四例都表示"曾经"的意思。

(28)如已后都省不准,情愿将已支过米粮抵数还官。(元典章,户部,卷一五)

(29)仍将卖过盐引逐旋缴申,提点官批讫,申覆本路转申省部。(同上,卷二二)

(30)如今拟定体例,与中书省安童为头官人每再商量过闻奏。(通制条格,卷二)

以上三例都表示动作的"完结"。

元代的例子已经从宋代以"动+过"为主，转变为以"动+过+宾"为主，带宾语的例子的数量开始超过不带宾语的了。但元代"过"的使用在不同的文献中分布还不平衡。我们以上列举的《元典章》《通制条格》等文献中，都可以看到为数不少的例句，而在《老乞大谚解》《朴通事谚解》中，就没有使用助词"过"⑥。

明代以后，就"过"的意义和功能来看，仍然维持着宋以后的情况，表"完结"和"曾经"的用法继续使用。表"完结"的如：

（31）解元，不可入去，这阁儿不顺溜，今日主人家便要打醋炭了，待打过醋炭，却叫客人吃酒。(俞仲举题诗遇上皇，警世通言)

（32）又凡质物值钱者才足了年数，就假托变卖过了，不准赎取。(金令史美婢酬秀童，同上)

（33）待的李娇儿吃过酒，月娘起身。(金瓶梅词话，第十五回)

表"曾经"的如：

（34）敬德曰："臣自佐刘武周，后归陛下，大小约二百余阵，虽不通兵法，也曾见过，适来阵势，未尝见此。"(薛仁贵征辽事略，明成化本说唱词话丛刊)

（35）前日已做过百日了。(三现身包龙图断冤，警世通言)

（36）西门庆道："去年老太监会过来，乃是学生故友应二哥。"(金瓶梅词话，第五十八回)

和元代比,明代"过"字的使用又有所增加。"过"的使用增多,必然会使事态助词"来"的使用减少,大概正是这一原因,使"来"在明清以后逐渐走向了消亡。

附注

① 参阅吕叔湘《现代汉语八百词》,商务印书馆,1981。

②④ 参阅本书"却、了"节。

③ 参阅本书"着"字节。

⑤ 参阅本书事态助词"来"字节。

⑥ 参阅康寔镇《〈老乞大〉〈朴通事〉研究》,学生书局,1985。

参考文献

刘月华(1988):《动态助词"过$_2$过$_1$了$_1$"用法比较》,《语文研究》第1期。

吕叔湘(1981):《现代汉语八百词》,商务印书馆。

太田辰夫(1987):《中国语历史文法》,北京大学出版社。

王力(1980):《汉语史稿》中册,中华书局。

2 事态助词

了

从唐代开始,近代汉语中出现了两个助词"了",一个是出现于"动+了(+宾)"格式中的动态助词(以下称"了$_1$"),一个是见于"动(+宾)+了"和"动+了$_1$+宾+了"格式中的事态助词（以下称之为"了₂"）①。"了₂"的功能，是"用在句末，主要肯定事态出现了变化，或即将出现变化，有成句的作用"。②本节中我们将讨论"了₂"形成和发展的过程。

壹

在发展成助词之前，"了"是一个表示完成义的动词。从魏晋前后起，动词"了"和"已、讫、毕、竟"等动词一起，进入"动（＋宾）＋完成动词"格式③，用于表示完成貌。例如：

（1）公留我了矣，明府不能止。（三国志，蜀志，杨洪传，卷四一）

（2）臣松之以为，权愎谏违众，信渊意了，非有攻伐之规，重复之虑。（同上，吴志，吴主传裴注，卷四七）

（3）益部耆旧传令送，想催驱写取了，慎不可过淹留。（王献之：杂帖）

（4）谢公与人围棋，俄而谢玄淮上信至，看书竟，默然无言。（世说新语，雅量）

（5）充便饮讫，进见少府，展姓名。（干宝：搜神记）

（6）阿逸多王从是失国，遂至亡没，从是死已，生地狱中。（佛说未曾有因缘经，碛砂藏，卷一七五）

（7）扇提罗等，偿债未毕，因缘系缚，不令得去……偿因缘毕，自当得脱。（同上）

这组动词的本义都是完成，加在一个分句之后，表示分句所陈述的动作、事态变化的完成。这种由动词表达的完成貌表示法，没有时间概念，它所陈述的情况，可以是已经完成的（如例1），也可以是假设完成的（如例3、7）。

"动（+宾）+完成动词"格式可能是汉代以后出现的，在魏晋古籍、汉译佛经等文献中，出现了这一格式的早期用例，此后，使用逐渐增多。到魏晋南北朝为止，"动（+宾）+完成动词"格式的使用，有一个较为明显的限制，它一般只用于复句的前一分句之末，而不用于全句之末。

动词"了"进入"动（+宾）+完成动词"格式，是它以后产生复杂变化的第一步。在魏晋，它虽然开始出现在这一格式中，但数量较少。此期这一格式中使用的完成动词，以"已、讫、毕、竟"为主。

贰

唐代汉语发生了一些对"了$_2$"形成有重大影响的词汇、语法变化，是"了$_2$"形成的前期。

"动（+宾）+完成动词"格式在唐代继续广泛使用，但其中的完成动词却从以"已、讫、毕、竟"为主转变为以"了"为主，特别是中晚唐以后，这种趋势更加明显。我们在晚唐五代成书的《祖堂集》中看到，年代较早的僧人，特别是西域二十八祖及六祖惠能前后的僧人的传记语录中，"已、讫、竟"的出现远较"了"多；相反，中晚唐以后，距《祖堂集》成书的公元952年较近的和尚的传记语录中，"了"的出现要大大高于"已、讫、竟"。这种情况证明，至迟到《祖堂集》成书之际，完成动词向"了"的归并，已经趋于完成了。

随着这种归并的过程，"动（+宾）+了"使用的大量增多，

使这一格式逐渐获得了用于句末的自由。这种用例,从中唐前后开始出现。例如:

(8)向前已曾向臣言军中密事,今更有切要事言于臣,请不令王助知。今山东三州归降,已平了。(李德裕:天井冀氏事宜状,全唐文,卷三七)

(9)文宗将有事南郊,祀前,有司进相扑人。……上曰:"此应是要赏物,可向外扑了。"(赵璘:因话录)

(10)赖有双旌在手中,镆铘昨夜新磨了。(李肇:唐国史补)

(11)又闻大唐天子,为新罗王子赐王位,差使拟遣新罗,排比其船,兼赐禄了。(圆仁:入唐求法巡礼行记)

(12)皇帝答问头,此时只用六字便答了。(唐太宗入冥记,敦煌变文集)

(13)师问:"适来有一个僧未得吃饭,汝供养得摩?"对曰:"供养了。"(祖堂集,4.37)

上述例句中"动(+宾)+了"格式位置的变化,加强了"了"字表达事态已经或将要出现变化的作用,同时也使其初步具备了一种成句的功能。但这个时期的"了"字仍然带有较明显的动词性,在一些例句中,表现出较强的动词功能。例如:

(14)因晒麦问僧:"晒了也未?"僧云:"了也。"(云门匡真禅师广录,大正藏,卷四七)

例中第一个"了"字似乎像是助词的用法,但对照在答句中出现的第二个"了"字,则二者显然都还是作为动词使用的。同时,这个时期用于句末的"动(+宾)+了"例句也还比较少见,在多数情况下,这个格式用于句末时,一般都要加上语气助词"也"来结句。

唐代在"动(+宾)+了"发展变化的同时,还出现了另外一种表达完成貌的新格式:"动+却+宾"。例如:

(15)李龟年善羯鼓,玄宗问卿打多少枚,对曰:"臣打五十枚讫。"上曰:"汝殊未,我打却三竖柜也。"(传记,太平广记,卷二〇五)

(16)我任使窦参,方称意次,须教我杀却他。(异闻集,太平广记,卷二七五)

(17)一日,震趋朝,至日初出,忽然走马入宅,汗流气促,唯言:"锁却大门!锁却大门!"(无双传,太平广记,卷四八六)

(18)君看渡口淘沙处,渡却人间多少人。(刘禹锡:浪淘沙,全唐诗,403页)

(19)林花撩乱心之愁,卷却罗袖弹箜篌。(卢仝:楼上女儿曲,同上,4378页)

(20)看他终一局,白却少年头。(高辇:棋,同上,8411页)

"动+却+宾"格式形成于唐初,以后它与"动(+宾)+了"共存,成为唐代汉语中两种不同的完成貌表示法。这二者的区别在于,"动(+宾)+了"表达事态变化的完成、实现;"动+却+宾"表达动作状态的完成、结束。在唐代,"动(+宾)+了"中的"了"是正在向事态助词转变中的动词,"却"

则是已经完成了转变过程的动态助词。中晚唐以后,随着动态助词体系的发展,"动+却+宾"格式的广泛使用,动词"了"也开始了虚化的趋势,出现了"动+了+宾"格式,形成了动态助词"了$_1$"。例如:

(21)鬟鬓鉺轻松,凝了一双秋水。(白居易:如梦令,全唐诗,10057页)

(22)将军破了单于阵,更把兵书仔细看。(沈传师:寄大府兄侍史,同上,5304页)

(23)见了师兄便入来。(难陀出家缘起,敦煌变文集)

到晚唐五代,"了$_1$"的使用还非常少见。所以唐代汉语完成貌的基本表达方式,仍是"动(+宾)+了"和"动+却+宾"两种。

以上两种完成貌表示法的并存,在晚唐五代造成了一种新的句式:"动+却+宾+了"。如:

(24)雪峰放却垸水了云:"水月在什摩处?"(祖堂集,2.127)

"动+却+宾+了"格式的产生,进一步推动了动词"了"向助词转化的进程。它在五代的使用与"动+了+宾"格式一样,也非常少见。

唐五代汉语完成貌的表示法出现了四种新的句法格式:处于句末的"动(+宾)+了"和"动+却+宾""动+了+宾""动+却+宾+了"。前者为"了$_2$"的结句功能占据了相应的语法位置,后三种为动词"了"向事态助词转化过程的完成提供了必要的条件。

叁

宋代是"了$_2$"最终形成的时期。

从宋初开始,唐五代新出现的三种"了"字格式的使用迅速普及开来。在北宋景德年间成书的《景德传灯录》中,处于句末的"动(+宾)+了"和"动+却+宾+了"两种格式的用例明显增加。例如:

(25)师下绳床,执仰山手作舞云:"山!山!与汝相见了。"(景德传灯录,卷六)

(26)僧曰:"未审还结子也无?"师曰:"昨夜遭霜了。"(同上,卷一三)

(27)师问慧全:"汝得入处作么生?"全曰:"共和尚商量了。"(同上,卷一六)

(28)雪峰谓众曰:"诸上座到望江亭上与上座相见了;到乌石岭与上座相见了;到僧堂前与上座相见了。"(同上,卷一九)

上述例句中有的句子在《祖堂集》中出现时,"了"字尚不能用于句末,如:

(29)师云:"汝得入处作摩生?"对曰:"共和尚商量了也。"(祖堂集,2.107)

处于句末的"了"字的增加,标志着其功能逐渐从附加在一个动词或词组之后,作词组或分句的组成部分,变为依附在全句之后,作整个句子的组成部分。宋代以后,"了"字所依附的句子,也变得越来越长,越来越复杂了。这些变化使"了"

字的独立性得以加强，动词性日趋减弱。如果魏晋时期的"动（＋宾）＋了"格式如梅祖麟先生所说是"（主＋）谓＋谓"格式的话，宋代处于句末的"了"字，就已经从在句中充当谓语，逐渐转变成表达事态的助词了。

（30）师上堂次，展坐具礼拜了，起来拈师一只靸鞋以衫袖拂却尘了，倒覆向下。（景德传灯录，卷七）

（31）居士夺却拂子了，却自竖起拳。（同上，卷八）

（32）噇却饭了，只管说梦。（同上，卷一九）

（33）者个师僧吃却饭了，作怎么语话。（同上，卷一〇）

唐五代只能见到个别用例的"动＋却＋宾＋了"格式，宋代已变成了常见句式。这个格式包含了唐五代之前汉语两种完成貌句式，而这两种完成貌句式，如我们前面所述及的，虽然都表达"完成"，但其语义重点，各有不同。在"动（＋宾）＋了"中，"了"字是对全句作一种陈述，表示句子所表达的事态、变化已经实现、完成了。而"动＋却＋宾"中的"却"字，则只表示它前面的动词所表达的动作已经完成、结束了。这两个格式合并而成的"动＋却＋宾＋了"，从两个不同的重点来重复表达完成的语义，既表示动作已完成、结束，又表示事态、变化的实现。

从《景德传灯录》中"了"字的使用看，到北宋时，"了"字已大体上具备了"肯定事态、变化实现"的语义，具备了成句和在两种语法格式（"动（＋宾）＋了""动＋却（了）＋宾＋了"）中出现的功能，已经基本上完成了由动词向事态助词转化的过程。

北宋"动+了+宾"格式也在发展普及,在宋初词人的作品中,已经得到了较广泛的使用。例如:

(34)弄笔偎人久,描花试手初。等闲妨了绣功夫。(欧阳修:南歌子,全宋词,140页)

(35)如此春来春又去,白了人头。(同上:浪淘沙,同上,141页。)

(36)便直饶、伊家总无情,也拼了一生,为伊成病。(同上:洞仙歌令,同上,151页)

(37)几日行云何处去。忘了归来,不道春将暮。(同上:蝶恋花,同上,162页)

随着"动+了+宾"格式的广泛使用,原来用于相同格式的动态助词"却"逐渐消亡,大约在南宋中晚期,"了$_1$"取代了"却",基本上与此同时,在南宋中期朱熹的语录中,"动+了$_1$+宾+了$_2$"格式也开始出现了。例如:

(38)大率人难晓处,不是道理有错处时,便是语言有病;不是语言有病时,便是移了这步位了。(朱子语类,卷一六)

(39)他意但须先与结了那一重了,方可及文里。(同上,卷六七)

(40)四爻损其疾,只是损了那不好了,便自好。(同上,卷七二)

(41)人要为圣贤,须是猛起服瞑眩之药相似,教他麻了一上了,及其定叠,病自退了。(同上,卷一一八)

（42）自有物无始已来，自家是换了几个父母了？（同上，卷一二六）

"动+了₁+宾+了₂"格式的出现标志着"了₂"演变过程的结束。这个格式与北宋已常见的"动+却+宾+了"相比，差别只在于表示动作完成的动态助词由"却"换成了"了"，这种变化只是词汇的兴替，而不是句法的演变，所以，对于处于这一格式中的"了₂"来说，这只是它在北宋大体形成之后的一种补充发展，而不是什么质的演变了。

在"动+了₁+宾+了₂"格式出现的同时，"了₂"在其他格式中出现的范围和表达的意义，也都在进一步发展成熟。例如：

（43）及收回二分时，那人已用出四分了。（朱子语类，卷三）

（44）如安仁者，他便是仁了。（同上，卷二六）

（45）西南得朋，故是好了。（同上，卷六六）

（46）"悔"是逞快作出事来了。（同上，卷六七）

（47）他不成道我怎地了，便一向去事物里面衮。（同上，卷七三）

（48）至之举似杨敬仲诗云："'有时父召急趋前，不觉不知造渊奥。'此意如何？"曰："此却二了。有个父召急趋底心，又有个造渊奥底心。"（同上，卷一二四）

（49）不平心看文字，将使天地都易位了。（同上，卷一二五）

（50）身躯空许大，只恐明日倒了。（洪迈：夷坚志，丙志，卷六）

以上例句中，例（48）用于数词之后；（47）用于作谓语的代词之后，例（44）（45）用于"是"字句；（43）（46）用于动补结构之后；（49）（50）用于假设条件句或表示将来完成的句子中。这几种情况，差不多都是现代汉语中"了$_2$"的常见用法。

肆

我们在第二节中曾指出，中晚唐时用于句末的"动（+宾）+了"尚未普及。从中晚唐到宋，无论是"动（+宾）+了"，还是"动+却+宾+了"，当它们用于句末时，往往要加上语气词"也"。例如：

（51）道吾曰："早说了也。"（祖堂集，1.173）

（52）与摩则大唐国内山总被阇梨占却了也。（同上，2.61）

语气词"也"在古汉语中用于表示静止性的事实④，魏晋以后，它也用于表示变动性的事实，兼有古汉语语气词"矣"的功能。例如：

（53）天下已有主也。（干宝：搜神记）

（54）旦书至也，得示为慰。（王羲之：杂帖）

在"动（+宾）+了"从不自由向自由转变的过程中，"也"字表示变动性事实的用法被用来加强处于句末的"动（+宾）+了"的稳定性。但在"动（+宾）+了"格式中，"了"字本来已经是在肯定事态变化的实现了，所以，这里"也"字的作用必然要被弱化。

随着"了$_2$"的形成，在北宋成书的《景德传灯录》等文献中，与"了"连用的"也"已经开始减少。到南宋，从《朱子语类》《夷坚志》等材料看，"也"可能已经被淘汰掉了。《朱子语类》中处于句末的"了"字不下数百例，而与"也"连用者仅八例。《夷坚志》中，"了也"连用也是极少见的现象。

元代以后，"了"字的使用出现了一些与南宋相反的情况。在一些元曲作品中，"了也"的使用又变成较为常见的现象了，像《元刊杂剧三十种》里，就是"了"和"了也"并用。例如：

（55）婆婆，我省得，嗜张孝友孩儿被陈虎那厮亏图了。（汗衫记，三折）

（56）你药杀李德昌来？你快疾召了！（魔合罗，四折）

（57）有个老宰相，共个老婆婆，火烧了也。（介子推，四折）

（58）妹子，我和你哥哥厮认得了也！（拜月亭，四折）

虽然《元刊杂剧三十种》里"了也"用得仍不及"了"多，但与《朱子语类》比，却大有增加。

在另外一些元曲作品中，"了也"和"了"的使用，甚至显示出一些功能上的差异。王实甫《西厢记》中，"动+了+宾+了"使用四次，两次用于句中，均单用"了"。

（59）洁云："下了药了，我回夫人话去，少刻再来相望。"（西厢记，三）

（60）净云："中了我的计策了，准备筵席条礼花红，剋日过门者。"（同上，五）

两例用于句末，均用"了也"。

（61）红云："这一节话再也休题，莺莺已与了别人了也。"

（同上）

（62）净云："兀的那小妮子，眼见得受了招安了也。"（同上）

上述四例，如仅从"了"和"了也"的使用情况看，其分布就与《祖堂集》相似了。

对造成上述宋元两代文献差异的原因，目前尚无明确的答案，但有两种可能，是应当加以考虑的。

（一）我们所列举的宋代史料，基本上是产生于南方的，而元代的材料，则无疑都应当受到当时的北方方言影响。近年来，不断有同志撰文介绍，在一些北方方言中，"了$_2$"的语音形式受到"也"的影响，可能是"了也"的合音⑤。因此，不能排除"了$_2$"的形成过程在不同方言区发展不平衡的可能。也就是说，可能直到元代，在部分北方方言区内"了$_2$"的使用仍然不很自由，其处于句末时仍须"了也"连用。这种方言差别反映到史料中，造成了宋元两代文献里"了"和"了也"使用情况的差异。

（二）戏曲作为一种表演艺术，需要一些夸张的表现手法，在一些特定的场合，"了也"被连用来增强表演的效果。在元曲中，我们看到在一些句子中用"了"或用"了也"在语法功能上并没有任何区别。如：

（63）"报复去：道有曹章来了。"卒子报云："喏，有曹章来了也。"（襄阳会，元曲选外编）

例中先用"了"后用"了也"，显然只是依据戏剧演出效果的需要，而不是语法上的区别。

从"了₂"形成的整个历史过程看,"了"字的发展一直是沿着从不自由到自由,从实词到虚词的轨道前进,元代的情况,只是这个历史过程中一个小的曲折。入明以后,"了₂"的使用又逐渐回复到南宋的情况,"了也"又重新消失了。

附注

① "了₂"在现代汉语被认为是语气助词,我们从其功能及近代汉语助词的体系着眼,把它称之为事态助词。

② 参阅吕叔湘主编《现代汉语八百词》,商务印书馆,1980。

③ 参阅梅祖麟《现代汉语完成貌句式和词尾的来源》,《语言研究》1981。

④ 参阅吕叔湘《中国文法要略》。

⑤ 参阅侯精一《平遥方言简表》,山西省社会科学院语言研究室编,1982。

刘勋宁《现代汉语句尾"了"的来源》,《方言》1985年第2期。

胡双宝《文水话的若干语法现象》,《语文研究》1981年第2期。

参考文献

刘勋宁(1985):《现代汉语句尾"了"的来源》,《方言》第2期。

吕叔湘(1981):《现代汉语八百词》,商务印书馆。

梅祖麟(1981):《现代汉语完成貌句式和词尾的来源》,《语言研究》创刊号。

太田辰夫(1987):《中国语历史文法》,北京大学出版社。

志村良治(1984):《中国中世语法史研究》,三冬社。

来

"来"在近代汉语中是一个很常见的助词,用法丰富多样,其中较常见的有以下几种:

A. 表示"曾经"

师问金峰志曰:"作甚么来?"金峰云:"盖房来。"(抚州曹山本寂禅师语录,大正藏,卷四七)

B. 表示"将来"

穷理与尽性如穿渠引源,然则渠与源是两物,后来此议必改来。(二程集,卷二,正谊堂丛书)

C. 表示"完成"

如此而论,读来一百遍,不如亲见颜色,随问而对之易了。(韩愈:与大颠书,全唐文,卷五五四)

D. 表示语气

汝止有一手,那得遍笛,我为汝吹来。(幽明录,古小说钩沉)

本节中我们只讨论表示事态"曾经"的助词"来"。

壹

事态助词"来"产生的时间可能在初唐前后。从现有资料看,唐以前的文献中尚未出现典型的用例,从唐代以后,文献中例子开始出现并逐渐增多,晚唐五代时,使用就已经比较广泛了。例如。

(1)琛曾拜官,诸宾悉集,峦乃晚至。琛谓峦:"何处放蛆

来，今晚乃顾？"（北史，甄琛传，卷四〇）

（2）恪排闼入见武帝，叩头谢曰："恪身经事萧家来，今日不忍见此事，分受死耳，决不奉命。"（南史，沈恪传，卷六七）

（3）贞观中，冀州武疆县丞尧君卿失马，即得贼，枷禁未绝，君卿指贼面而骂曰："老贼吃虎胆来，敢偷我物。"（张鷟：朝野佥载）

（4）上自宣令坐，问："卿来从江表，见彼中甿庶来否？"（康骈：剧谈录）

（5）比丘前后从孔飞下，遂至五六十人，依位坐乞，自相借问：今日斋时，何处食来？（侯君素旌异记，太平广记，卷一〇〇）

（6）责曰："阿父何处饮来？凌晨岿峨。"（谈薮，太平广记，卷一七三）

（7）无风自偃君知否，西子裙裾曾拂来。（刘禹锡：忆春草，全唐诗，4003页）

（8）顷年曾住此中来，今日重游事可哀。（刘驾：邺中感怀，同上，6786页）

（9）不堪便向多情道，万片霜华雨损来。（皮日休：行次野梅，同上，7070页）

（10）此地新经杀戮来，墟落无烟空碎瓦。（李涉：潺阳行，同上，9982页）

（11）师一日问雪峰："作甚么来？"雪峰云："斫槽来。"（洞山良价禅师语录，大正藏，卷四七）

（12）"送师兄去来？"对曰："送了也。"（祖堂集，1.178）

（13）师又时问僧："汝诸方行脚来，觅取难得底物来不？"（同上，1.172）

（14）皇情未晓志公说，大士金刚已讲来。（同上，4.28）

（15）诸人若未曾见知识则不可，若曾见知识来，便合体取衲子意度。（同上，2.29）

（16）师代云："什摩劫中曾失却来？"（同上，2.58）

事态助词"来"的语法意义，在于指明一个事件，一个过程是曾经发生过的，是过去完成了的。在句子里使用助词"来"，是给句子所陈述的事件、过程加上了一个表示"曾经"的标志，所以，它的语法位置，不是像唐以后发展起来的动态助词"了""着""过"那样跟在动词的后面，而是加在分句或全句的末尾（在疑问句中存在疑问语气词时，加在疑问语气词之前，如例4）。

助词"来"的使用，遍及肯定（例2等）、疑问（例11等）、假设等多种句式。在这些句式中，它可以单独使用（如例1、3、5、11等），也可以和各种时间副词（"经、曾、已"等）、时间词（"顷年、什摩劫"等）搭配使用。

在唐五代，"来"是一个新产生不久的、口语性较强的助词，集中出现于一些较口语化的文献中。在我们以上引用过的史籍、笔记小说、唐诗、禅宗语录四类作品中，史籍、笔记小说中均少见（《北史》《南史》《太平广记》三部书内，仅见十数例），且出现的少数例句，多见于记实性的对话中（例1—6）。唐诗中出现稍多,到记录当时禅宗大师们讲经说法的语录,如《祖堂集》等作品中,就比较常见了。

两宋助词"来"继续大量使用,用法上也有一些新的发展。例如:

(17)阎罗大伯曾教来,道人生,但不须烦恼。(柳永:传花枝,全宋词,20页)

(18)莫是前生负你来,今世里,教孤冷。(欧阳修:卜算子,同上,153页)

(19)须信画前元有易,自从删后更无诗。这个意思古元未有人道来。(二程集,卷二,正谊堂丛书)

(20)请观君奭一篇,周公曾道召公疑他来否?(同上,卷一一,正谊堂丛书)

(21)及江之北,汉水之东,虽有界至,而南北叛亡之人,想常互有,适迁引惹边事,不知故梁王当时何由如此画分来?(晁公愬:金人败盟记,三朝北盟会编,卷二二八)

(22)节度使太祖太宗惣曾作来,恐非粗官。(张耒:明道杂志)

(23)观《曾子问》中问丧礼之变,曲折无不详尽,便可见曾子当时功夫是一一理会过来。(朱子语类,卷二七)

(24)圣人说底,是他曾经历过来。(同上,卷一〇)

(25)赵州问僧:"曾看法华经么?"僧云:"看来。"(明觉禅师语录,大正藏,卷四七)

(26)师云:"一似不斋来。"(同上)

（27）王老师二十年前亦曾恁么来。（古尊宿语录，卷二十七，续藏经，卷一一八）

宋代"来"用法上的发展，主要是：1）出现了与其他助词连用的例子（例23、24），宋代与之连用的助词主要是"过"。在这些例子中，"来"仍然是用于表示事件是过去的，是"曾经"发生过的。"过"则表示具体动作的完结，相当于现代汉语中"过$_1$"的用法，"来"与"过"连用，两者各司其职，表示具有某种经历的过程，是过去发生的事（"过"字的情况，请参阅"过"字节）。2）出现了用于否定句的例子（例19、26）。

元代"来"仍广泛使用。这个时期"来"字使用的突出特点是，除单用外，与其他助词（包括元代白话中特有的一些助词）连用的情况明显增多。例如：

（28）你谁根底学文书来？我在汉儿学堂里，学文书来。（老乞大谚解，262页）

（29）曹大家里人情来么？（朴通事谚解，341页）

（30）我有一个火伴落后了来，我沿路上慢慢的行着等候来。（老乞大谚解，261页）

（31）我先番北京来时，你这店西约二十里来地，有一坐桥塌了来，如今修起了不曾？（同上，278页）

（32）完泽秃皇帝圣旨有呵，外处行了文字交排门粉壁了来。（元典章，兵部）

（33）还俗和尚先生每，弟兄析居，放良来的，这等户每，不拣是谁休拘收者，么道，圣旨行了有来。（通制条格，卷二，

17页)

(34) 我与了你一个貂鼠儿袄有来。(元朝秘史,947页)

(35) 我见你辛苦着来,所以济助做伴去。(同上,944页)

从语义上看,元代助词"来"不管是单用,还是与其他助词连用,都还是表示事件是曾经发生过的。它与表示完成的助词"了"连用,表示事件是曾经完成了的(例31,"塌"的时间是"先番北京来时");与表示现在未完成的助词"有"连用,表示现存的事物、状态是在过去的时间中实现的(例34,"你"获得"貂鼠儿袄"是"曾经"的事);与表示持续的助词"着"连用,也是表示动作的持续过程是在过去的时间中发生的。

元代助词"来"与其他助词连用的情况增多的变化,是在两种背景条件下发生的。一方面,唐宋两代助词"来"已经出现了与其他助词连用的先例,像元代常见的"了来",在五代云门匡真禅师的语录中,就出现过:

(36) 衣钵分付什么人了来?(云门匡真禅师广录,大正藏,卷四七)

我们在宋代《朱子语类》等作品中,也曾见到过"过来"等连用的现象(例23、24),元代的情况,正是在唐宋之际固有用法的基础上发展起来的。另一方面,就元代许多翻译体的文献来说,可能也受到了阿尔泰语系语言原文的影响。译者忠实于原文的行文,用其认为相应的汉语助词去对译原文的时态系统,这势必造成助词连用增多的现象。这种影响,在我们上文中列举的"有来"等助词"来"与元代特有助词的连用上,反映得更明显。

近年来，一些研究元代白话的学者曾指出，"来""可能是音译借词"。以上的分析表明，"来"不可能是元代产生的音译借词，它的功能和语义，与唐宋相比，在元代也没有发生什么特别重大的变化。

明代以后，助词"来"的使用呈减少的趋势。

（37）多是今日被知县责罚来？（三现身包龙图断冤，警世通言）

（38）我这里也几次问人来，却没这般头脑。（一窟鬼癞道人除怪，同上）

（39）李铭道："小的早辰，路见陈姑夫骑头口，问来，才知道爹今日在此做好事。"（金瓶梅词话）

（40）西门庆道："我当先曾许下他来。"（同上）

（41）贾母道："我刚才听见你叔叔说你对的好对子，师父夸你来着。"（红楼梦）

助词"来"本身的意义和用法，明以后的例句中没有显示出什么变化。值得注意的是，这个时期出现了与"着"结合构成的双音词"来着"。"来着"产生初期的语义仍是表示曾经，与"来"完全相同。所以，在十八世纪六十年代朝鲜人编辑《老乞大新译》时，就把《老乞大谚解》中的大部分助词"来"，换成了"来着"。

（42）我在汉儿学堂里，学文书来。（老乞大谚解）

（43）我在中国人学堂里，学书来着。（老乞大新译）[①]

"来着"产生的时间尚不明确。我们上文举出的两例（例41、43），写作时间都在十八世纪中叶，而在明代的作品中，似乎还没有"来着"出现，所以，其产生的时间估计应在清代初期前后。

助词"来"在现代汉语普通话中已经消失了。"来着"保留了下来，但现在它的使用只能用于表示"短时的过去"，语义受到很大限制。有的方言里，"来"使用的时间要长一些，像例（11）举到的唐代禅宗曹洞宗创始人之一洞山良价禅师，在他主要活动并圆寂的江西省宜丰县，助词"来"直到现在仍在继续使用。

贰

有关助词"来"的来源和发展过程，本节中只就事态助词"来"的几个问题，简单讨论一下。

"来"字本身是表趋向性运动的动词，与"往"相对，表示物体向说话者所处的位置运动。

当这种运动由空间扩展到时间时，依据运动的起点与终点的不同，"来"字引申出两种含义：

A. 从现在为起点，将来为终点，产生出"将来"的意思。如：

（44）来日大难，口燥唇干。（古乐府·善哉行）

B. 以过去为起点，以现在为终点，产生出"以来"的意思。如：

（45）我得仙来，已三万岁。（广异记，太平广记，卷四五〇）

B类用法的"来"加在一个动词或谓语性词组之后，以这个动词（词组）表达的动作为时间起点，而又不以现在为终点时，"来"字的语义就变成表示完成了。例如：

（46）悟来皆是道，此别不销魂。（刘禹锡：送别君素上人，全唐诗，4014页）

（47）李白死来无醉客，可怜神彩吊残阳。（温庭筠：秘书省有贺监知章草题，同上，6726页）

（48）赋来诗句无闲语，老去官班未在朝。（张籍：赠王秘书，同上，4334页）

（49）生计抛来诗是业，家园忘却酒为乡。（白居易：送萧处士游黔南，同上，4921页）

"来"字跟在动词之后，表示动作、事件的完成，是其由动词向助词发展过程中关键的一步，当这种完成特指过去已经完成的事件，并用于句末时，它就变成了我们本节所讨论的事态助词。

目前，对"来"由动词发展到事态助词的全过程和背景，我们尚不能作出十分清楚准确的描写。通过以上述及的几个步骤，"来"从表示趋向的动词，变成表示完成，进而特指过去完成的助词。"来"字在句中的位置，从在句中独立使用，到跟在动词之后，再到独立地附加在句末，完成了语法位置的转变。我们注意到，在唐代汉语虚词体系的变动中，产生了一组表示事态的助词（"来、去、了"），发生了一些有规律的变化过程（像"来"和"去"同由表趋向运动的动词虚化而来，语法位置又同样从处于句中转移到句尾），这种变化的原因和动力，应当是与唐代的历史文化背景以及语言自身的发展、完善要求联系在一起的。

附注

① 例（42）、（43）转引自康寔镇《〈老乞大〉〈朴通事〉研究》，学生书局，1985。

参考文献

吕叔湘（1981）:《现代汉语八百词》，商务印书馆。
太田辰夫（1987）:《中国语历史文法》，北京大学出版社。

去

"去"也是近代汉语中较为活跃的一个事态助词，它的功能，主要是指明事物或状态已经或将要发生某种变化，与事态助词"了"的作用相近①。

壹

事态助词"去"在唐以前的文献中尚未出现。在唐五代的文献中开始使用，但分布不均。史籍、笔记小说中没有出现典型的例子，唐诗中可见，但为数不多。例如：

（1）醉中惊老去，笑里觉愁来。（包佶：对酒赠故人，全唐诗，2139页）

（2）明朝渐校无多去，看到黄昏不欲回。（徐凝：玩花五首之一，同上，5381页）

（3）莫怪杏园憔悴去，满城多少插花人。（杜牧：杏园，同上，5961页）

（4）若使华阳终卧去，汉家封禅用谁文？（皮日休：寄润卿博士，同上，7089页）

唐五代禅宗语录是此期助词"去"使用最多的文献，下面我们以南唐保大十年（952年）成书的《祖堂集》为例，分析一下助词"去"的使用情况。

《祖堂集》中助词"去"共出现七十六例，用法可以分为以下几类：

A. 将要

（5）大师云："这阿师他后打破泥龛塑像去。"（祖堂集，1.159）

（6）苦哉！苦哉！石头一枝埋没去也。（同上，2.88）

（7）师曰："不可教后人断绝去也。"（同上，4.132）

B. 将要（假设条件）

（8）师又曰："还知道不偿不受者摩？"对曰："与摩则波不离水，水不离波去也。"（同上，2.26）

（9）鼓山到便问："久向疏山，元来是箬子大。"师云："肉重千斤，智无铢两。"鼓山云："与摩则学人不礼拜去也。"（同上，2.150）

（10）问："古人相见，目击道存。今时如何相见？"师云："如今不可更道目击道存。"学云："与摩则适来已是非次去也。"（同上，4.7）

C. 完成（假设）

（11）任你大悟去，也须淘汰。（同上，1.179）

（12）洞山曰："任摩你和尚遍天下尽是舍利去，总不如当时识取石室行者两句语。"（同上，2.31）

（13）直须绝渗漏去，始得似他。（同上，4.129）

D. 完成

（14）将饭与人吃，感恩则有分，为什摩却成不具眼去？（同上，1.166）

（15）庆放身作倒势，师云："这个师僧患疯去也。"（同上，2.113）

（16）"大德且道那个如来？"对曰："到这里却迷去。"（同上，4.46）

以上四组例句中，A组表示事物或状态将要出现某种变化，与这种语义相适应，例句中常有表示将来的语词出现（如例5"他后"、例7"后人"），但这并不意味着在没有表示将来的语词时，助词"去"就不能表达事物将要出现变化的语义，例（6）中没有表示将来的语词，这个例句出自夹山和尚，夹山认为，他死之后"石头一枝"就要埋没了，尽管没有表示将来的语词，将要变化的语义仍表达得十分明确。B组也表示将要如何。这组例句都是假设条件句，"去"均与转折连词"与摩则"同用，表示在某种条件下，会出现某种情况和变化。B组中情况较为特殊的是例（10），句子中使用了"适来"这一表示过去的时间词，"去"的作用似乎应当是指明事物已经发生了某种变化了。这里需要指出的是，在B组例句中，一般都是以条件句为现实基础，以"与摩则"联系的后一分句来推测事物的发展变化，无论后一分句中有什么样的时间词语，它所描述的事态变化，都是在某种条件下将要发生的，所以，例（10）似也应当理解为"刚才就已经要"如何了，句子中的变化，仍是将要发生的。从上述理解出发，尽管把例（10）理解为事物已经发生了某种变化与我们概括的助词"去"的功能并不矛盾，但我们认为，例（10）还是作为表示事物将要发生变化为好。C组也用在假设条件句里，与B组的不同在于，C组中助词"去"用在表示条件的分句中，假设事物已经发生了某种变化，后一分句则说明在这一假设前题存在的条件下，会出现一些什么样的情况。C类例句中"去"字常和一些表示假设的虚词一同出现（例11"任"，例12"任摩"等等）。D组表示某种新的情况、变化已经出现、发生了。

"去"和事态助词"来""了"一样，一般也总是用于分句或全句之末。"去"字在句中的位置，是由其语法作用所决定的。正如我们以上所述，"去"字的功能是对事态作出陈述，而对事态的表达，只能是由分句或句子来实现。像例（6）"石头一枝埋没去也"，"去"是指出"石头一枝埋没"这一事态变化将要发生，而不是仅表示"埋没"这一动作将要发生。例（8）更为明显，"与摩则波不离水，水不离波去也"，"去"字只能是加在句末表示"波不离水，水不离波"这一状态将要产生，而不可能是加在句子内的任何组成成分上。事态助词和动态助词的一个根本区别,就是前者总是加在句子之后陈述一个事物、事件的状态,后者则总是跟在一个谓词性成分(动词或形容词)之后表示一个动作、变化的状态。"去"字的语法位置与功能都清楚地显示了事态助词的特征。

"去"字的功能在于指明事态,这就使使用"去"的句子多含有认定的意味(例14是疑问句,在这个句子里是对"成不具眼去"这一变化的产生提问,"去"仍是对事态的认定),所以,在不少例句中"去"都和表示肯定的语气词"也""在"等连用,使用这些语气词之后,使句子的肯定语气得以加强。

贰

宋代助词"去"继续使用,范围比之唐五代似乎并未扩大。在史籍和笔记小说中,我们只在沈括《乙卯入国奏请》中见到一例:

(17)南北和好,固是好事,如今地界了后,更胜如旧日去也。(沈括:乙卯入国奏请,续资治通鉴长编,卷二六五)

宋词中我们考察了晁补之,辛弃疾、李清照、李曾伯、周密等五人的作品,其中类似助词"去"的用例凡九见,用例如:

(18)朱颜老去,清风好在,未减佳辰欢聚。(晁补之:消息,全宋词,555页)

(19)老去惜花心已懒,爱梅犹绕江村。(辛弃疾:临江仙,全宋词,1880页)

九例中,"去"均与"老"连用,均用于分句或全句之末。

"老去"犹言"老了",在唐人诗句中就是一个较常见的词组了。这种用法的"去"字,其意义主要是表示动作、变化的完成，功能主要是加在动词或形容词之后，从这两方面看，它与事态助词"去"都有所区别，所以这种"去"字严格地说还不是我们本节中所讨论的事态助词（我们例1所举包佶诗句，也不是一个很典型的用例，只是因为其例较早而举出聊备参考而已）。此类"去"字在唐代有一定的生命力，除最常见的"老去"外，还可以见到"贫去""落去"等与其他动词、形容词组合的用例，宋代以后，这种"去"字结合能力减弱，只剩下"老去"等最常用的一两个凝固成词继续使用，因此，至少在我们所考察的五位宋代词人的作品中，助词"去"没有出现。

在宋代禅宗及宋儒的语录中，助词"去"继续使用，以禅宗语录为多见，用法大体上沿袭唐五代。例如：

A. 将要

（20）陆氏之学，恐将来亦无注解去。（朱子语类，卷一〇三）

（21）如此用功，他日自然简易去。（同上，卷一二一）

（22）夹山曰："若无人道，老僧不惜两茎眉毛道去也。"（景德传灯录，卷一六）

B. 将要（假设条件）

（23）学云："如何是一句后事？"师云："两阵相逢不回避。"学云："怎么则透皮彻骨去也。"（汾阳无德禅师语录，大藏经，卷四七）

（24）问："如何是白鹿家风？"师曰："向汝道什么？"僧曰："怎么即学人知时去也。"（景德传灯录，卷二二）

（25）山云："若怎么，一切处光明灿烂去。"（虚堂和尚语

C. 完成（假设）

（26）师曰："只为汝不会，所以成不现前，汝若会去，亦无佛道可成。"（景德传灯录，卷四）

（27）直饶倜傥分明去，未免无绳自缚。（应菴昙华禅师语录，续藏经，卷一二〇）

（28）若识镜去，乃至青黄男女大地山河有想无想四足多足胎卵情生天堂地狱，咸于一镜中悉得。（古尊宿语要，同上，卷一一八）

D. 完成

（29）时第三座曰："诸人，和尚舌根硬也。"师曰："苦哉！苦哉！诚如第三座所言，舌根硬去也。"（景德传灯录，卷一六）

（30）柏谷长老来访，师曰："太老去也！"谷曰："还我不老底来。"（同上，卷一九）

（31）结夏小参……僧曰："某甲今夏，信受奉行去也。"（虚堂和尚语录，大藏经，卷四七）

助词"去"在晚唐五代到宋之间的数百年中分布始终不广泛的原因，可能有两个。首先，和"来"一样，"去"也是一个口语性较强的助词，它们的产生既没有动态助词"却""将"等那样从动补结构到助词的演变过程作基础，也没有事态助词"了"那样自然的语义联系（"了"字本来就是完结的意思），可以想象，作为语言中突然出现的一个新成员，它们的产生肯定不容易被人们，特别是奉秦汉古文为正宗的文人墨客们所接受，这就使得它在正统的文献典籍中难以出现。禅宗和宋儒的语录，是这个时期中最接近口语的文献。禅宗主张不立文字，在口耳棒喝之间去顿悟，语录（特别是较早的语录）是对这种口耳棒喝的真实记录。同样，宋儒也是由学生把先生讲学的言词记录下来，成为语录，这样就免去了许多文字上的斟酌修饰，一定程度上保持了当时口语的天然本色。助词"去"在不同类型文献中的分布，是按从文言到口语的顺序逐渐增多的，这种情况既证明了其口语性，也解释了它分布面较窄的原因。其次，我们在事态助词"了"一节中曾指出，宋代是助词"了"形成的时期。"了"字的功用，在一定程度上与"去"是重合的，"了"的使用，当然也是造成"去"在宋代得不到推广，以及以后逐渐消亡的一个重要原因。

叁

元代以后助词"去"的使用更少了，有元一代，除散曲中偶见外，在《元典章》《通制条格》等文献中，还可以见到一些，以下是《通制条格》中的例句：

（32）若不禁治呵，渐渐的做学的多了去也。（通制条格，卷三）

（33）博士、教授、助教之类有缺呵，并从监官选保，不称职任者黜退，併及保官。这般激劝着呵，得人去也者。（同上，卷五）

（34）咱每后底这文书莫不则那般断绝了去也么？（同上，卷五）

（35）拿贼的将着闷棍呵，贼每到有弓箭，拿的人每伤着去也。(同上，卷二七)

《通制条格》中此类例句共七例，其共同特征是都有将来的意思，都是说事态将要出现什么变化，与宋代相比，上述"去"字的语义限制要严格得多，这种变化的产生，可能与元代北方白话受入主中原的蒙古人影响有关。

明代例子更少见了，这里举两个《金瓶梅》中的例子：

（36）我原说的，教你休撅上奶去，实指望我在一日，占用你一日，不想我又死去了，我还对你爹和你大娘说，到明日我死了，你大娘生了哥儿，也不打算你出去了，就教接你的奶儿罢。(金瓶梅词话，第六十二回)

（37）你两个也是你从小在我手里答应一场，我今死去，也顾不得你每了。(同上)

例中"死去了"与"死了"明显有异，"死去了"是"要死了"，"去"字用法与《通制条格》中是一样的。

明代的例子可能是助词"去"最后的残迹了，这以后，"去"就基本上从资料中消失了。现代汉语方言中情况尚不清楚，目前还没有见到确认其仍在使用的介绍。

肆

"去"和"了"都是表示事态已经或将要发生变化的助词，意义、用法上颇多相同之处，但它们之间也有一些明显的区别。

首先是使用的时间，以上的叙述表明，"去"从唐代初露端倪，晚唐五代已在禅宗语录中广泛使用，并一直持续到宋代，元以后渐趋消亡，"了"字则在晚唐五代还是动词，还可在句子中作主要动词使用②，宋代开始形成，以后使用范围逐渐扩大，并一直延续到现代汉语中。"去""了"在时间上交叉的部分是宋代，宋以后，一个扩大，一个消亡，显然，两者的变化使得汉语的事态助词更加精简了，免去了不必要的重复。

其次，"去"从一开始，就是兼表"已经"和"将要"两种意思，"了"则不然。"了"本有完成义，这就使它的使用必然较侧重于表示"已经"，而对表示"将要"以及假设的句子就不甚适合了。唐五代的情况就是如此。在《祖堂集》中，"了"基本上只用于表示已经完成的句子，在"去"字出现甚多的使用"与摩则"的假设句（"去"出现二十八次，占《祖堂集》全部"去"字例的近三分之一）中，使用"了"的只有一例：

（38）师曰："与摩则大唐国内山总被阇梨占却了也。"（祖堂集，2.61）

宋代以后，"去"和"了"都变为助词之后，类似的分工仍然存在，"去"多用在假设句和表示"将要"的句子里，"了"很少在这两类句中出现。直到南宋后期，"了"才出现了一些用在表示"将要"义的句子中的例子：

（39）身躯空许大，只恐明日倒了。（洪迈：夷坚志，丙志，卷六）

类似的例句在宋末并不多见。但随着此类例句的出现，"去"在整个助词体系中就成了一个多余的成分，大概从这时起，就最后注定了它走向消亡。

"去"字的形成过程，走了一条与"来"大致相同的途径。

从唐代起,趋向动词"去"产生了"去往"的意思,表示物体向一个目标移动,这种移动从指空间又转变成指时间、事态:

(40)问:"古人有言,欲得不召无间业,莫谤如来正法轮。如何得不谤去?"(祖堂集,2.111)

(41)云:"尽是一队吃酒糟汉,与摩行脚,笑杀人去。"(同上,4.133)

进而表示事态将要如何,再到已经如何,最后完成了从动词向助词的转化。

附注

① 请参阅吕叔湘《释〈景德传灯录〉中在、著二助词》,《汉语语法论文集》,商务印书馆,1984。

李崇兴《〈祖堂集〉中的助词"去"》,《中国语文》1990年第1期。

② 请参阅"了"字节例(14)。

3 结构助词

地 底

"底"和"地"是近代汉语中新产生的两个结构助词,在发展过程和意义功能上,它们虽有差别,但又有许多相同之处,所以,我们将在本节中把它们放在一起讨论。

壹

从现有材料看,"地"的出现比"底"要早,在魏晋南北朝的文献中，已经出现了"地"的例子，例如：

（1）使君如馨地，宁可斗战求胜？（世说新语·方正）

唐代"地"和"底"都有零散的例子出现。例如：

（2）低颜下色地，故人知善诱。（杜甫：上水遣怀，全唐诗，2375页）

（3）如君气力波澜地，留取阴何沈范名。（李群玉：寄张祐，全唐诗，6598页）

（4）忽地晴天作雨天，全无暑气似秋间。（杜荀鹤：春日登楼遇雨，同上，7956页）

（5）水飞石上迸如雪，立地看天坐地吟。（吕岩：绝句，同上，9696页）

这些"地"字都是跟在动词、形容词或副词之后，在句子中作谓语或状语，就从唐代出现的零散例句看，以作状语者为多。

（6）定知帏帽底，仪容似大哥。（朝野佥载，太平广记，卷二五四）[帏帽底=戴帏帽的]

（7）湜惊羡久云，谓同官曰："知无？张底乃我辈一般人，此终是其坐处。"（刘悚：隋唐嘉话）[张底=姓张的]

（8）曲江水满花千树，有底忙时不肯来。（韩愈：同水部张元外籍曲江春游寄白二十二舍人，全唐诗，3864页）

"底"字多跟在名词、动词之后作主语或宾语。

唐代"底""地"的用例太少，似不足以窥见其功能、用法的全貌。真正开始大量使用"底""地"两个结构助词的文献，是成书于晚唐五代的禅宗史料《祖堂集》，下面我们以该书为例，分析一下"底""地"在晚唐五代的用法。

结构助词"底"和"地"在《祖堂集》中共出现二百四十五次，分别见于名词、动词、形容词和副词之后，充当主语、宾语、定语、谓语和状语。例如：

A. 名词+底

（9）洞山云："就师乞眼睛。"师曰："汝底与阿谁去也。"（2.10）

（10）若是利根底相投，不烦转瞬视。（4.10）

（11）保福闻举云："更有一般底，锥又锥不动，召又召不应。"（4.135）

（12）僧便问："作摩生是顶上底？"（1.166）

B. 形容词+底／地

（13）师曰："将虚底来。"（1.118）

（14）敬源云："忽遇不净底作摩生？"（5.60）

（15）云岩云："湛湛底。"（4.42）

（16）裴相公有一日微微底不安，非久之间便死。（4.136）

（17）[洞山]颜色变异，呵呵底笑。（2.15）

（18）南风吹来饱觑觑底，任你横来竖来十字纵横来也不怕你。（5.94）

（19）雪峰告众云："当当密密底。"（3.47）

（20）师云："冷侵侵地。"（3.86）

（21）曹山云："朦朦胧胧地。"（4.112）

C. 动词+底

（22）夜来还有悟底摩？与个消息。（3.78）

（23）洞山云："将谓有力气底是。"（2.48）

（24）僧云："从来岂是道得底事那？作摩？"（3.88）

（25）师恰在宅里，不抛相公头边底坐看相公。（4.136）

（26）师兄见洞山沉吟底，欲得说破衷情。（2.15）

D. 副词＋底／地

（27）[云岩]三度来和尚身边侍立，第三度来，和尚蓦底失声便唾。（4.59）

（28）师……树下坐，忽底睡着，觉了却归院。（3.66）

（29）师有时上堂蓦地起来伸手云："乞取些子，乞取些子。"（3.98）

（30）师曰："者与摩地不瘴痛作什摩？"（2.26）

在这些例句中：

A类只用"底"。由名词和"底"构成的"底"字结构主要充当主语和宾语，作定语者有如下一例：

（31）大业底人为什摩阎罗天子觅不得？（2.121）

此例中"大业"，实际上是"作大业"之省，和例（6）"帏帽底"、例（7）"张底"一样，都是省去动词的述宾结构加"底"作定语，而非"名＋底"作定语。

B类都是由形容词构成的"底（地）"字结构，在句子中作主语、宾语、定语、状语和谓语。在这两类里没有出现吕叔湘先生《论底、地之辨兼及底字的由来》①一文中所述"跟地的大率是重言（××或×YY），或双声、叠韵；跟底的字大率不具备这种形式"的"底、地"之别。在XX、XYY、XXYY几种形式之后,"底""地"都可以出现。《祖堂集》中这类形容词构成的"底(地)"字结构共十九例,其中用"底"者十四例,用"地"者五例。作定语一例,用"底";作谓语十一例,七例用"底",四例用"地";作状语七例,均用"底"。所以,《祖堂集》中不是"描写性"用"地","区别性"用"底",而是描写和区别均可用"底",而"地"只在部分描写性成分中与"底"并用。

C类只用"底",较常见的是构成体词性成分,作主语、宾语和定语。但亦有两例用作谓语(如例26),一例作状语(例25)。《祖堂集》中此类"动词+底"构成的"底"结构使用最多,有一百七十余例,占全部用例的四分之三以上。C类也是A、B、C三类"底"字结构中唯一大量用作定语的。

D类是副词和"底""地"构成的,一共有七例,四例用"底",三例用"地"。此类结构在上举吕文所用的材料中只用"地",但在《祖堂集》中则是"底""地"并用,"底"稍占优势。

以上几类"底(地)"字结构的功能和分布如下表:

词 类	底	地	主	谓	宾	定	状
A 名	+		+		+		
B 形	+			+	+	(+)②	+
		+		+			
C 动	+		+	+	+	+	(+)
D 副	+	+					+

综合《祖堂集》中"底""地"的使用情况,在结合关系上,A、C类只用"底",B、D类兼用"底""地",但"底"用

的多于"地"。在功能上，作主、宾、定语只用"底"，谓语、状语兼用"底""地"，但"地"字作谓语只限于形容词之后，作状语只限于副词之后。从《祖堂集》看，晚唐五代时"地"只是"底"字的一个附属，其分布与功能都被囊括在"底"字之内。

《祖堂集》中四类"底"字结构，除D类外，A、B、C三类在构成体词性结构时，应有下列六种格式：

A. 名+底+名　　A′. 名+底

B. 形+底+名　　B′. 形+底

C. 动+底+名　　C′. 动+底

但从上面的描写中可以看到，实际出现的只有A′、B′、C′、C和一例B。例句中C和C′最多，B其次，A′最少，这种情况表明，《祖堂集》中"底"字结构的类型尚不完备，各类的使用频率差别悬殊。

这种"底、地"不分，结构类型不完备，出现频率差别悬殊的情况，可能与"底"的来源有关。

吕叔湘先生曾指出："底"的功能相当于文言中的"者"和"之"。文言中"者"用于B′和C′，从唐代起亦用于A′；"之"则用于A、B、C。"底是者的继承者"，在由"者"向"底"的发展过程中，"者"的功能逐步扩展到"之"的范围里[③]。如果把《祖堂集》中"底"在A、B、C三类中的分布以及吕叔湘先生所介绍的"底"字在宋代的用法，与文言中"者"字的用法相比，可以看到"者"字功能向"之"扩展过程中的两个阶段。"者"发展到《祖堂集》时,已经变成了"底",但功能仍与唐代"者"相似,大量用于B′和C′,少量用于A′,同时也出现了C。C的出现既是"者"向"之"的扩展,也是"底"字自身功能的进一步发展。文言中的"动+之+名"格式,上古尚不发达,中古虽出现,但其中动词性成分一般不用单个动词,"者"扩展出格式C时,大体仍如此[④]。《祖堂集》中的C式,则既有动词性词组,也有单个动词出现,后者是"底"字在继承"者"的功能基础上的新发展。宋代"底"字的用法,吕叔湘先生文中大量列举了A、B、C和A′、B′、C′六种格式的用例。此时"底"字的功能已包括了文言中全部的"者"和大部分"之",结构类型已经发展得很完备了。从五代到宋,"底"的功能从近于唐代的"者"发展到包括文言中的"者"和"之",这一发展过程,从一个侧面反映了二者之间的继承关系。

"地"的来源尚不清楚,我们注意到,它的出现要比"底"早,唐代使用也比"底"多。其早期用例,都是加在动词、形容词、副词之后,作谓语或状语。唐五代以后,在《祖堂集》中它与"底"在谓、状语位置上并存,功能上没有对立。从这些情况推测,"地"字或另有一来源,到唐五代,随着"底"字由"者"产生,而"者字间或有很像地字的用法"[⑤],从而一度表现出被"底"兼容的趋势。到宋代,"底"字发展成熟,又重新退出了作谓语、状语的位置,与"地"一起变成了功能上有所分工的两个不同的助词。

贰

从宋代起,由于语音的变化,"底""地"逐渐改写作"的"。

"的"的萌芽可能始见于宋,起初它只代替"底",构成体词性的结构。例如:

(32)太后亦更喜欢,道与皇帝:"南朝瞰是应副本国也,如有些小的公事,也且休恐恶模样。"(沈括:乙卯入国奏请,续资治通鉴长编,卷二六四)

(33)学是至广大的事,岂可以迫切之心为之。(二程语录,卷一一)

(34)然而气体日渐长大,长的自长,减的自减,自不相干也。(同上)

(35)大抵契丹土地一齐都得,岂有不得银绢的道理?(燕云奉使录,三朝北盟汇编,卷一三)

(36)军马已起,更商量甚的?(茆斋自叙,同上,卷二三)

(37)大王家的亲人都去,奈何一城生灵?(遗史,同上,卷七九)

(38)南宫舍人果不是好作的官职。(张端义:贵耳集)

(39)师云:"大小瞿昙被这外道勘破了也,有傍不肯的出来,我要问你,如何是那一通?"(古尊宿语录,卷四一,续藏经,卷一一八)

(40)似这般的,打杀千万个,与狗子吃,有什么过?(同上,卷四二)

(41)巩云:"这的无生死。"师云:"还识这么?"(佛果

圆悟禅师碧岩录,大藏经,卷四八)

"的"字最终取代"底"的时间,大约是在元代中叶⑥。稍后,也出现了"的"字替代"地"的例子,如:

(42)廉访司官人每好生的提调者,交学者好生的学。(元典章,礼部,卷三一)

(43)蒙古文字,不拣那里文字根底为上交宽行者。各路分官人每,与按察司官人每一处提调者,好生的交学者。(通制条格,卷五)

(44)敬德走向前来,吃塌的把那白袍扯住。(薛仁贵征辽事略,明成化本说唱词集,235页)

(45)那玳安对着众人说:"我精攮气的营生,平白的爹使我接的去,教五娘骂了我怎一顿。"(金瓶梅词话,第三十五回)

"的"字在取代"底""地"的过程中,也有其自身的发展,像现代汉语中"我是昨天来的"这样的用法,就是元代以后新产生的。例如:

(46)今日皇帝初登宝位,孔夫子的名号,教众学士商量与着呵,宜的。(元代白话碑,54页)

(47)君昂曰:"总管见么?仁贵这汉,今番再见帝,其功不小,这里使不得好心的,须索先下手。"(薛仁贵征辽事略,明成化本说唱词集,271页)

(48)这几日你爷爷上东京去了,我一个儿坐炕上,泪汪汪只想着你,你难道耳根也不热的?(金瓶梅词话,第五十五回)

"的"字的上述用法不是构成一个名词或副词、形容词性的结构，而是用于句尾，表达一种强调、肯定的语气。这种用法元以前不见，例（46）所举白话碑例是一种"硬译"体的元代白话，在同期同类文献中，也出现过类似用例。这种用法的出现，从其出现的时间、文体上推测，可能与元代蒙古语语气词的影响有关。所以，从语源上看，这种"的"字似应分析为语气助词。语气词"的"的出现提示我们，语言犹如一块巨大的沉积岩，是历代"沉积"的结果，在我们对汉语史，特别是其近代史的研究中，要特别注意追踪、展开其"沉积"过程，这样才能对语言发展的历史和现状作出科学、合理的分析。这个问题实际上已经超出了本节所讨论的范围，所以，我们在这里只是简单地涉及一下，不做进一步深入的讨论。

附注

① 见吕叔湘《汉语语法论文集》，商务印书馆，1984。
② （　）表示出现极少。
③ ④⑤请参阅吕叔湘《论底、地之辨兼及底字的由来》。
⑥ 参阅梅祖麟《从语言史看几本元杂剧宾白的写作时代》，《语言学论丛》第十三辑。

参考文献

吕叔湘（1984）:《论底、地之辨兼及底字的由来》，《汉语语法论文集》，商务印书馆。

太田辰夫（1987）:《中国语历史文法》，北京大学出版社。

王力（1980）:《汉语史稿》中册，中华书局。

祝敏彻（1982）:《〈朱子语类〉中"地"、"底"的语法作用》,《中国语文》第3期。

来　得来

吴语里有一种特殊的助词"来"［lɛ¹³］和"得来"［təʔ⁷⁵lɛ¹³］,《汉语方言概要》把"来"看作"得来"的简化形式，把它们称为后附的程度副词，并指出它们附加在动词后面往往还需要一个补语。例如："时髦得来"（时髦得什么似的）,"性急得来","困来"（困得慌）,"牵记得来","极得来要死要活"（极，性急，急迫）,"说得来八面玲珑"（99页）。但是，如果从汉语史的角度观察的话，以上提法中还有一些可商榷的问题。具体是：

（一）"来"是不是"得来"的简化形式？换言之，是先有的"得来"后有的"来"，还是相反？

（二）这种用法的"得来"和"来"性质是什么？是后附的程度副词，还是助词？

（三）在用法上，后面带补语的跟不带补语的是一种什么关系？即哪一种用法为常式，哪一种用法为变式？本节拟从语法史的角度，以近代汉语文献和现代方言为依据，就以上几方面谈谈看法，并试着说明"来"和"得来"用作助词的原因。

壹　现代汉语方言里的助词"来"和"得来"

1.1 吴语

吴语里除了通用的助词"得"之外，又用"来"和"得来"。当然,这是从整体上说的,具体到每一个方言点,情况会有所不同。有的地方"来"和"得来"并用,有的地方只有其中之一,总的说,"得来"比"来"使用得更为普遍。

1.1.1 来 吴语里的助词"来"放在形容词或动词的后边,有带补语和不带补语两种用法。我们把带补语的称作A式,把不带补语的称作B式("得来"亦然)。

A式:动／形＋来＋补语

"来"放在动词或形容词后面,连接表示结果、程度或状态的补语,相当于结构助词"得"。下面是清代吴语小说《何典》里的例子:

(1)天壳海盖,讲来七缠八丫叉;神出鬼没,闹得六缸水弗浑。(何典·序)

(2)他的母亲刘娘娘,也生来细腰长颈,甚是标致。(同上,卷二)

下面两例转引自《上海市区方言志》:

(3)我做来勿好,请侬原谅。(465页)

(4)拎勿清,花头经透来勿得了。(同上)

B式:形／动＋来

"来"放在形容词或某些动词的后面,表示程度深或行为动作之强烈。下面转引《简明吴语词典》124页的两组简例:

(5)远来｜冷来｜白来

想来｜望来｜哭来

"远来"即很远,远得很;"哭来"即哭得很厉害。B式里的形容词或动词一般是单音节的,而且能进入B式的动词很有限,大多是跟心理、情感活动有关的动词,而A式里的动词没有这种限制。上举《简明吴语词典》里还有一个有趣的例子:"伊吃来好来"(意为:他吃得可好呢),其中前一个"来"出现于A式,"好来"是"吃来"的补语;后一个"来"出现于B式,它后面不带补语。

1.1.2 得来

A式:动/形+得来+补语

"得来"放在动词或形容词后面,引出表示结果、程度或状态的补语,相当于结构助词"得"。

(6)勥说得来怕人势势。(海上花列传,第一三回)

(7)冻苏秦耸背巡街,冻得来一方市户千家闭。(缀白裘卷二烂柯山·逼休〔滚绣球〕)

(8)忙得来性命交关|乱得来像狗窠|吓得来勿敢响|重得来吓煞人(上海市区方言志,465页)

从例句可知,"得来"后面的补语可以是短语(如例6和例8的后三句,也可以是小句(如例7和例8的第一句)。

B式:动/形+得来

"得来"加在动词或形容词之后,表示程度之深或行为动作之强烈。例如:

(9)阿唷,阿唷,我吓得来!(海上花列传,第五回)

(10)陈老爷客气得来!(同上,第二八回)

(11)重得来!|热得来!|做得来!|笑得来!(上海市

区方言志，465页）

1.1.3 比较1.1.1和1.1.2两节可以知道，吴语里的助词"来"和"得来"的用法和意义几乎完全相同（所不同的仅是，B式"动+来"的动词有一定的限制，而"动+得来"里的动词则不大受限制）。A式里的"来"和"得来"相当于结构助词"得"，而B式里的"来"和"得来"跟"得"不相当。虽然"远来""远得来"的意思是远得很，"想来""想得来"的意思是想得很，但不能因此把"来"和"得来"跟程度副词"很"相对应。因为，"来、得来"本身并不表示程度之深，只有当它们进入B式之中，这个结构才具有表示程度深的意义。它们跟"远煞、想煞"的"煞"性质不同，"煞"是后附的程度副词（当然它也可以用在形容词或某些动词之前，如煞远，煞想），而"来、得来"只是助词性质的。[①]

1.2 四川方言

在现代汉语诸方言中，就管见所及，除了吴语，四川方言里也使用助词"来"和"得来"，这从四川籍作家郭沫若和沙汀早期的作品里可以看到（香坂顺一氏首先注意到这一情况）。郭老是四川乐山人，他的作品里只见用"得来"，而未见用"来"：

（12）他是乐得养尊处优，胖得来，实在连走路都很艰难了。（棠棣之花第三幕，郭沫若全集·文学编卷六）

（13）你们假如知道韩国人为什么穷得来只能够吃点豆饭藿羹，……那你们就……（同上，第五幕，同上）

（14）因为这两天没有得到静养，痛得来已经不能行动了。

（楚霸王自杀，同上，卷一〇）

例（12）"胖得来"后面用逗号断开，表明语气上的停顿，实际上此例仍是A式。

沙汀是四川安县人，他的作品里"来"和"得来"并用。例如：

（15）眼睛都睡来象毛桃子了。（在其香居茶馆里，沙汀短篇小说选，113页）

（16）他是乡约的内弟，细眉细眼，鼻梁瘦来和刀背一样。（丁跛公，同上，17页）

（17）而那个平日只会用侦查眼光看他的脚色，也忽然变来爱讲话了。（老烟的故事，同上，139页）

（18）简直瘦得来只剩一张皮了。（兽道，同上，57页）

（19）全城的医生弄得来束手无策。（防空，同上，74页）

（20）突出的颧骨红得来像鹤顶一样。（呼嚎，同上，174页）

上面诸例中，"来"或"得来"前面的动词或形容词全是单音节的，这跟吴语的情况很相近。间或也有双音节的，如：

（21）快乐和害羞得来像一个新郎一样。（丁跛公，同上，16页）

但这句话的书面语味道太浓了。此外，上举诸例中只见A式，未见B式，这是跟吴语不同的。

郭老和沙汀年青时都在上海居住过多年，不知他们作品里出现的"来"或"得来"是不是受吴语影响的结果。经向四川籍同志调查，知四川有不少地方现在仍用"得来"，如梓潼、江油、眉山、自贡、涪陵、内江、犍为等地；但兼说"得来"和"来"的地方比较少，如犍为、自贡等地。无论是"得来"还是"来"都有一个共同的倾向：年轻人用得少，老年人用得较多。②因此，郭老和沙汀作品里的"得来"和"来"，可以看作彼时四川方言的特色。

1.3 北京话

北京话里结构助词用"得"，不用"得来"，更不用"来"，这是尽人皆知的。但是，在清代用北京话写成的小说《儿女英雄传》里，偶或也有"得来"的用例：

（22）这场恶斗，斗得来十分好看！（第六回）

（23）讲得来满口生烟，杀得来浑身是汗。（第八回）

（24）那琵琶弹得来十分圆熟清脆。（第一八回）

应该如何解释这一现象呢？一种可能是，《儿女英雄传》里的"得来"是受了南方旧白话小说特别是平话的影响，用三音节的"V得来"比用二音节的"V得"更带有渲染、夸张的语气，因而被作者借用过来。还有一种可能，作为北京话前身的某些北方话里早就使用结构助词"得来"，只是到了近现代才不用的（这一点将在溯源部分介绍），因而《儿女英雄传》里的"得来"，有可能是对历史上北方话旧词语的沿用。当然也可能以上两种原因兼而有之。

贰 溯源

2.1 来

2.1.1 唐五代文献里的结构助词"来"

跟结构助词"得"大体相当的"来",最早可以追溯到唐五代,唐诗和敦煌讲唱文学作品里可以找到这类用例。

（25）野外狐狸搜得尽,天边鸿雁射来稀。(姚合:腊日猎,全唐诗,5712页)

（26）瘦马寒来死,羸童饿得痴。(同上:寄王度居士,同上,5634页)

（27）清泉洗得洁,翠霭侵来绿。(皮日休:樵担,同上,7048页)

（28）山容洗得如烟瘦,地脉流来似乳肥。(同上:奉和鲁望春雨即事次韵,同上,7073页)

（29）移得萧骚从远寺,洗来疏净见前峰。(郑谷:竹,同上,7738页)

（30）铁磴磴来身粉碎,铁叉叉得血汪汪。(大目连变文,敦煌变文,757页)

（31）男女病来声喘喘,父娘啼得泪汪汪。(故圆鉴大师二十四孝押座文,同上,836页)

以上各例上下句相对仗,"来"与"得"互文对举,都引出了结果补语,可证"来"用如结构助词"得"。再看以下几例,"来"虽不跟"得"对出,但据上下文意也可判定它们也用如结构助词:

（32）锦背苍鹰初出按，五花骢马喂来肥。（李贺：排遍第一，全唐诗，381页）

（33）养来鹦鹉觜初红，宜在朱楼绣户中。（刘禹锡：和乐天鹦鹉，同上，4061页）

（34）越椀初盛蜀茗新，薄烟轻处搅来匀。（施肩吾：蜀茗词，同上，5603页）

（35）夫主谎来身已倒，宫人侍婢一时扶。（丑女缘起，敦煌变文集，793页）

（36）大拟妻夫展脚睡，冻来直［似］野鸡盘。（不知名变文，同上，815页。"似"原缺，今臆补）

"大拟"即"待拟"，"大"为"待"的同音借字，变文及后来的元杂剧里习见。此句意为：夫妻二人拟伸腿睡觉，无奈天寒无被冻得如野鸡缩成一团。

从上面所举唐诗和变文里的例子可以知道，至迟在中晚唐时期，"来"就已经有了作结构助词的用法。唐五代以后，在宋金词里还偶尔能看到用作结构助词的"来"③，例如：

（37）揽镜沉吟，瘦来须有差别。（方千里：满路花，全宋词，2501页）

（38）好个一江春水，深来不似情深。（元好问：朝中措）

2.1.2 诸宫调里的动词"来"

金代用北方话写成的《刘知远诸宫调》（下简称"刘知远"）和《董解元西厢》（下简称"董西厢"）里仍可见"来"作结构助词的用例，但为数不多。例如：

（39）知远惊来魂魄俱离壳，前来扯定告娇娥（刘知远，第十一〔黄钟宫·出队子〕；试比较董西厢，卷二〔道宫·解红〕"诳得魂离壳"）

（40）飞虎诳来痴，群贼倒枪旗。退却乱军，免却生离，都是哥哥虎威。（董西厢，卷四〔越调·青山口〕）

值得注意的是，在《董西厢》里"来"又在一种新的格式里作助词，即在动词和"来"中间加上受事宾语，后面再带补语。例如：

（41）只被你拖逗人来一星星都碎擗百裂。（卷四〔第八〕）

这种用法在两种诸宫调里虽仅一见，但此句在曲词里共重复了三遍，应无讹误。我们权且把这种"动＋名＋来＋补"的句式称作A′式。

与A′式不同，通常的句式是先在动词和名词之间加上助词"得"，然后再在名词后面加上助词"来"和补语，即："动＋得＋名＋来＋补"，我们把这种句式称作A″式。例如：

（42）灭良削薄得人来怎敢喘气。（刘知远，第二〔道宫·解红〕）

（43）天天闷得人来毂。（同上，〔黄钟宫·出队子〕）

（44）诳得脸儿来浑如蜡滓。（董西厢，卷二〔大石调·玉翼蝉〕）

（45）都为他家害得人来病。（同上，〔南宫调·一枝花〕）

在A″式中，由于动词后面已跟有结构助词"得"，因此后面的助词"来"就显得不很必要，试比较下面二例：

（46）引调得人来眼狂心热。（董西厢，卷一）

(47) 引调得张生没乱煞。(同上)

这两句意思完全一样，去掉复出的助词"来"，对句义并无影响，反而更加紧凑，因而A″式未能通行开来。不过，吴语里尚保留着A″式的用法，例如：

(48) 陈老爷，耐倒说得倪来难为情煞哉。(海上花列传第一一回。"耐"，你；"倪"，我)

可见，吴语里的这一用法最早可以追溯到金代。在A″式里，"来"作为结构助词的功能已经衰退，它更近似于一个衬字。试把A、A′、A″三式加以比较：

A式：动+来+补

A′式：动+名+来+补

A″式：动+得+名+来+补

可以看出，A′和A″两式都是A式在早期的变式，是为了引进受事宾语而产生的，作为结构助词，"得"比"来"跟动词的关系更为紧密。

2.2 得来

尽管唐诗和变文里已见"来"用作结构助词，但当时还没有出现"得来"作结构助词的用法。"得来"连用作结构助词最早见于宋金时期的文献，在北方是金代（1127—1234）的两种诸宫调，在南方是记录朱熹（1130—1200）语录的《朱子语类》。

2.2.1 诸宫调里的助词"得来"

在金代两种诸宫调里，用作结构助词的"得来"已很常见，其数量远远多于"来"。例如：

（49）一个唤彦威，一个史洪肇，着两条担打得来笃磨。（刘知远，第十二〔绣裙儿〕；笃磨，滴溜转动，此处指武艺精熟）

（50）开口道不觳十句，把张君瑞送得来腌受苦。（董西厢，卷一〔黄钟调·尾〕）

（51）见个小僧入得角门来，大踏步走得来荒速。（同上，卷二〔商调定风波〕）

（52）君瑞心头怒发，忿得来七上八下。（同上，〔仙吕调·乐神会〕）

（53）女孩儿谑得来一团儿颤。（同上，卷三〔双调·尾〕）

（54）这一场腌臜病，病得来跷蹊。（同上，〔刮地风〕）

"得来"连用，符合汉语同义词素并列构成同义复词的构词法，最初可能是为了加强语气或使音节和谐才在V得之后又加上"来"的，后来"得来"逐渐凝固成一个双音节的结构助词。

2.2.2 《朱子语类》的助词"得来"

上面诸例的"来"或"得来"都出现在韵文里，最早出现结构助词"得来"的非韵文资料，是南宋朱熹（今江西婺源人）的门生所辑录的《朱子语类》，这表明"得来"确已生根于口语。

（55）到气禀处，便有不齐，看其禀得来如何，禀得厚，道理也备。（朱子语类，卷四）

（56）心本未尝不同，随人生得来便别了。（同上，卷五）

（57）静坐无闲杂思虑，则养得来便条畅。（同上，卷一二）

（58）如水之初定，静，则定得来久，物不能挠。（同上，

卷一四）

（59）然这里只是说学之次序如此，说得来快，无恁地劳攘。（同上，卷一五）

（60）如云有十二因缘，只是一心之发便被他推寻得许多，察得来极精微。（同上，卷一六）

（61）问："胡氏说何谓太迫？"曰："说得来局蹙，不恁地宽舒，如将绳索绷在这里一般。"（同上，卷一八）

《朱子语类》里有一种"V得来／来"，表面上很像现在吴语里不带补语的B式，实际上并不是，须加以分辨。例如：

（62）又说钟离权、吕洞宾，而今又不见说了。看得来，他也只是养得分外寿考，然终久亦散了。（同上，卷三）

（63）思量来，只是一个道理。（同上）

（64）若子细穷究来，皆字字有着落。（同上，卷一〇）

以上三例的"V得来／来"，分别是看起来、思量起来、穷究起来的意思，不表示程度之深。再如：

（65）自是他里面有这个道理，得他兄感动发出来，……若其中元无此道理，如何会感动得来？（同上，卷一三）

（66）不熟时，须著旋思索，到思索得来，意思已不如初了。（同上，卷八）

例（65）的"感动得来"是"感动得出来"的意思，也即前句"感动发出来"的变换说法。例（66）的"思索得来"是"思索出来"的意思。此二例的"来"是趋向动词作结果补语，跟吴语的B式在意义和结构上均不同。总之，《朱子语类》里"得来"作结构助词只有A式,未见B式。

2.2.3 元曲里的动词"的来"

元曲里结构助词"得来"使用也较频繁,但一律作"的来"。例如:

(67)气的来有眼如盲,有口似哑。(合汗衫,二折〔越调·斗鹌鹑〕)

(68)瘦的来我这身子儿没个麻秸大。(燕青博鱼,一折〔大石调·六国朝〕)

(69)这和尚故将人来撒皂,直写的来怎般牢。(忍字记,一折〔金盏儿〕)

(70)唤侍妾,引领者,我来打鱼舡上身子儿扭的来别,替你稳坐七香车。(望江亭,三折〔圣药王〕)

"得"写作"的",在元明白话文献中较普遍,如元曲《三战吕布》一折:"争奈俺手下兵微将寡,怎生破的吕布?"《水浒传》二十八回:"我于路不曾害,酒也吃的,肉也吃的,饭也吃得,路也走得。"故知元杂剧中的"的来"即"得来"。

2.3 小结

下面用简表对以上各节内容加以归纳。通过这个表,一方面可以了解结构助词"来"和"得来"的历史状况,另一方面也可以跟现代汉语方言作比较,从而便于更准确地把握吴语助词"来"和"得来"的性质。

资料\助词\格式	来		得来	
	A式	B式	A式	B式
唐诗、变文（八—十世纪）	＋	—	—	—
金代诸宫调（十二—十三世纪）	＋	—	＋	—
朱子语类（十二—十三世纪）	—	—	＋	—
元曲（十三—十四世纪）	—	—	＋	—
四川方言（现代）	＋	—	＋	—
吴语（现代）	＋	＋	＋	＋

从本文前面考察的各项情况可以得出以下几项结论，也作为对文章开头提出的三个问题的回答。

（一）结构助词"来"始见于唐代（公元八世纪前后），唐诗和敦煌写卷中有其用例，但为数不多。当时还未见"得来"连用的例子，且"来"也只有A式。

（二）"得来"用作结构助词最早见于金代的两种诸宫调和南宋的《朱子语类》。在诸宫调里"来"和"得来"并用，"得来"多于"来"；在《朱子语类》里只有"得来"，未见"来"。这两种资料里无论"来"还是"得来"也只有A式。

（三）单用的"来"出现于前，连用的"得来"出现在后，"得来"是结构助词"得"和"来"的同义连用。因此，说"来"是"得来"的简化形式不符合历史事实，《上海市区方言志》说"得来"是"得"和"来"的叠用是正确的。

（四）从历史资料和现代汉语方言来看，结构助词"来"和

"得来"不是吴语所独有,也不限于南方某些方言。据敦煌俗文学作品、金代诸宫调和元曲知道,唐五代的西北方言和金元燕京一带的方言里都使用这两个助词。现在北方话里虽然不用了,但属于北方方言区的四川话里仍然使用。所不同的是,以上时地里的用例只有A式,而吴语里A、B二式并用。就是说,吴语一方面继承了历史上"来"和"得来"的用法(A式),一方面又新产生出了B式的用法。

(五)吴语里的B式应是A式的省略形式。A式之所以可以省略,有语义和形式上的原因。在语义上,"来"或"得来"后面的补语尽管或表结果,或表状态,但其深层的语义却是共同的,即表示程度之深。试看下面四例(前三例已举过):

夫主谎来身已倒   例(35)
知远惊来魂魄俱离壳   例(39)
飞虎谎来痴   例(40)
孙飞虎谎得来肩磨魂魄离壳

这四例的动词"谎"或"惊"都是"惊吓"义。四例的补语部分所描述的情况尽管各不相同,但其意义核心都一般无二,都是说被吓得很厉害。当这些描述成为一种套话时,人们就不看重或细究它的具体内容了,光从这种句式就可以获得程度深、情况严重的信息。在这种情况下,补语部分就显得不是那么重要了,就有可能被省略。补语虽然被省去了,人们依然能凭着对原句式所表达的语法意义的了解,理解省略后的句义。以上四例用吴语B式表达,就是"吓来""吓得来"。B式简洁,但只能泛泛地表示程度深，当要具体说明如何之深时，就仍须借助A式来表达了。

B式产生的另一个原因是"形／动＋来／得来"跟后面的补语之间可以、也往往有语气上的停顿，特别当补语部分比较长时。前举例（12）"……胖得来，实在连走路都很艰难了"，就用逗号跟补语隔开，这表明补语部分在句中的相对独立性。可以设想，一方面当句子只是泛泛地表示程度深，一方面又有这种可停顿性时，就促成了A式补语的省略。也就是说，上述语境引发了B式的产生。这种情况不光吴语有，北京话口语里也有，例如："你看他气得！""瞧把他给乐得！"后面不带补语也表示程度深。

基于历史事实和以上两点分析，我们把吴语里的B式看作是A式省略了补语，因而B式里的"来"和"得来"仍应看作助词，不能分析为后附的程度副词。

（六）吴语里A式和B式并用，但能进入B式"动＋来"的动词是有限制的，如前所说，主要是跟心理、情感活动有关的一类，如"欢喜、巴结、恨、气、想、牵记"等。这些动词有一个特点，可以受程度副词"老""邪气"（相当于"很"）的修饰，而一般动作动词则不行。

叁　"来"作结构助词的义理

动词"来"常义为"至也，及也，还也"（见《广韵》），为什么会用作结构助词呢？就一般情况而言，一个词，它的意义的引申、虚化或用法的演变都不是偶然的，应是有义理、有规律可循的。在探求动词"来"虚化为结构助词的原因之前，先看看动词"得"和"着(著)"虚化为助词的过程,会使问题迎刃而解。

3.1 助词"得"

动词"得"本义是获取,得到,它用在其他动词后面,表示动作的实现或完成,由此进而虚化为表示完成态的助词和引出结果补语的结构助词;当动作的完成作为一种既成的状态看待时,助词"得"又能表示持续态。即:

得:获取、得到→V得:动作的 完成 / 实现 { 表完成态 / 表持续态 / 引出结果补语

下面按"得"的三种语法功能分别举例说明。

3.1.1 "得"表完成态(V得,V得O)

(71)营已入得,号又偷得。(汉将王陵变,敦煌变文集,38页)

(72)到得南岸,应是舟舡溺在水中。(韩擒虎话本,同上,200页)

(73)作此语了,遂乃南行。行得廿余里,遂乃眼瞤耳熟。(伍子胥变文,同上,8页)

(74)才添得三个,又倒却两个;又添得四个,倒却三个。(难陀出家缘起,同上,398页)

除例(71)V得后不带宾语外,其他几例V得后都有宾语,"得"跟完成态助词"了"的功用相同。

3.1.2 "得"表持续态（V得O）

（75）愁来欲奏相思曲，抱得秦筝不忍弹。（崔颢：代闺人答轻薄少年，全唐诗，1326页）

（76）可怜寒食街中郎，早起著得单衣裳。（王建：春来曲，同上，3385页）

（77）大王遣宫人抱其太子，度与仙人。仙人抱得太子，悲泣流泪。（太子成道经，敦煌变文集，290页）

（78）官健唱喏，改换衣装，作一百姓装裹，担得一栲栳馒头，直到箫磨呵寨内，当时便卖。（韩擒虎话本，同上，200页）

（79）见儿将得饭钵来，望风即生吝惜。（大目连变，同上，741页）

值得注意的是，表示持续态的V得O，V几乎都是具有静态义的动词。

3.1.3 "得"引出结果补语（V得C）

作结构助词的"得"唐代之前应已出现，但普遍使用却是在入唐之后。

（80）些些小事，何得纷纭，直欲危他性命，作得如许不仁。（燕子赋，敦煌变文集，253页）

（81）喊得山崩石烈（裂），东西乱走，南北奔冲。（庐山远公话，同上，172页）

（82）二将当时夜半越对，谇（诿）得皇帝洽背汗流。（汉将王陵变，同上，36页）

由上可知，助词"得"在早期身兼数职，到了后来才专任结构助词之职的。

3.2 助词"着（著）"

助词"着"来源于动词"着"的"附着"义。六朝前后，当"着"用在静态义的动词后面时，其义相当于介词"在、于"，如："取一绛裙，挂著屏风上。"（俗说）当"着"用在动态义的动词后面时，相当于介词"到"，如："先担小儿，度著彼岸。"（贤愚经）静态动词后面的"着"进一步虚化为持续态助词，动态动词后面的"着"进而虚化为完成态助词，在某些方言里还可以作结构助词。即：

着：附着 { $V_{静}$着：在、于 ——→ 表持续态
$V_{动}$着：到 —— | ——→ 表完成态
——→（引出结果补语）* }

*（ ）表示极少见。

3.2.1 "着"表持续态（V着，V着O）

"着"在动词后作持续态助词最早见于唐代，五代时开始普遍使用。例如：

（83）余时把著手子，忍心不得。（游仙窟）

（84）见他宅舍鲜净，便即穴白占著。（燕子赋，敦煌变文集，249页）

（85）皇帝忽然赐匹马，交臣骑著满京夸。（长兴四年中兴殿应圣节讲经文，同上，423页）

3.2.2 "着"表完成态（V著，V著O）

"着"在动词后面表示完成态，最早见于宋元白话文献，下

面转引梅祖麟（1989）四例。

（86）若依彦冲差排，则孔夫子释迦老子，杀著买草鞋始得。（宗杲，大慧书·答刘宝学）

（87）发未发，觉未觉，切须照顾，照顾时，亦不得与之用力争，争著则费力矣。（同上，答张提刑）

（88）古人胸中发出意思自好，看著三百篇诗，则后世之诗多不足观矣。（朱子语类，卷八〇）

（89）宋江写著书，送这四人去梁山泺寻著晁盖去也。（宣和遗事·元集）

梅先生常举上海话"骑仔马寻马"和"吃仔饭哉"（"仔"即"着"的音借字）作为吴方言"着"兼表持续态和完成态助词的例子，是很正确的。

3.2.3 "着"引出结果补语（V着C）

我们目前尚未发现文献中"着"做结构助词引出补语的例子，但是我们知道某些方言里有这种用法，比如在安徽含山话里，"着"既可做完成态词尾，又可做持续态词尾，其例如：讲之讲之他就来之。（"之"为"着"的音借字）"讲之"的"之"表持续态，"来之"的"之"表完成态。此外，"之"又可做结构助词，例如：把人笑之要命。｜那人坏之伤心。（"伤心"表程度之深）可见助词"着"在早期白话及现代某些方言里也是身兼数职的。

3.3 助词"来"

比较上面所述动词"得"和"着"虚化为助词的情况，可以看出这两个词虚化的关键在于当它们跟在动词后面时,可以表示动作的完成、实现或达到(达到也是一种完成或实现),正是在这一用法和意义上才得以虚化为动态助词和结构助词。动词"来"有着跟动词"得"(以及"着")大体相同的用法和意义,所以它也沿着这同一途径虚化为身具多种功能的助词。

3.3.1 "来"表完成态(V来)

动词"来"本指到说话人所在之处,当抵达说话人所在之处时(即所谓"及也"),这一动作就完成了。"来"的这一意义就为它虚化为完成态助词提供了语义上的可能性。在用法上,当"来"用在动词后面时,有时虽然保存一些实义,但跟"来去"的"来"已有距离,其意义核心为得到或完成。例如:

(90)村酒沽来浊,溪鱼钓得肥。(杜荀鹤:山中喜与故交宿话,全唐诗,7947页)

"沽来"义犹沽到,下联"钓得"义为钓到。

(91)赋来诗句无闲语,老去官班未在朝。(张籍:赠王秘书,同上,4334页)

"赋来"即赋得,赋成,表示完成。

(92)已疑素手能妆出,又似金钱未染来。(罗绍威:白菊,同上,8385页)

"染来"即染成义,"来"也表完成。以上这种表示动作完成的"来"进一步虚化,就成为完成态助词,略与"了"相当。例如:

(93)生计抛来诗是业,家园忘却酒为乡。(白居易:送萧

处士游黔南，同上，4921页）

"抛来"与"忘却"对言，"来"义同"却"，表示动作的完结，跟"来去"的"来"意义相去甚远。

（94）富贵祝来何所遂，聪明鞭得无转机。（元稹：长庆四年元日郡斋感怀见寄；自注：祝富贵、鞭聪明，皆正旦童稚俗法。全唐诗，4601页）

此诗言"祝富贵""鞭聪明"皆无效用。"祝来"犹言"祝了"。"来"与"得"对举，都表示动作的完成。不过表完成态的"来"只有"V来"式，没有"V来O"式。又如：

（95）遇干戈，披鞭拷，地下深藏与他道。——君亲眼见来，由不悟无常抛暗号。（无常经讲经文，敦煌变文集，669页）

值得注意的是，这种意义的"来"还可以跟在动补短语或动宾短语之后，表示动的实现或完成。例如：

（96）庄走出被赶，斫射不死，走得脱来，愿王哀之。（朝野佥载，卷二）

"走得脱来"，犹言跑脱身了。

（97）其岁天下不熟，舜自独丰，得数百石谷来。（舜子变，敦煌变文集，133页）

当表示完成态的"来"特指过去曾做某事时，就成为表示曾然态的助词，大体相当于今天的"来着"（详见"事态助词'来'"一节）。例如：

（98）老贼吃虎胆来，敢偷我物！（朝野佥载，卷六）

（99）报道莫贫相，阿婆三五少年时，也会东涂西抹来。

（唐摭言，卷三；疑"会"为"曾"之误）

（100）我适来于门外设誓，与他将军为奴来。（庐山远公话，敦煌变文集，173页）

（101）佛身尊贵因何得？根本曾行孝顺来。（故圆鉴大师二十四孝押座文，同上，835页）

这种表曾然的"来"都出现于句末，可以看作兼表时态和语气的助词。

由上可知，"来"在唐五代时候已比较普遍地表示完成态，而完成态助词很容易引出行为动作完成后的结果，因而转作结构助词，这跟"得"既表完成态，又作结构助词的义理是一样的。这就是我们对动词"来"之所以能作结构助词的看法。

3.3.2 跟助词"得"一样，当动作的完成作为一种固定的状态看待时；助词"来"也可以转而表示持续态。不过比较少见，在普遍性上不能跟"得"相比。例如：

（102）江南鼓，梭肚两头栾，钉着不知侵骨髓，打来只是没心肝，空腹被人漫。（玉堂闲话，太平广记，卷五五）

（103）骢马新凿蹄，银鞍被来好。（杜甫：送长孙九侍御赴武威判官，全唐诗，2272页）

（104）铅粉坐相误，照来空凄然。（李白：代美人愁镜，同上，1883页）

3.3.3 由于"得"和"来"无论作动词还是作助词都有许多共同点，所以唐诗中经常用它们互文对举④。例如：

（105）就船买得鱼偏美，踏雪沽来酒倍香。（皮日休：冬末

同友人泛潇湘，全唐诗，7950页）

（106）已应春得细，颇觉寄来迟。（杜甫：佐还山后寄，同上，2426页；"佐"为杜甫之侄）

（107）云里引来泉脉细，雨中移得药苗肥。（吴融：即事，同上，7893页）

此三例的"来"尚未完全虚化，仍有实义。"得"和"来"还可以作为同义词素，构成两个意义完全相同的双音词——怪得，怪来。例如：

（108）怪得仙郎诗句好，断霞残照远山西。（徐铉：和太常萧少卿近郊马上偶吟，同上，8578页）

（109）怪来调苦缘词苦，多是通州司马诗。（白居易：竹枝词四首之四，同上，4922页）

"怪得""怪来"之义犹今语"怪不得"。

3.4 结语

动词"来"虚化为助词的过程如下：

来：到、到达 ⟶ V来：动作的完成实现 { 表完成态 / （表持续态） / 引出结果补语

把上述"得、着、来"三个动词虚化的过程加以比较，可以看出，虽然它们原来的意义各不相同，但当它们用在动词后面时，都可以表示行为动作的实现或完成，由此产生了大体相同的新的语法功能。其中"来"跟"得"的演变过程更为相近。

"得、着、来"在早期白话中虽然皆一身而兼有几种语法功

能,但其主次是不同的。"得"和"来"主要作结构助词,二者之中"得"用得更普遍,几乎没有地域的限制,一直沿用至今;"来"用得不普遍,有时代和地域的限制,它只是"得"的陪衬,其地位无法跟"得"相提并论。"着"主要表示持续态,只在某些方言里表示完成态或作结构助词。自唐五代以来,汉语的完成态助词主要由"了"承担,"得、着、来"表示完成态的功能都不如"了"强,三者之中以"得"最强,"来"最弱。"得"用作完成态助词的时间很长,明清小说中仍多见,但最终也未取代"了"。

我们注意到,在近代汉语的一段历史时期内,助词"了、得、着、来"等曾有相互重叠或交叉的语法功能,它们之间的关系比较复杂。详细考察它们各种功能产生的时间,通行的地域和时代,考察它们相互间或平行,或相前后,既有大致分工,又混用不清的种种关系是十分必要而有意义的一项工作,这自然不是本文所能承担得了的,权且留作今后的研究课题。

附注

① 关于上海话里的"来"和"得来",曾向华东师大邵敬敏同志请教。除文中已述外,又云:A式的"来",除老年人及上海郊区人外,现市区中青年都已念"勒";B式的"来"有被B式的"得来"取代的趋势。

② 关于四川方言里使用"得来"和"来"的情况,蒙川大中文系博士生朱庆之同志代为调查。

③ 宋金词二例引自王锳（1986），笔者核对后注上了出处页码。
④ 杨建国同志《唐诗语漫录》也注意到这一现象。见《古汉语研究》1989年第4期。

参考文献

梅祖麟（1981）:《现代汉语完成貌句式和词尾的来源》,《语言研究》创刊号。

　　（1989）:《汉语方言里虚词"著"字三种用法的来源》,《中国语言学报》第三期。

闵家骥等（1986）:《简明吴语词典》,上海辞书出版社。

太田辰夫（1958）:《中国语历史文法》,江南书院。

王锳（1986）:《诗词曲语辞例释》（增订本）,中华书局。

香坂顺一（1983）:《白话语汇的研究》,光生馆。

许宝华、汤珍珠（1988）:《上海市区方言志》,上海教育出版社。

袁家骅等（1983）:《汉语方言概要》（第二版）,文字改革出版社。

4　语气助词

呢（哩）

现代汉语语气词"呢"（ni，使用时读轻音ne）的用法有多种，这里把它分为表示疑问语气的和不表示疑问语气的两大类，为了叙述方便，以"呢$_1$"指称前者，以"呢$_2$"指称后者。

呢$_1$和呢$_2$现在同用一个"呢"字，古代同用一个"尔"字

（据杨树达《词诠》），但是到了近代汉语里，呢₁在早期白话资料中很少得到反映，呢₂则又有了新的来源。关于呢₂（哩）的来源，吕叔湘先生四十年代初撰写的《释景德传灯录中在、著二助词》①一文已言之在先，大意说："呢"是"哩"的变形，"哩"源于"在裏"，简言"在"或"裏"，"裏"字俗书又作"里、俚、哩"等。吕先生除引唐宋文献论证外，又证之以现代方言（苏州话），其说颇可信据。关于呢₁的来源，日本汉学家太田辰夫先生的《中国语历史文法》②有过简略的论述；他编的《〈祖堂集〉口语语汇索引》对研究汉语语史十分有用。王力先生《汉语史稿》中关于呢₁的讨论，主要以元曲为材料，但对其来源尚未作出定论。我们初步考察了呢₁在近代汉语文献里的递嬗之迹，调查了呢₁与呢₂用字相分、相混以及相合的变化情况，并对以上各种语言现象提出自己的肤浅看法，如果能对前辈学者的研究有所补充，那正是笔者所希望的。

壹　对呢₁的历史调查

呢₁在现代汉语里主要有以下五种用法：

（A）用在特指问句末尾，句中有疑问词语，如"什么、谁、哪"等；

（B）用在名词或名词性成分后边，表示"在哪儿"或"怎么样"，实际上是特指问句的特殊形式，下以"N＋呢"代称；

（C）用在选择问句或反复问句末尾；

（D）用于反问句末尾，常与"怎么、哪里、何必"等词相呼应；

（E）用于假设问句末尾，常与"假使、如果"等词相呼应（不同于用在假设小句末尾表示停顿者）。

下面就以上述几种特点为依据，调查唐宋以来的白话资料中呢₁的使用情况。

五代与北宋

唐时，口语成分已较多地出现在书面语中，然而即使在敦煌俗文学作品那样十分接近于当时口语的资料中，也未能找到语音和用法两方面都与呢₁相当的语助词。倒是五代王定保著《摭言》卷四有一"耳"字与呢₁相当："人生几何，苟富贵可图，何须一第耳？"此外只有禅家语录里保存着呢₁的可贵线索。《祖堂集》是五代南唐泉州招庆院静、筠二禅师编辑的禅宗语录集，序写于南唐保大十年（公元952年）。在这部书里，"聻"字用如呢₁，例如：

（1）夹山问："这里无残饭，不用展炊巾。"对曰："非但无有，亦无者处。"夹山曰："只今聻？"对云："非今。"（祖堂集3.001.07）

（2）仰山便去香岩处贺喜一切后便问："前头则有如是次第了也，然虽如此，不息众疑。作摩生疑聻？将谓予造，师兄已是发明了也。别是气道造，道将来！"（同上，5.083.13）

（3）云："此人意作摩生？"云："此人不落意。"云："不落意此人聻？"师云："高山顶上无可与道者啖啄。"（同上，2.146.04）

例（1）"只今聻？"是"N＋呢"型；例（2）"作摩生聻？"用

于特指问；例（3）不好懂，但看全句，"不落意此人聻？"是承前问，也是"N+呢"型。

值得注意的是，该书又有"你"用如呢₁者：

（4）师与长庆从江外再入岭，在路歇次，因举太子初下生时，目视四方，各行七步，一手指天，一手指地云："天上天下，唯我独尊。"庆却云："不委太子登时实有此语，为复是结集家语？直饶登时不与摩道，便是目视四方，犹较妙子。"师问："什摩处你？"庆云："深领阇梨这一问。"（同上，3.065.11；"妙"即"些"）

（5）问："罕如何假？"师云："不希夷。"僧曰："作何你？"师曰："不申哂。"（同上，2.133.14；杨联升云：罕，疑当作空；申，疑当作中。③）

（6）师问黄蘖："笠子太小生。"黄蘖云："虽然小，三千大千世界总在里许。"师云："王老师你？"黄蘖无对。（同上，4.115.13）

例（4）、例（5）的"什摩处你？""作何你？""你"字用于特指问句句末；例（6）"王老师你？"为"N+呢"型。该书第四卷有"马大师歌行一首"，中有四句云：

（7）只今起者便是心，心用明时更何你？不居方，无处觅，运用无踪复无迹。（同上，4.68.06）

"更何你？"犹言"又怎么样呢？""你"字如作代词讲句意难通，也应为疑问语气词。

《祖堂集》里有一处呢₁作"尼"字，应特别予以注意：

（8）师问云岩："作什摩？"对曰："担水。"师曰："那个尼？"对曰："在。"（同上，1.172.06）

此例的"那个尼？"与例（1）的"只今聻？"、例（6）的"王老师你？"均为同一句型，其中"尼、聻、你"表达同一疑问语气是显而易见的。《广韵》上声止韵："聻，乃里切，指物貌也。""聻"字与"你"字音同，"尼"又与"聻、你"音近。同一部书中呢$_1$的用字有三种，说明此时尚无一个统一的汉字来标写它。④"尼"字与后来的"呢"形体、声音更为接近，它的出现是一个很重要的现象。

稍后于《祖堂集》的《景德传灯录》为北宋僧人道原编辑，内容大部分采自《祖堂集》，但稍有改动，一些口语词的用字也归于统一。在这部书里，呢$_1$很少见，作"你"作"那"的各有两例，例如：

（9）师问南泉近离什么处来。云："江西。"师云："将得马师真来否？"泉云："只遮是。"师云："背后底你？"无对。（景德传灯录，卷八）

（10）问："如何是西来意？"师曰："是什么意？"问："如何是本身？"师曰："是什么身？"问："寂寂无依时如何？"师曰："寂寂无依底你？"（同上，卷二四）

例（10）皆僧发一问，师反施一问，意在否定所问事物的存在。"寂寂无依底你？"犹言"所谓寂寂无依的又在什么地方？"以上二例中的"你"均为疑问语气词，跟《祖堂集》里的用法一样。再看呢$_1$用"那"字的例子：

（11）师问僧什么处来。曰："江西。"师曰："学得底那？"曰："拈不出。"（同上，卷一九）

（12）曰："此人意作么生？"师曰："此人不落意。"曰："不落意此人那？"师曰："高山顶上无可与道者啗啄。"（同上，卷一七）

例（12）与上引《祖堂集》例（3）内容相同，只是将"云"改为"曰"，将"聻"改为"那"，"摩"改为"么"，可知"那"应是"聻"的变形。从"聻"变为"那"，可能反映了呢$_1$语音上的变化，即"聻"字轻读，音近于"那"（·ni→·nə）。在《景德传灯录》里"你""那"并用，"你（聻）"字尚未完全被"那"字取代。

宋代呢$_2$作"里、哩"已常见（参看前举吕文），呢$_1$的例子禅录中既不多，其他资料如史传、笔记、诗词、话本等更是寥寥无几，难得检得南宋两例，均作"哩"：⑤

（13）看如今怎奈何刘麟去哩？（绍兴甲寅通和录，三朝北盟会编卷一六二）

（14）上了灯儿，知是睡哩，坐哩？（惜香乐府，57页，国学基本丛书影印汲古阁宋六十家名词）

可见呢$_1$和呢$_2$的用字很早就有混用的趋势。

金元

金代诸宫调《董西厢》里呢$_1$作"那"，主要用于选择问句的句中，用于特指问句句末的少见。例如：

（15）百媚莺莺正惊讶，道这妮子慌忙则甚那？（卷一）

(16) 几日试来那,几日唱名?(卷四)

(17) 比及相逢奈何时下窜,你寻思闷那不闷?(卷一)

(18) 今日以莺莺酹贤救命恩,问足下愿那不愿?(卷三)

(19) 问红娘道:"韵那不韵?俏那不俏?"(卷三)

例(16)是两个特指问连发,仅于第一问句末施疑问语助"那",第二句靠语调发问。例(17)——(19)是比较特殊的选择问句,即限定在肯定与否定两者内加以抉择,且"那"字施于句中。此类问句现在一般用反复问句表示,如句末不用语气助词,句中多用"呵",很少用"呢"。

《元典章·刑部》有一选择问句很是特别,恐怕受到蒙古语的影响:

(20) 问不得名校尉道:"官里有那无太子?有那无太后?有那无多少怯薛歹?"(卷三)

元人杂剧中呢$_1$大量出现,字形多作"那",也有一些作"呢"和"哩"。下面从中华书局本《元曲选》(简称"元曲")和《元曲选外编》(简称"外编")中举例说明。

"那"字用于特指问句和反问句的例子:

(21) 你过门七日,谁与你递茶送饭那?(元曲,举案齐眉一折白)

(22) 婆婆,你为什么烦恼啼哭那?(同上,窦娥冤一折白)

(23) 兄弟,你怎么忘了那?(同上,争报恩一折白)

(24) 你看我怎生问他讨那?(同上,看钱奴一折白)

明刊本和明钞本元杂剧中的宾白,一般认为是累次演出中逐渐形成而到明代才写定的,至少也经过了明朝人的修改和润色。因此,作为语言研究的材料,元杂剧的曲文要比宾白更重要些。遗憾的是,疑问语气词呢$_1$在曲文中很少出现,仅举一例:

(25)量这半杓儿粥都添了有甚那?我转着这空碗儿我着这匙尖儿刮。(同上,赵礼让肥一折〔醉扶归〕曲)

与明本元杂剧相比,《元刊杂剧三十种》更能代表元代的语言,今据徐沁君校本(简称"元刊")略举几例。宾白中的例子如:

(26)自古及今,那个人生下来便做大官享富贵那?(元刊,拜月亭三折白)

(27)早是没外人,阿的是甚末言语那?(同上,三折白)

曲文中的例子如:

(28)他道认得咱,不知是谁那?(元刊,介子推三折〔迎客仙〕曲)

(29)你今日有爷无爷争甚那?谢楚大夫相提拔。(同上,三折〔三煞〕曲)

在元杂剧中,"那"字在选择问句中的位置要比《董西厢》多样,但仍以居句中者为多:

(30)题起那骊姬怕那不怕?(元刊,介子推三折〔幺篇〕曲)

(31)毕竟的是那不是?(元曲,杀狗劝夫四折白)

(32)哥也,你是谎那可是真个?(同上,冻苏秦三折白)

(33)知他如今是死那活那?(元刊,拜月亭三折白)

（34）可是由我那不那？（同上，四折白）

（35）且看姐夫是你绝户，还是我绝户那？（元曲，儿女团圆二折白）

例（30）—（32）"那"字用于句中，与《董西厢》相同；例（33）（34）"那"字兼在句中句末；例（35）"那"字在选择问句尾。

元杂剧选择问句又有用"也那"作语助的，也出现在句中：

（36）您端的是姑舅也那叔伯也那两姨？（元刊，拜月亭一折〔醉扶归〕曲）

（37）是人也那是鬼？（元曲，黑旋风一折白）

（38）寡人是怕也那不怕？（同上，梧桐雨三折白）

"也那"是"也"和"那"两个语助词连用，"也"字单独也可以用在选择问句句中⑥，但"也""那"叠用语气较单用为缓和。

元杂剧中"那"字有时不表疑问语气，用如呢$_2$。其例如：

（39）等他过去了，才好杀人那。（元曲，谢金吾三折白）

（40）你看这生说海口那！（同上，百花亭一折白）

（41）小姐这等瘦了，着梅香没处猜那！（同上，隔江斗智一折白）

用作呢$_1$的"呢"字终于在元人杂剧中出现，但比较少见，而且很少用于特指问句，多半直接用在名词后边询问处所，或在连续发问的场合，用于承前问句，询问怎么样。例如：

（42）放了手，扯我怎么呢？（外编，刘弘嫁婢一折白）

（43）那第三个孩儿呢？（元曲，蝴蝶梦三折白）

（44）张千，你来了，你拿的人呢？（同上，勘头巾三折白）

（45）〔正末云〕这条往那里去？〔店小二云〕这条路往泗州去。〔正末云〕这条路呢？（同上，硃砂担二折白）

（46）〔正末指张郎云〕婆婆，我问你，这个是谁的？〔卜儿云〕是俺的。〔正末云〕这个呢？〔卜儿云〕这个是你的。（同上，老生儿二折白）

另外也有用于假设问句的：

（47）那厮见你手段高强，被他藏了躲了呢？（元曲，昊天塔二折白）

（48）〔正末云〕夫人，小娘子，假若有这玉带呵呢？〔夫人云〕若有这玉带呵，便是救了俺一家性命也。〔正末云〕假若无了这玉带呵呢？〔夫人云〕俺一家儿便是死的。（外编，裴度还带三折白）

例（48）中"呵、呢"连用，元杂剧中不时可见。"呵"在"呢"的前头跟现代汉语的语气词系统不同，现代只有 lə/mə/nə + a 的用法。

元杂剧中"哩"字频见，主要用作呢$_2$，但间或也有用作呢$_1$的，例如：

（49）你怎么量米哩？（元曲，陈州粜米一折白）

（50）你说甚么哩？（外编，云窗梦一折白）

（51）嫂嫂，嗻坟园到那未哩？（元刊，张千替杀妻一折白）

例（51）于正反两问中间用"那"，句尾用"哩"，几为仅见。

从上面诸例可以看出：1）元杂剧中"那、呢、哩"三字大致有个分工，即"那"主要用于特指问句和选择问句；"呢"主要用于"N+呢"句和假设句；"哩"大都用于非疑问句。2）上面的分工并不严格，"那"有时也用于非疑问句，"哩"有时也用于疑问句，只有"呢"仅出现在疑问句中（见图）。

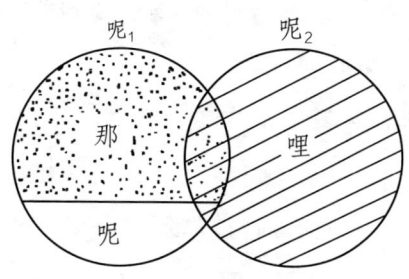

呢$_1$和呢$_2$用字相混的现象不为少数，试比较下面两组例子：

A组　"那、哩"不分

（52）碑碣上可写着什么那？（元曲，范张鸡黍二折白）

（53）书上可不知写着什么哩？（外编，博望烧屯二折白）

B组　"呢、哩"不分

（54）我那大嫂呢？（元曲，黑旋风一折白）

（55）你的拐儿哩？（外编，敬德不服老三折白）

元明

早时供朝鲜人学汉语的两部会话书《朴通事》和《老乞大》，约成书于元末，后几经修改，有后加成分，两书传写的当为元、明之际的汉语口语。书中呢$_1$作"那"，呢$_2$作"裏（裡）"，基本分用不混[⑦]。以下是呢$_1$的用例：

（56）打什么紧那？（朴通事谚解130；以下简称"朴"）

（57）你船路里来那旱路里来？（朴162）

（58）听的今年水贼广，是那不是？（朴163）

（59）你这般学汉儿文书时，……省的那省不的？（老乞大谚解10；以下简称"老"）

（60）你两姨弟兄是亲两姨那，是房亲两姨？（老28）

（61）有辘轳那没？（老56）

（62）客人，你要南京的那，杭州的那，苏州的那？（老172）

《朴》《老》中的选择问句，"那"字多用于句中，跟《董西厢》和元杂剧的情况相似。例（62）有三个分句，每个分句末都出现"那"字，从整个句子看，"那"字兼用于选择问的句中和句末。

《水浒传》成书于元末明初，跟元杂剧中呢$_1$频见的情况迥异，只见用如呢$_2$的"哩"字，不见用如呢$_1$的"那""呢"等字。这应是由于《水浒传》是以南方官话为基础写成的，跟元杂剧一系的北方话不同。

《西游记》写在十六世纪七十年代，约当明代中叶，语言以江淮方言为基础，书中呢$_1$、呢$_2$一般均用"哩"字，只有一部分"N＋呢"型用"呢"字。下面是"哩、呢"用为呢$_1$的例子：

（63）不知你学那一门哩？（西游记，第二回）

（64）是那个在山上吟诗，揭我的短哩？（同上，第八回）

（65）呆子，念什么哩？（同上，第三二回）

(66) 不知是我分离,是你分离哩?(同上,第三〇回)

(67) 先生,你的明杖儿呢?(同上,第二一回)

(68) 你娘呢?你老婆呢?(同上,第二四回)

(69)(呆子道):"我的马哩?"行者道:"树上栓的不是?"——"行李呢?"行者道:"你头边放的不是?"(同上,第二一回)

例(69)里有两句"N+呢",一句用"哩",一句用"呢",可见并无严格体制。"呢"字不表疑问的情况极少见,仅举一例:

(70) 正是呢,我们走脱了,被他赶上,把我们就当汗巾儿一般,一袖子都笼去了,所以搁气。(同上,第二六回)

《金瓶梅词话》成书于明代晚期,书中多用山东及江淮方言,只见"哩"字不见"呢"字。"哩"绝大多数用为呢$_2$,只有极少数用于疑问句,例如:

(71) 你娘在前边做什么哩?(金瓶梅,第一四回)

(72) 你骂谁哩?谁惹你来?(同上,第二二回)

清代

清代前半期长篇白话小说《儒林外史》《歧路灯》《红楼梦》等成书年代十分接近,但在呢$_1$和呢$_2$的用字上却各有不同,也很值得注意。《儒林外史》用下江官话写成,全书"哩"字多见,"呢"字少见;"哩"多用为呢$_2$,极少数用为呢$_1$,跟《西游记》用字大体一致。"哩"字用于疑问句的例子如:

(73) 令亲台此刻可曾来哩?(儒林外史,第四九回)

(74)该死的畜生,我女儿退了做什么事哩?(同上,第五四回)

"呢"字用例虽不多,但用法却比《西游记》丰富,不只出现在"N+呢"句中:

(75)为什么要打我呢?(儒林外史,第二三回)

(76)况且你又有个病人,那里方便呢?(同上,第一六回)

(77)前日承老父台所惠册页花卉,还是古人的呢,还是现在人画的?(同上,第一回)

《歧路灯》略晚于《儒林外史》而稍早于《红楼梦》,多用河南方言。书中"哩"字兼司呢$_2$和呢$_1$之职,"呢"字则基本上只用为呢$_1$。先看"哩"字表疑问的例子:

(78)怎么不见端福儿哩?(歧路灯,第一回)

(79)你娘哩?(同上,第一二回)

(80)你心里代我想一想,是要你保守房田哩,是要你趋跄殿陛哩?(同上,第六回)

从数量上看,《歧路灯》里的"呢"字要比《西游记》和《儒林外史》稍多一些,仅举三例以见一斑:

(81)何不叫先生引两个孩子走走呢?(同上,第二回)

(82)这良乡到京还有多远呢?(同上,第七回)

(83)谭先生呢?(同上,第一〇回)

《红楼梦》和清代后半期的白话小说《儿女英雄传》用北京口语写成,这两本书中呢$_1$和呢$_2$用字已无区别,几乎统统用"呢"字。下面按用法各举一二例:

（84）宝姐姐在家里作什么呢？（红楼梦，第七回）

（85）什么意思呢？来呢，一齐来，不来一个也不来。今儿他来，明儿我来，间错开了来，岂不天天有人来呢？（同上，第八回）

（86）袭人姐姐呢？（同上，第八回）

（87）跌了灯值钱呢，是跌了人值钱？（同上，第四五回）

（88）就是老太太问，有我呢！（同上，第八回）

（89）到底是要他呢，还是不要他呢？（儿女英雄传，第二三回）

（90）天还大亮的，那里就讲到睡觉了呢？咱们还有许多事儿没作呢。（同上，第一一回）

（91）咻，问你话呢！（同上，第一四回）

可以说，到了《红楼梦》才在书面上完成了呢$_1$和呢$_2$用字的统一，由"呢"字兼任其职。⑧但是，由于方言或因袭旧的写法，就是在今天的书面语里仍不时看到呢$_2$作"哩"的。比如：

（92）如果此刻让我重新去考初一，湿透了两张马粪纸，我也着实考不取哩！（黄宗英：我考南开，人民日报1982.8.20）

（93）一定要到中国去一趟，以饱眼福哩！（北京晚报1982.8.22）

相信作者口头上并不读"哩（li）"，这是言文不一致现象。

现将上述内容简化为下表，少见或偶见者用小字表示，仅见者一般不列入表内。

文献＼用字＼句式	疑问（呢₁） (A) 特指问	疑问（呢₁) (B) N+呢	(C)选择问 句末	(C)选择问 句中	(C)选择问 句中并句末	(D) 反问	(E) 假设问	非疑问（呢₂）
唐宋笔记								在裏、在、裏、里
祖堂集	聻、你	聻、你、尼						那
景德传灯录		你、那						在
宋元话本								哩
董西厢	那			那				
元杂剧	那、哩、呢	呢、哩	那	那	那	那、呢	呢	哩、那

文献＼用字＼句式	疑问（呢₁） (A) 特指问	疑问（呢₁) (B) N+呢	(C)选择问 句末	(C)选择问 句中	(C)选择问 句中并句末	(D) 反问	(E) 假设问	非疑问（呢₂）
朴通事、老乞大	那、裏			那	那			裏（裡）
水浒传								哩
西游记	哩	呢、哩	哩			哩		哩、呢
金瓶梅	哩	哩						哩
儒林外史	哩、呢	呢		呢	呢			哩
歧路灯	哩、呢	呢、哩			呢	呢		哩、呢
红楼梦	呢	呢	呢	呢	呢	呢	呢	呢
儿女英雄传	呢	呢	呢	呢	呢	呢	呢	呢、哩

贰 几点看法

(一) 呢₁的来源

杨树达《词诠》指出,《公羊传》里的语末助词"尔"一表决定之意,一表疑问;关于前者,他说"即今语呢字",后者他没有说,我们认为也是今语"呢"字(即呢₁)。例如:

(94) 三月癸酉,大雨震电。何以书?记异也。何异尔?不时也。(公羊传,隐公九年)

(95) 公薨,何以不书葬?隐之也。何隐尔?弑也。(同上,隐公十一年)

(96) 季子杀母兄,何善尔?诛不得辟兄,君臣之义也。(同上,庄公三十三年)

(97) 远国至矣,则中国曷为独言齐宋至尔?大国言齐宋,远国言江黄,则以其余为莫敢不至也。(同上,僖公二年)

《公羊传》中此类例子不胜枚举,不过"尔(呢₁)"仅出现在有"何、曷"等疑问词的特指问句句尾。《公羊传》于汉景帝时始著于帛书,前此三百余年中一直是口耳相传。《穀梁传》跟《公羊传》时代相近,成书过程也相似,但该书中却仅见一例"尔(呢₁)",其中原因难以追究。

(98) 公至自围成,何以致?危之也。何危尔?边乎齐也。(穀梁传,定公十二年)

前此,《礼记》里也有"尔"作呢₁一例:

(99) 君子胡不慥慥尔?(礼记·中庸)

王力先生认为,"从语音上说,从'尔'变'呢'是说得通的;但是,从上古到近代,中间有将近一千年的空白点,历史的联系无从建立起来。"(见《汉语史稿》中册454页)我们上面的调查材料,初步建立了从五代到明清的历史联系,即:(五代)聻、你、尼→(北宋)你、那→(金元)那、哩、呢→(元明)哩、呢→(清)呢。下面再举一些魏晋南北朝时期"尔"字用如呢₁的例子,或许可以填补一点从《公羊传》到《祖堂集》之间的空白。

(100)知足下连不快,何尔?(淳化阁帖,卷六王羲之书)

(101)未测亦并有事如六七月而不存录,为当不复备记,止经略如此邪?今以意求,恐是不复疏之。何知尔?寻初降数旬中已得闲静,后既混糅,恒亲纷务,不展避人,题之纸墨,直止录条领耳。(周氏冥通记,卷一)

(102)刘道真年十六,在门前弄尘,垂鼻涕至胸。洛下年少乘车从门过,曰:"年少甚埌埆。"刘便随车问:"为恶为善尔?"(裴子语林,古小说钩沉;末句意为:是不好还是好呢?)

(103)石崇与潘岳同刑东市,崇曰:"天下杀英雄,君复何为尔?"(殷芸小说;末句言:天下杀英雄,你被杀又是为什么呢?)

六朝时"尔"用如呢₁,还可以用在反复问句"VP不?"的句中:

(104)(孔坦密启成帝不宜去拜丞相王茂弘之妻曹夫人)丞相闻之曰:"王茂弘驽痾耳!若卞望之之岩岩,刁玄亮之察察,戴若思之峰距,当敢尔不?"(裴子语林,末句犹言"还敢呢不敢?")

(105)欲屈尊者为太子师,此可尔不?(过去现在因果经,大正藏,卷三)

试比较前举例(17)"闷那不闷?"例(30)"怕那不怕?"例(58)"是那不是?"等金元时期的反复问句(或归入选择问句),可以看出金元时期的"VP那不VP?"是从六朝的"VP尔不?"扩展而来的,"那"应是"尔"的音变。

用作呢₁的"尔"字在《祖堂集》里作"聻、你、尼",在《景德传灯录》里作"你、那","呢"字在可靠资料里出现,已到了元代;但是据《祖堂集》已用"尼"作呢₁,又据《集韵》上声旨韵:呢,乃倚切,"声也"推测,"呢"字很有可能在宋代已作语助,所谓"声也",就是指的语气词。因为在《广韵》和《集韵》中,"呢喃"的"呢"均为平声,《集韵》标为上声的"呢"正跟五代已作语助的"聻、你"二字同音。《祖堂集》和《景德传灯录》中呢₁的用字十分重要,"聻、你、尼、那"诸字是从"尔"变到"呢"的中间形式,有了这些中介为依据,由"尔"变"呢"说才比较可靠。太田辰夫先生首先注意到《祖堂集》里的"聻、你、尼"与呢₁的关系,在这个基础上,我们又进一步看到《景德传灯录》里的"你、那"与呢₁的关系。

(二)用字的地域性

呢₁在《董西厢》、元杂剧、《朴通事》、《老乞大》等书中作"那",而在《水浒传》中不出现,在《西游记》《金瓶梅词话》《儒

林外史》等书中多作"哩";又,当《儒林外史》主要用"哩",
"呢"字尚不多见时,与之几乎同时的《红楼梦》里,"呢"字却取
得了独占的地位。这种用字上的区别,反应了语言的地域特点。吕
叔湘先生将官话(今称北方方言)分为平话系白话和金元系白话,
"平话系白话大致可信其依据汴京与临安之口语,金元系白话则其
初殆限于燕京一带而渐次南伸。"(见吕文11页)呢$_1$在上述几种文
献中用字的不同,恰好可以用这两系白话的不同加以解释。即金元
系白话呢$_1$多用"那"或"呢",平话系白话呢$_1$多用"哩"。

(三)呢$_1$与呢$_2$用字的分合

在汉魏六朝时期的文献里,呢$_1$和呢$_2$同用一个"尔"字;到
了唐代,口语里新出现了"在里、里"作呢$_2$的用法,这样呢$_1$和
呢$_2$开始分用。但是,从文献反映的情况来看,这种分别不是那么
严格的,特别是元代以后,无论在金元系白话资料,还是在平话
系白话资料里,都有二者混用不分的现象。其原因恐怕与历史上
呢$_1$呢$_2$本来就用一个字,可以不加分别有关。那么,为什么金元
系白话里的"呢"字取代了平话系白话里的"哩"字,使呢$_1$和呢$_2$
的用字又重归统一了呢?我们的看法是:1)"呢"字由"尔"字
变化而来("尔"字当初兼摄两种功能),属于正宗;"哩"是新
兴的语气助气,产生之初只具有不表疑问的一种功能,因而在竞
争中让"呢"字占了优势。2)北京是元、明、清三个朝代的国
都,由金元系的白话发展而来的北京话对其他地方的语言的影响
自然要大得多。用平话系白话写成的《西游记》《儒林外史》二
书里有用"呢"字表示呢$_1$的现象,就是这种影响的结果。

附注

① 见《汉语语法论文集》，下称吕文。商务印书馆，1984年增订本。

② 太田辰夫《中国语历史文法》，江南书院，1958年。另有蒋绍愚、徐昌华中译本，北京大学出版社，1987年。

③ 杨联升《禅宗语录中之"聻"》，载台湾《清华学报》纪念李方桂先生寿辰专集229—304页。杨先生认为"聻"字除作疑问语气词外，有时可以独用，出现在句首。

④《祖堂集》中有"那"字用作呢$_2$的两例：1）师与道吾、舡子三人受山下人请斋。一人云："斋去日晚。"一人云："近那，动步便到。"（2.12）2）有一僧喫粥了便辞师。师问："汝去什摩处？"僧云："礼拜大沩。"师云："近那，喫饭了去也。"（5.104）此与唐宋时呢$_2$作"裏"者不相同。

⑤《警世通言·万秀娘仇报山亭儿》中有"呢"字一例："问道：'担子呢？'应道：'撺在河里。''匾担呢？'应道：'撺在河里。'"此话本一般认为是宋元旧篇，虽不无道理，但终究时代难以确考；且三言多经冯梦龙润改，故不足为据。

⑥ "也"字单独用于选择问句中的例子频见于宋元白话文学作品中，仅举《元曲选》一例："秀才，你闲也是忙？"（荐福碑二折）

⑦ 仅两处例外：1）"有卖的好弓么？""可知有，没时做甚么买卖裏？"（老182）2）"好大舍，那里下着裏？"（朴106）《老乞大单字解》注："裏，又语助，通作里、俚、哩。""那，又语助。有那没？"

⑧《红楼梦》程乙本呢$_2$偶作"哩"："别屋里还有两个哩，太太倒不按例

了？"（亚东本第三十六回）但脂评本《石头记》"哩"字作"呢"。

5 概数助词

以来 来

现代汉语表示概数的助词"来"使用十分普遍，吕叔湘（1957）曾对它的应用范围和位置作过系统的分析和归纳，并且推测"来"的最初形式可能是"以来"。太田辰夫（1958）也认为概数词"来"或许是"以来"的省略。他还以我国业已失传的五代禅宗语录《祖堂集》为资料，指出跟现在同样用法的"来"从五代时就已看到。胡竹安（1959）认为吕先生的假设是"颇为可信"的，他认为"来"替代"以来"跟汉语要求音节匀称的特点有关。以上研究成果对我们很有启发，这里我们对概数词"来"的来源、意义以及用法作了初步的历史考察，期望能为前辈的假设和论述提供更加充足可信的佐证；有些不同意见，也不揣浅陋提出讨论。

壹 来源

1.1 以来$_1$ 来$_1$

"以来"的基本意义是表示从过去某时到说话时（或某个特定的时间）的一段时间范围（以下称这个意义的"以来"为"以来$_1$"），此义从古一直沿用至今。古"以""已"通用，故"以来"又常作"已来"。先秦两汉时期"以来$_1$"未见省用，前边多有"自""从"等介词。魏晋南北朝时期始见"以来$_1$"省用

为"来"(下称"来₁"),且前面往往不用"自"等介词。例如:

(1) 又复问言:"失经几时?"言:"失来二月。"(百喻经上)

(2) 玄石亡来,服以阕矣。(搜神记,卷一九)

(3) 我酒发来未定,不敢饮君。(同上)

(4) 小人母年垂百岁,抱疾来久,若蒙官一脉,便有活理。(术解,世说新语)

到了隋唐五代,这种单用的来₁便屡见不鲜,逐渐取得了和以来₁并行的地位,其例随手可拾,此不赘举。这里指出以来₁省略为来₁的事实,是为了在下文说明表示概数的"以来"省略为"来",应是这一现象的类推。

1.2 以来₁广泛表示范围

如上所说,以来₁的意义是指从过去某时到说话时的一段时间范围。但是从唐五代时期开始,人们从不同的角度对它的语法意义加以引申,使它产生了一些新的功能,使用范围大为扩展,除了表示某段时间的范围之外,也能表示时间以外的一些事物(甚至是人)的范围。例如:

(一)地域的范围、处所(地名+以来)

(5) 从京洛已来,至于海隅,相传皆许远法师解义聪明,讲大乘经论更无过者。(胡适:新校定的敦煌写本神会和尚遗著两种,史语所集刊二十九本下,840页)

"京洛已来"指长安洛阳一带。

(6) 仍差有旨拨者西南取红挠山入,东南取骆驼烽已来先令应接。(李陵变文,敦煌变文集,85页)

此言东南方往骆驼烽一带接应。

（7）数日内三贡启，乞于关陇已来寻医，果使人传旨相勉。（录异记，太平广记，卷八六）

（8）诸官记之，此去无灾无福，但行野狐泉已来税驾处曰："孙雄非圣人邪？"此际新旧使头皆不见矣。（北梦琐言，同上，卷八〇）

（9）昨来赵良嗣等到上京计议燕京一带以来州城，自是包括西京在内。（三朝北盟会编，卷四）

"燕京一带以来"，即指燕京一带，"以来"与"一带"意思相近，都指地域的范围。

（10）差马扩充奉使大金国使副使，前去济南府已来等候国信。（同上，卷一〇）

"济南府已来"，即指济南府其处。

（二）事或物的范围（名+以来）

（11）目连将母于婆罗双树下，绕仏（佛）三匝，却住一面，白言："世尊，与弟子阿娘看业道已来，从头观占，更有何罪？"（大目连变文，敦煌变文集，744页）

"业道"，佛家语，指众生所作所为。目连请世尊看看他母亲生前的行为中还有什么罪过。"业道已来"，指所有的行为。

（12）六道身中无欠少，诸仏身上不偏多。草木以来沾般若，丛林尽有六婆罗。（金刚般若波罗密经讲经文，同上，432页）

此言佛法平等，一律施教。神会语录："过去诸仏说法，皆对八部众说，不私说，不偷说。譬如日午时，无处不照；如龙王降雨,平等无二,一切草木,随类受润。"(史语所集刊二十九本下,836页)这段话恰可为上例作注。"草木已来",即指一切草木,"已来"表示事物的范围。

(13)备果花,悬盖伞,玉像金容光焕烂。神祇之类沐珍羞,鸦鸟已来皆饱满。(普劝四众依教修行,敦煌曲校录,147页)此例"之类"与"已来"对言,益见"已来"指范围。

(三)人或人体的范围

(14)皇帝日〔日〕亲自驾幸叶净能院内,论其道法。及朝廷卿相,无不欲往;百姓已来,皆崇道教。(叶净能诗,敦煌变文集,220页)

"百姓已来",指在百姓这一范围,亦即"所有的百姓",与上两例的"草木以来","鸦鸟已来"用法相同。

(15)那积世的老婆婆,其时暗猜破,高点着银釭堂上坐,问侍婢以来,兢兢战战,一地里笃麽。(董西厢,卷三大石调〔红罗袄〕曲)

"侍婢以来",即"所有的侍婢"。

(16)臣闻衣服厚薄,欲得随时合度。是以暑月不可全薄,寒时不可极温,盛热能着单亵衣卧热帐,或腰、腹、膝、胫已来覆被极宜。(保生要录,说郛,卷八四)

此例"已来"指身体某些部位的范围,意思甚明。

以上种种用法盛行于唐五代,宋以后渐少见,元时几近绝迹。此义辞书皆未载,也未见前人论及,但是它对于了解"以来$_1$"何以会用来表示概数却是个不容忽视的关键。

1.3 "以来"表示概数——"以来₂"

除了表示人或事物的范围,"以来"还被用于表示概数的场合。

(一)时间概数

(17)本住西蜀,居山二十余年。偶群猿过,遗下此小猿,怜悯收养,才半载以来。(大唐奇事,太平广记,卷三六八)

(18)(冯七)言事无不中者。无何,语郡佐云:"城中有白气,郡守当死。"太守裴敦复闻而召问,冯七云:"其气未全,急应至半年已来。"裴公即经营求改。(定命录,同上,卷一四七)

(19)(李琚被摄入地府)使者领去,又入一院,令坐。向琚说:"缘汉州刺史韦某亡,欲令某作刺史。"琚都不谕,六七日已来放归。(报应记,同上,卷一〇八)

(20)我儿雪山修道,不经一年已来,新妇因何生其孩子?(太子成道经,敦煌变文集,295页)

"不经"即"经","不"字无义①。此言"我儿走了一年左右"。

(21)莫道三日,请假一月已来惣(总)得。(韩擒虎话本,同上,206页)

(22)直至二月七日夜,至三更已来,忽见四个神人空中言道:"取太子来,修行时至。"(太子成道变文,同上,325页)

(23)中秋夜,习读次,可二更已来,忽有人扣学窗牖间。(博异志,太平广记,卷五三)

(24)至申未以来,忽有人来报房已讲和,不复下城。(三朝北盟会编,卷九九)

（25）俊于八月二十二日夜二更以来，张太尉使奴厮儿庆童来请俊去说话。（王俊首岳侯状，挥麈录"余话"，卷二）

（26）去昨宵半夜已来，四更前后，不觉莺莺随人私走，教人怎忿。（董西厢，卷四中吕调〔古轮台〕曲）

（27）伏为于今月某日某时已来，本家人口睡卧，不觉有贼人入来本家东屋内，偷盗去布一百匹。（朴通事谚解，363页）

末例首句为文书词牒套语，不一定反映元明时候的口语，但至少说明在此时之前不久，这种用法是十分通行的。

（二）岁数概数

（28）其夕，梦一少年，可二十已来，衣白练衣，仗一剑。（潇湘录，太平广记，卷三五二）

（29）嘉陵江侧有妇人，年五十已来，自称十八姨。（录异记，同上，卷四三三）

（三）长度、距离概数

（30）马前见一短女人，服孝衣，约三尺已来。（干䐿子，太平广记，卷三四三）

（31）有小蛇一条突出在地，约长五寸，五色烂然，渐渐长及一丈已来。（大唐奇事，同上，卷八二）

（32）不那圣力加被，须臾向周，余残数步已来，大段欲遍。（降魔变文，敦煌变文集，370页）

（33）行经一千里已来，直到退浑国内，方始趁趂。（张义潮变文，同上，114页；趁趂，即追上）

（34）远公也不归旧寺，相去十里已来，于一峻岭上权时结

一草庵。(庐山远公话,同上,193页)

(35)行经数日,大罗王化作一河水,其河阔五里已来。(同上,217页)

元代偶尔还有这种用法:

(36)又令牙将陈产引马步军二万,离中营十里以来正北曲路埋伏。(前汉书平话上)

(四)容积概数

(37)即唤香儿取酒。俄尔中间,擎一大钵,可受三升已来。(游仙窟)

(38)即提一水瓶,可受二斗以来,空中无物,置于庭中。(仙传拾遗,太平广记,卷七四)

(39)难陀七瓮饭,只得世尊半钵盂已来饭。(难陀出家缘起,敦煌变文集,397页)

(40)从巳时饮至申时,道士饮一石已来,酒瓮子恰荡。(叶净能诗,同上,221页)

(41)其绢壹匹,断价贰拾贰硕已来。(敦煌掇琐,中辑)

(五)其他概数

(42)鸾推勘急,夜放驴出而藏其鞍,可直五千以来。(朝野佥载,卷五)

(43)入得屏墙内,东西见有廿所已来。(唐太宗入冥记,敦煌变文集,211页)

(44)且如秦运海隅之粟以馈边,率三十钟而致一石,是二百倍以来。(二程语录,卷三)

以上诸例说明"以来"已普遍地应用于各种表示概数的场合，它已经从"以来$_1$"分离出来，称得上名副其实的概数助词，我们把用作概数助词的"以来"称为"以来$_2$"。值得注意的是，以来$_2$一律用在数词或数量词（包括"数+名"）之后，没有用在数词与量词之间的，这跟同样用作概数助词的"来"（即来$_2$，参看下第三节）不一样。

1.4 根据1.2，1.3两节所叙述的事实，我们大致可以追溯出"以来$_1$"何以会表示概数的踪迹。这就是："以来$_1$"在唐以前只限于表示一段时间的范围（如"三代以来"即指从三代至说话人彼时的一段时间），在唐代扩大到可以表示时间以外的一些事物甚至人的范围（如"京洛已来""草木已来""百姓已来"等等）；概数指示的是事物数量可以移动的范围，因而用表示事物范围的"以来"表示是顺理成章的。

1.5 概数助词来$_2$

概数助词"以来$_2$"通行之后，由于"以来$_1$"可省为"来$_1$"的影响（见1.1），没有多久就出现了单用一个"来"字表示概数的用法（下称"来$_2$"）。太田辰夫先生指出最早的用例见于五代《祖堂集》（此书序写于南唐保大十年，即公元925年）[②]，尽管我们在《太平广记》里的唐代资料里也找到几处来$_2$的例子，但《广记》成书于北宋，我们不敢断定宋人辑录时没有改动原文，所以比较保险的做法还是以《祖堂集》的来$_2$为最早用例。下面是来$_2$较早时候的用例，尽管用法大都跟现代一样，但还是有不尽相同之处。

数+来+名/量

（45）有新到二百来人未参见和尚,惆怅出声啼哭。(祖堂集2.76)

（46）吾本来此土传教救迷情,以经得二千来年贞风不替。(同上,3.99)

（47）回顾,犹见岸上人挥手相送,可百来人。(原仙记,太平广记,卷二五,明钞本作"出原化记")

（48）师云:"有多少徒众?"云:"七十来人。"(景德传灯录,卷一二)

（49）溪畔有稻百来株,收其谷椰三二合来,挑野菜和煮。(葆光录,卷一)

（50）好好地恶了十来日。(秦观,点绛唇·品令)

（51）录得一册来书,是写他读诗有得处。(朱子语类辑略,155页)

（52）今逐年人户赛祭,杀数万来头羊,庙前积骨如山。(朱子语类,卷三)

（53）虽是蓬头垢面,今已九旬来地,尚且是童颜。(玉蟾诗余续,疆村丛书,2页)

数（量）+来

（54）曙颜貌可二十来。(续仙传,太平广记,卷五四)

（55）此去山中十里来有一懒融,见人不起,亦不合掌,莫是道人?(景德传灯录,卷四)

（56）自河阳府至云中一千八百里来,往回共九日。(三朝

北盟会编，卷一一〇）

（57）问难往复，半时辰来。（同上，卷一六二）

话本的断代尚难解决，不能用作可靠资料。我们下面试从一般认为是宋元旧篇的作品里举几例，其中多数是与现代用法有异的：

（58）官人去腰里取下版金线篋儿，抖下五十来钱，安在僧儿盘子里。（简帖和尚，清平山堂话本）

（59）则见一个人吃得八分来醉，提着一条朴刀，从外来。（警世通言，万秀娘仇报山亭儿）

（60）你一日只做偷我五十钱，十日五百，一个月一贯五百，一年十八贯，十五来年，你偷我二百七十贯钱。（同上）

（61）此间取县有百三十里来，路中多少事，却恁的空手去不得。（杨温拦路虎，清平山堂话本）

元明时候跟现代用法稍异的例子如：

（62）我那里井都是石头垒的，最深杀的没一丈，都是七八尺来深。（老乞大，64页）

（63）你这店西约二十里来地，有一坐桥塌了来，如今修起了不曾？（同上，46页）

（64）倏尔又是一个月来。（刎颈鸳鸯会，清平山堂话本）

（65）拙夫从去岁十一月得伤寒病死了，今已八个月来。（金瓶梅词话，第一七回）

贰　意义

这一节讨论"以来$_2$"和"来$_2$"在早期的意义，也就是说，它们表示的概数，究竟比那个数大还是比那个数小。

　　从上面众多的例子来看，以来$_2$和来$_2$只表示一个估计出来的约数，它表明准确的数目距离估计的那个整数相差不会太远。至于是多一些还是少一点，从例子本身几乎看不出来，要解决这个问题，似应从"以来$_2$"的由来入手。如上所说，"以来"之所以能用来表示概数，是因为"以来$_1$"表示一段时间的范围，对这一意义加以抽象的结果，是"以来"可以扩大到表示许多（如果不是所有）事物的范围，其中也包括数量的范围。因此，我们推想"以来$_2$"最初的意义只是表明一个数量的范围，即不超过某数（等于某数或比某数略少）。"三尺以来"，最初应是不超过三尺的意思，也许是三尺，也许略小于三尺，但没有比三尺略多的意思。"以来$_2$"可以表示略多应是比较晚近的事情。换句话说，"以来$_2$"所表示的概数最初只有朝一头（少一点）移动的意义，到了后来才逐渐获得朝两头（少一点或多一点）移动的意义。

　　有一种意见认为早期的"以来$_2$"表示略多，如太田先生（《中国语历史文法》147页）和孙德宣先生（《语词琐记》，《中国语文》1979年第2期）。我们觉得这种意见尚缺乏必要的例证，从上面所举的例子中看不出表示略多的意思。再如：

　　（66）旬日之间，中使蜀川一百余里已来，忽见净能缓步徐行。（叶净能诗，敦煌变文集，227页）

此于"一百余里"之后又加"已来"，足见"已来"仅表约数不表多。

（67）凡千叶牡丹，须于八月社前打剥一番，每株上只留花头四枝已来，余者皆可截。（洛阳花木记，说郛，卷二六）

"枝"是类别词，不会有半枝，四分之一枝，所以"四枝已来"是用"已来"限定一个数额，即不得超过四枝。下文"余者皆可截"的"余者"即指超过四枝的，可见"已来"显然不表多。

还有一个现象也能说明"以来$_2$/来$_2$"并不表示略多。敦煌写卷里有在疑问代词"多少"（"少"有时作"小"）之后加"来"的用法，如：

（68）此个厮儿，要多小来钱卖？（庐山远公话，敦煌变文集，176页）

（69）相公记得多少来经文？（同上，178页）

（70）多少来田地？几许多僧徒？（维摩诘经讲经文，同上，611页）

"多少"代问数目，"来"即"来$_2$"。"多少来钱？"问钱的大概数目；"多少来经文？"问经文的大致卷数；"多少来田地？"问田地的大概亩数，"来"都没有略多的意思。

宋元时期，在名词后面加"来"，再加形容词（名＋来＋形）的用法很盛，例如：

（71）次日见之，却有声如丝发来大。（二程语录，卷一一）

（72）马领系朱缨，栲栳来大一团火；肩上钢刀，门扇来阔。（董西厢，卷二越调〔尾〕曲）

（73）早是辘轴来粗细腰，穿领布袋来宽布衫。（同上，卷四中吕调〔牧羊关〕曲）

（74）从水上流下一片大石，如席来大小。(武王伐纣平话，中)

（75）可怜我这等冤枉天来高，地来厚，海来深，道来长。(元曲选，生金阁四折白)

这种"来"字句在意义上相当于"如……样""似……般"。但是须要注意的是，只说"门扇来阔"，不说"门扇来平"；只说"海来深"，不说"海来蓝"。也就是说，"来"后所跟的形容词并不是任意的，必须是包含数量意义的，如"大，宽，阔，高，厚，深，长"等一类（只说"大，宽，高"等，不说"小，窄，低"等，但可连说"大小""粗细"）。这个事实可以说明这种用法的"来"是从概数词"来$_2$"演化而来的，反过来它也有助于证明"来$_2$"的意义并不表示略多。

总之，我们认为"以来$_2$"和"来$_2$"在近代汉语里，最初只表示不超过某数，到后来才可兼表比某数略多或略少。

概数词"来"在现代汉语里的用法，《现代汉语八百词》是这样概括的："表示大概的数目。一般指不到那个数目，有时也指比那个数稍大或稍小。"这一概括十分精当，它不仅符合现代汉语的实际情况，也和我们考察的近代汉语里的情况是一脉相承的。

叁 位 置

"以来$_2$"省去"以"字意义不变，但位置却有较大不同，这是由于双音节变成了单音节，引起短语内部音节的调整。"以来$_2$"的位置有两式（括号内数字为本文例句的序码）：

A. 数+量/名+以来

十里以来（36）｜三升已来（37）｜半钵盂已来（39）

B. 数+以来

二十已来（28）｜五千已来（42）

这两式有两个共同的特点：（1）"以来"均处于短语末尾，不置于数词和量词中间；（2）"以来"前边以双音节词或短语居多，也可以多于双音节，但不得为单音节。

"来$_2$"的位置有三式：

A′. 数+量/名+来

十里来（55）｜一千八百里来（56）｜三二合来（49）｜半时辰来（57）

A″. 数+量+来+名/形

一册来书（51）｜八分来醉（59）｜二十里来地（63）｜七八尺来深（62）

B′. 数+来+名/量

二百来人（45）｜十来日（50）｜百来株（49）｜五十来钱（58）

这三式中只有A′与"以来$_2$"的A式相同，但A′式用单音节的"来"煞尾，不像双音节的"以来"在语感上那么稳定，特别在数量词跟"来"组成一个音节为奇数的短语时，就显得更不稳定，于是A″式应运而生，即在"来"后加上相应的形容词或名词。[③]B′式既不同于A式，也有异于B式，或者是B式的扩大，或者另有所据。

"来₂"的三式出现有先有后，A′（数＋量／名＋来）主要出现于五代和北宋，但不多见，应是一种过渡形式；A″式（数＋量＋来＋形／名）出现于南宋，大量运用当是南宋以后的事情；B′（数＋来＋名／量）出现较早，五代已多见。对照"来₂"在今天的用法，只有B′和A″两式被现代汉语继承下来。B′即《八百词》里的a式，A″即其b式（310页）。④因此，笼统地说跟现代汉语用法相同的"来"从五代时已出现是不够的，如果进一步分别其格式和层次，只有B′式是从五代开始一直沿用至今的，而A″式的出现较之B′要晚得多。即：

唐五代	五代北宋	南宋	现代
以来A	来A′	来A″	来b
以来B	来B′		来a

如果从唐代上溯，可以看到"以来₂"和"来₂"的位置跟南北朝乃至更早时候的概数词"所"和"许"的位置有关。

"许"（包括"所"）的位置有三式：

1. 数＋名／量＋许（下称许₁）

（76）受读解验之，可一年所。（扁鹊仓公传，史记）⑤

（77）东西相当，相去各二丈许。（河水，水经注）

2. 数＋许＋名（下称许₂）

（78）才留三千所兵守武昌耳。（规箴，世说新语）

（79）推财相让者二百许人。（何敞传，后汉书）

3. 数＋许（下称许₃）

（80）郗公始正谓损数百万许，（俭啬，世说新语）

（81）年三十许，病笃。(归心，颜氏家训)

很显然，"以来₂"的A式与许₁相同；B式与许₂相同。"来₂"的A′式与许₁相同，B′式（前面说过可以看作B式的扩大）与许₂相同。只有"来₂"的A″式找不到直接的对应格式，这也可以说明A″式的出现的确比较晚。

下表是对本节内容的概括：

	唐以前	唐五代	五代北宋	南宋	现代
概数词及其位置	许₁	以来A	来A′	来A″	来b（八百词）
	许₂		来B′		来a（八百词）
	许₃	以来B			

附带说明，胡竹安先生认为"以来₂"的"以"字的脱落，跟与"以来₂"搭配的数词和量词是奇数还是偶数有关，这无疑是很有道理的。但是这一点可能不是唯一的原因，还应考虑以下两个因素，即1）"以来₁"省为"来₁"在唐代已大为通行；2）同样为单音节的概数助词"许"的格式的影响。也就是说，除了音节匀称的要求外，相关的语言现象之间的类化作用也不可忽略。

肆 "以来"的其他意义

王锳《诗词曲语辞例释》"来（一）"条谓"来，等于说'……时''……后'"，其说甚是。今要补充说明的是，"来"此二义也来自"以来"，就是说"以来"有"……时"和"……后"之义，故尔其省略形式"来"也有此二义。"以来"作"……时"的例子如：

（82）山羌答言："我衣乃是祖父之物。"王遣著衣，实非山羌本所有，……而语之言："若是汝之祖父已来所有衣者，应当解著，云何颠倒？……"（百喻经，上）

此言：如果是你祖父时候的衣服，你应当知道怎么穿，你为什么穿反了？

（83）世间凡夫亦复如是，不达正理，不知善恶，作诸邪行，不以为耻，而云："我祖已来作如是法。"（同上，下）

"我祖已来"犹言"我祖父时候"。

（84）皇唐已来，有僧名解脱，在岩窟亡来三十余年。（法苑珠林，太平广记，卷九三）

"皇唐已来"非指从唐时至今，而是指"皇唐之时"。

（85）相公曾为此职，见贞观已来故事。（唐摭言，卷六）

"贞观已来故事"，指贞观时候的旧例。

"以来"作"……以后"解的例子如：

（86）因此以来，帝王及天下人民始知田章是天女之子也。（搜神记，敦煌变文集，885页）

勾氏《搜神记》中还有一段写郑袖妒宠，对楚王爱妾说："'王看你大好，惟憎鼻大。'其妾因此已后，见王掩鼻。"（887页）例（86）的"因此以来"义同此处的"因此已后"。

（87）自幼狎水，成人已来，绝不复戏。（续玄怪录，太平广记，卷四七一）

有时"以来"加在地点名词的后面，表示"到某地以后"，例如：

（88）卿在邺饮酒，未尝倾卮，武州已来，举无遗滴。（酉阳杂俎，卷一二）

（89）僧行六人，当日起行。……行经一国已来，偶于一日午时，见一白衣秀才从正东而来。（大唐三藏取经诗话，上第二）

"以来"训"以后"，金元时犹见：

（90）夫人与郑恒亲，虽然昨夜见许，未足取信。先生赴约，可以献物为定，比及莺莺终制以来，庶无反覆，以断前约。（董西厢，卷六红娘白）

"终制"，谓服丧期满。红娘教张生先以财礼为定，这样，等到莺莺服丧期满之后，老夫人大概就不会变卦了。

（91）同知的勾当，比及明白以来，停职合问有。（刑部，元典章）

最后两例都是"比及"（"等到"义）跟"以来"相呼应而用，可证"以来"正应解作"以后"。

"以来"解作"……时"和"……后"，也应源自"以来$_1$"。盖因"以来$_1$"表示从某时至某时的时间范围，如果特指其起点，则"以来"就相当于"……时"；如果强调以某时为起点，则"以来"就含有"自……以后"的意义。至此，加上上面（1.2，2.1）已经论及的表范围、表概数的意义，"以来$_1$"的派生义起码有四个。粗检诸家辞书，悉未收录，今述于此，聊备参考。

附注

① 变文中同类情况多见，如"雀儿烦恼，两眉不皱。"（燕子赋，敦煌

变文集，250页）"不"字不为义，只起协调音节作用。

② 关于《祖堂集》一书的内容、版本等情况，可参看梅祖麟先生《敦煌变文里的"慴没"和"秂（举）"字》(《中国语文》1983年第1期，44—49页）及该文注①和注⑲。

③ 现代在表示概数时，又可于"来"后加上助词"的"，如"这米有三斤来的""又过了半年来的"，"的"只起衬音作用。

④《八百词》对b式的概括有误，试纠正为：用在量词（度量衡量词居多）后。数词限于一到十。"数＋量＋来"的后面必须有相关的形容词或名词。

⑤ 例（76）—（80）采自周法高《中国古代语法·称代编》299—301页。

（二）介词、连词

和　共　连

在汉语的发展过程中，我们常常可以发现一种"实词虚化"的现象。

从来讲汉语语法，离不开"实词"和"虚词"这两个概念。所谓实词，是指那些具有实实在在的词汇意义的词。所谓虚词，是指那些没有词汇意义而具有语法意义并在语句中起一定的语法作用的词。考察汉语的发展历史，可以看到，虚词一般是由实词发展变化而来。通常是某一个实词的词汇意义首先发生变化，变化到一定程度，又引起这个词的功能发生变化，变化到只在语句中起某种语法作用而失去了它原来的词汇意义。这个过程，可以称之为"实词虚化"，或者"语法化"，也就是说，由词汇单位变化为语法单位。

这里主要论述"和"字由动词发展成连词和介词的过程，作为"实词虚化"的一个例证。附带论述与此相关的"共"字和"连"字。

壹　"和"字

"和"字本来是个动词，后来逐渐由动词发展成连词和介词。王力《汉语史稿》中册认为"和"最初是"拌和"的意思，大约从晚唐（第九世纪）开始，发展为"连带"的意思，后来才逐渐发展为连词。（399页）至于什么时候发展为连词，书里没有论述。潘允中《汉语语法史概要》也认为"和"原是个动词,在中古时期产生"连同"的意思,并且举唐诗为例加以说明。至于"和"字什么时候由动词发展为连词和介词,书里明确指出,"在宋元时代的作品里,'和'开始用作介词,同时也作连词用。"(140页)

本文打算从文献资料中归纳出"和"字的实际用法,指出"和"字在唐代已开始由动词发展为连词,在宋代已发展为介词,对王、潘两家的著作作一些补充。

唐代

按照《汉语史稿》的看法,"和"本来是"拌和"的意思。文献中多有其例,酌举唐代的三个例子:

(1)家人矜其小,以肉汁和饭饲之,恬不肯食。(南史,孝义列传,卷七四)

(2)景焚骨扬灰,曾罹其祸者乃以灰和酒饮之。(同上,贼臣传,卷八)

(3)容管廉、白州产秦吉了。大约似鹦鹉,……以熟鸡子和饭如枣饲之。(刘恂:岭表录异,卷中)

由"拌和"义发展为"连带、连同"义,唐诗中多见:

(4)远雪和霜积,高花占日开。(卢纶:将赴阌乡灞上留别钱起员外,全唐诗,3137页)

(5)触石和云积,萦池拂水稍。(杨巨源:春雪题兴善寺广宣上人竹院,同上,3720页)

(6)子玉和予去,应怜恨不穷。(周朴:春中途中寄南巴崔使君,同上,7697页)

（7）烟和魂共远，春与人同老。（韩偓：幽独，同上，7812页）

（8）鞍马和花总是尘，歌声处处有佳人。（卢延让：樊川寒食二首之二，同上，8213页）

（9）谁步宋墙明月下，好香和影上衣襟。（李中：桃花，同上，8497页）。

以上是韵文里的例子，散文里也可以见到此类用例：

（10）树枝节上生脂膏如桃胶，南人采之，和其皮叶煎之，调如黑饧，谓之橄榄糖。（刘恂：岭表录异，卷中）

（11）蚁窠如薄絮囊，皆连带枝叶，蚁在其中，和窠而卖之。（同上，卷下）

（12）裴令公度，性好养犬。凡所宿设燕会处悉领之。所食物余者，便和碗与犬食。（薛用弱：集异记，"裴度"条）

动词"和"由"拌和"义发展到"连带、连同"义，是由动词发展为连词的关键，虽然还没有马上转变为连词。前面举出的例子里，有的"和"字动词的性质还比较明显。如例（11）的"和窠而卖之"，"和窠"跟"卖"中间有连词"而"，说明"和"跟"卖"同样具有动词的性质。但是像例（7）所举的韩偓诗里，"和"与"与"互文，"和"已经很像是连词了。

前面例（4）到例（12）中，"和"带了名词性宾语以后，都用作连动式谓语的前一部分。如例（4）"远雪和霜积"里，"和霜积"是一个连动式谓语。假如这个连动式谓语的后一部分略去不说，那么"远雪和霜"里的"和"就更具有连词的资格了。

事实上，唐诗里已可见到"远雪和霜"型的"N和N"式结构（N不限于名词）：

（13）引水忽惊冰满涧，向田空见石和云。（卢纶：早春归盩厔旧居，全唐诗，3156页）

（14）溪光何以报？祇有醉和吟。（郑谷：郊园，同上，7721页）

（15）野草凡不凡，亦应生和出。（苏拯：凡草诫，同上，8252页）

这三个例子里的"和"字应该都是连词，可见"和"字用作连词不始于宋元。

宋人吴曾《能改斋漫录》卷三"望夫石"条引"山头日日风和雨，行人归来石应语"，谓为王建诗。《全唐诗》卷二九八载此诗，"和"字作"复"字。如吴曾所引可信，那么我们就可以说，至迟到中唐时期"和"字已经用作连词了。

敦煌写卷《燕子赋》有两句："雀儿和燕子，合作开元歌。"这个"和"字或许可以理解为连词，但是这个例子不够典型，因为"和"字也有可能是动词，为"唱和"之意。（日本太田辰夫氏认为是介词，见所著《中国语历史文法》，263页）

刘坚在《略谈"话本"的语言年代问题》一文（载《运城师专学报》1985年第1期）中曾经认为"和"字直到宋代还是动词，到了元代，"和"字用作连词的例子才逐渐多起来。这个说法应该纠正。如前所述，"和"字由动词变为连词，唐代已肇其端。到了宋代，这类用例就更为多见，并不是到元代才逐渐增多的。

宋金元时代

这一个时期,"和"字用作连词的例子明显增多:

(16)小园东,花共柳,红紫又一齐开了,引将蜂蝶燕和莺,成阵价,忙忙走。(柳永:红窗迥,全宋词,55页)

(17)多少恨,今犹昨,愁和闷,都忘却。(张先:满江红,同上,73页)

(18)念中相见,不托鱼和雁。(黄庭坚:点绛唇,同上,410页)

(19)是和非,双打过,免共相魔生火。(张继先:更漏子,同上,758页)

(20)一年春事,常恨风和雨。(叶梦得:蓦山溪,同上,780页)

(21)常于闹里,端的认得主和宾。(李光:水调歌头,同上,784页)

(22)粗衣淡饭,赢取暖和饱。(曹组:相思会,同上,802页)

(23)醉倒不知天地大,浑忘却,是和非。(李纲:江城子,同上,903页)

(24)忘了临行,酒盏深和浅。(李清照:蝶恋花,同上,928页)

(25)雪似梅花,梅花似雪。似和不似都奇绝。(李清照:踏莎行,同上,937页)

(26)重重说尽情和怨,珍重提携常在眼。(李邴:木兰花,同上,950页)

（27）谁道村中好客稀，明月和清影。（向子湮：卜算子，同上，966页）

（28）江南烟水太迢迢。璧月琼枝空想、夜和朝。（王灼：南歌子，同上，1035页）

（29）纵被江神收领了，离不得、我和伊。（虞某：江神子，同上，1044页）

（30）五十笑他先百步，何如骑马胜骑牛。不须重较多和少，归到家山即便休。（虚堂和尚语录，卷五，大正藏，四七卷）

（31）我儿别后存和亡。（刘知远诸宫调，十一）

（32）待与强人比个英和烈。（同上，十二）

（33）口茄目瞠面如土，谎杀那诸僧和寺主，气喘不迭叫苦。（董解元西厢记，一）

（34）岂辨个是和非，不分个皂白。（同上，二）

（35）我眼中泪和心上愁，这两般儿合就，似一江春水向东流。（范张鸡黍，三，校订元刊杂剧三十种）

（36）马和人都在芦花畔。（博望烧屯，三，同上）

（37）帝往，觑见赵王和戚夫人母子二人皆死在梧桐树下矣。（前汉书平话，卷中）

上面这些例子里，"和"字前后是两个并列的成分，"和"字应该看成典型的并列连词。

宋金元时代，"和"字表示"连带、连同"的用例仍极常见：

（38）奈每每人前道著伊，空把相思泪眼和衣揾。（欧阳修：怨春郎，全宋词，153页）

（39）邵氏疾再作，刲股和肉啖之。（建炎以来系年要录，卷一三一）

（40）和姬昌都教处死，永除后患也。（武王伐纣平话，卷中）

这些例子里，"和N"都不能独立；有的"和"字前面似乎不容易安上一个名词性成分，如例（40）。这都是比较典型的介词用法。可以说，"和"字发展到宋代，一方面成为连词，一方面又成为介词。

介词"和"除了表示"连带、连同"义以外，还表示"甚至"义：

（41）伊川问之，先生曰："心广体胖，只是自乐。"伊川曰："到这里和'乐'字也著不得。"（二程语录，卷一七）

（42）盖性只是搭附在气禀上，既是气禀不好，便和那性坏了。（朱子语类辑略，卷四）

（43）他亦不曾子细读那好底时文，和时文也有时不子细读得。（同上，卷七）

（44）僧云："仰山平白受屈。"师云："和尔脱不得。"（虚堂和尚语录，卷二）

（45）你相次只怎么来，我又和你一双手截了。（大慧普觉禅师语录，卷上，续藏经，一二一册）

（46）华藏口似乞儿破席袋，和底一时翻了也。（密庵和尚语录，续藏经，一二一册）

（47）刘郎异日奋发荣贵，和你也改换门风。（刘知远诸宫调，一）

（48）你看剑挂尽汝阳城外柳，和这青山一夜也白头，满城人雨泪流。(范张鸡黍，三，校订元刊杂剧三十种)

（49）今日和天也顺时光。(东窗事犯，一，同上)

这里的介词"和"跟表示"连带、连同"义的介词"和"最明显的差别在于带有比较强的夸张意味，因此又常与副词"也、都"相呼应。

介词"和"元代虽仍常用，但是"连带、连同"和"甚至"的意味逐渐变得淡薄，也越来越不表示夸张，最后，与现代汉语表示"协同"义的"和"已经没有什么不同了。例如：

（50）我和他一父母。他和我近，我和他亲，你比他疎。(楚昭王，三，校订元刊杂剧三十种)

（51）怎和那儿女辈，泼无徒，做伴侣。(贬夜郎，二，同上)

（52）俺和你有甚末杀父母冤？(汗衫记，四，同上)

（53）怎敢和大唐天子做对门家？(薛仁贵，四，同上)

（54）本待麻线道上不和你一处行。(调风月，三，同上)

（55）侯西兄小名的人，和冀阿郭小名的妇人，一处通奸呵，打断了来！(元典章，刑部，卷七)

（56）杀胡总管时，和贼每一处入去来，不曾下手有。(同上，卷三)

（57）俺交袁达来和你挑斗。(七国春秋平话，卷中)

（58）你说的恰和我意同。(老乞大)

（59）哥，你们再也敢和我打毬么？(朴通事)

贰 "共"字

这一节讨论表示"连带、连同"和"协同"意义的"共"字。这是一个由来很久而且在一定时期内与表示"连同,连带"和"协同"意义的"和"字并用的词。

六朝时期"共"字常用,其格式大致有三种:

1.（与N）共V

（60）四姓欲共治之,夏乃游逸,东诣京师。(三国志,王肃传裴注,卷一三)

（61）别徇汝南、沛郡,还入昆阳,与光武帝共击破王寻、王邑。(后汉书,王常传,卷一五)

2. 与共V

（62）隗嚣使使赂遗封何,与共结盟。(同上,窦融传,卷二三)

3. 共NV

（63）吾共诸君踰越险阻,转战千里。(同上,吴汉传,卷一八)

（64）过去有人,共多人众坐于屋中。(百喻经,卷上)

（65）我共前人同买于汝,云何独尔?即鞭十下。如是五人各打十下。(同上,卷下)

（66）每常心共口敌,性与情竞。(颜氏家训,序致)

前两式里的"共"字是副词,这里不讨论。第3式的"共"字用法和我们第一节讨论的"和"字有关。

第3式的"共"字,六朝以后,唐宋元时代还在用:

（67）时皇太子好酒德，每共亲幸人为长夜之宴。(南史，沈君理传，卷六八)

（68）三年，武帝崩。……景历躬共宦者及内人密营敛服。(同上，蔡景历传，卷六八)

（69）我见神雀，共皇后观之。(北史，文苑列传，许善心传，卷八三)

（70）贫道共檀越击侯景去。(同上，艺术列传，陆法和传，卷八九)

（71）共愈往还二十余年，不曾共说著文章。(刘宾客嘉话录，"韩十八愈"条)

（72）共相公使人到客店，勘录金成随身物。(入唐求法巡礼行记，卷一)

（73）自家既已通好，契丹甚闲事怎生和得？便来乞和，须说与己共南朝约定与了燕京，除是将燕京与南朝，可以和也。(燕云奉使录，三朝北盟会编卷四)

（74）姊曾忆家贫，寒馁无聊赖，使我共邻家女为草履市米。(青琐高议，前集卷七，赵飞燕别传)

（75）能共牡丹争几许，得人憎处只缘多。(能改斋漫录，卷八)

（76）我若立尔须坐，我若坐尔须立。坐则共尔坐，立则共尔立。(虚堂和尚语录，卷五)

（77）我更唤丈母来共汝理会。(夷坚志，支甲，卷三)

（78）得莺莺后便退干戈，不得后目前生祸。不共你摇嘴掉

舌，不共你斗争斗合。（董解元西厢记，二）

（79）我也不共你争。（调风月，三，校订元刊杂剧三十种）

（80）石敬瑭年方十岁……共着哥哥厮共走马。（新编五代史平话，晋史，卷上）

这些例子里，"共N"都不能独立，后面必须有一个动词V，因此这个"共"应该看成介词。

也有"N共N"的例子，这里的"共"是连词：

（81）到此怎惜我贞共孝？多被贼人控制了。（董解元西厢记，二）

（82）用琴击纣王共妲己，仆然倒地。（武王伐纣平话）

（83）吾乃独狐角，来救孙子、俺爷共袁达。（七国春秋平话，卷下）

"共"与"和"并存了相当长的一个时期。在有的文献里，在相距不远的上下文中，可以同时出现用法相同的"共"字与"和"字：

（84）是交我软地上吃交，我也不共你争。煞是多劳动。降尊临卑，有劳长者车马，贵脚踏于贱地，小的每多谢成。本待麻线道上，不和你一处行。依得我愿随鞭凳。（调风月，三，校订元刊杂剧三十种）

这个例子里的"共"字与"和"字同义，都是"协同"的意思，因此"共"字与"和"字可以互换。

也有"共"字与"和"字不能互换的例子：

（85）十万里江山共宝物，和那花朵儿浑家做不得主。（贬夜郎，二，同上）

这里的"共"表示"连带、连同"而"和"表示"甚至",意义不同,用法不同,因此不能互换。

例(84)和例(85)透露出这样一点消息,就是说:"共"字和"和"字都能表示"连带、连同"和"协同",但是"共"字不表示"甚至",只有"和"字才表示"甚至"。在这一点上,"共"字和"和"字是对立的。联系实际用例来看,似乎"和"字"甚至"义盛行的时候,"协同"义多用"共"字。发展到后来,"共"字逐渐为"和"字取代。"和"字完全取代"共"字,大约是明朝的事。直到元末明初,还偶有"共"字的用例可见:

(86)且说妈妈共女儿冷冷清清坐着。(三遂平妖传,第二回)

但这时用"和"字的例子在数量上已远远超过"共"字用例。

叁 "连"字

"连"字表示"连带、包括在内",与表示"连带"义的"和"字相同。它的介词用法比"和"字出现得更早:

(87)陈玄范妻张氏精心奉佛,恒愿自作一金像,终身供养,有愿皆从。专心日久,忽有观音金像,连光五尺,见高座下。(冥祥记,古小说钩沉,458页)

(88)愿为连根同死之秋草,不作飞空之落花。(李白:代寄情楚词体,全唐诗,1882页)

(89)旧山连药卖,孤鹤带云归。(李端:闻吉道士还俗因而有赠,同上,3249页)

(90)唐开元四年,河南北螽为灾,飞则翳日,大如指,食草苗树叶,连根并尽。(朝野佥载)

如果说这一时期的"连"字还多少带有动词性的话（如例（89）"连"字与"带"字对举），那么到了宋代，"连"字就已经变成纯粹的介词了，因为这一时期的"连N"都是不能独立的：

（91）或以水洗腊，翻过洗净令干了，以干面糁之。一茶时久便洗去面，垢随面去，久住则连肉烂了。（苏轼：物类相感志，宝颜堂秘笈）

（92）右中书、枢密院同奉圣旨依奏劄与沈括等，今连逐次文字共三道劄，沈侍读等候回日缴纳枢密院。（沈括：乙卯入国奏请，续资治通鉴长编，卷二六五）

（93）某本不欲理会西京事，公必欲为言，必连山前事坏了。（马扩：茅斋自叙，三朝北盟会编，卷十四引）

例（93）的"连"有强调的意味。表示强调的"连"字常与副词"也、都、犹、尚自"等相呼应，例如：

（94）若能读书，就中却有商量。只他连这个也无，所以无进处。（朱子语类辑略，卷五）

（95）今人连写也自厌烦了，所以读书苟简。（朱子语类，卷一〇，171页）

（96）夜来归去又思，看来"如好好色，如恶恶臭"一段，便是连那"毋自欺"也说。（同上，卷一六，339页）

（97）他人连个千条万目尚自晓不得，如何识得一贯。（同上，卷二七，675页）

（98）曰"如何是第三句？"师曰："连根犹带芳。"（五灯会元，卷一五，943页）

（99）李信赶将来，厉声高叫："辽东捉取燕王来还，秦王便休，不然，连尔辽东皆取。"（秦并六国平话，卷下）

这些例子里的"连"字，用法与第一节所讨论的"和"字相同，有表示"连同、连带"的，有表示"甚至"的。在话本小说里可以见到"和"与"连"并用的例子：

（100）仔细看时，和店房都不见了，连王吉也吃一惊。（陈从善梅岭失浑家，古今小说，卷二十）

香坂顺一氏《白话语汇研究》113页引了《水浒》里两个有趣的例子：

（101）和人连马，陷倒在溪里。（115回）

（102）众人赶上，连人和马，生擒活捉。（97回）

这也说明，"和"字与"连"字的意义是相通的。

根据这一节所举的例子来分析，可以看出，现代汉语表示"连带"和"甚至"义的介词"连"，其来源是很早的。至迟到宋代，"连"字已经用作介词，而且与表示"连带"和"甚至"义的介词"和"并用了一段时间。到了元代，介词"和"逐渐失去"连带"和"甚至"义，最后发展为现代汉语里只表示"协同"义的介词"和"。"连"字与"和"字有了分工，"连"表示"连带、甚至"而"和"表示"协同"。"和"同时又是连词，但"连"只是介词。这种分工是符合语言的发展要求表意越来越精确这一个趋势的。

肆　简单的结论

上面三节列举的"和、共、连"三个字的用法，可以归结为以下两张简表：

	和		共		连	
	连词	介词	连词	介词	连词	介词
唐	+	-	-	+	-	+
宋	+	+	+	+	-	+
元	+	+	+	+	-	+

	连词	介词		
	"连带、连同"	"连带、连同"	"甚至"	"协同"
和	+	+	+	+
共	+	+	-	+
连	-	+	+	-

参考文献

潘允中（1982）:《汉语语法史概要》，中州书画社。

太田辰夫（1981）:《中国语历史文法》，日本朋友书店。

王力（1980）:《汉语史稿》，中册，中华书局。

香坂顺一（1983）:《白话语汇研究》，日本光生馆。

吃（乞）

汉语的被动式经历了漫长的发展过程，表示被动关系的助词或介词也因时代而异。先秦多用"于"字式和"为"字式；汉代"为～所～"式与"被"字式逐步取得优势；南北朝时期"被"字句大量使用；唐代口语中"被"字式取代"为～所～"

式,占据了绝对的优势;此后,历经宋元明清各代,"被"字式的用法不断丰富和愈趋精密,直到今天,"被"字仍然是汉语占主要地位的被动表达方式①。

最迟不晚于北宋,在含有白话成分的资料中出现了一个新的表示被动的关系词——"吃"。"吃"是"喫"的俗写,唐宋资料中皆作"喫",元明资料中才又作"吃""乞"。为排字之便,和从俗起见,本文以"吃"字作为"喫、吃、乞"这三种写法的代表,但在举例时,按文献原字体录引,在涉及字形和字音时,自然也区别使用。关于"吃"表示被动的意义,辞书多已指出,也有一些文章论及②,而关于它的来历,则论之者尚少。这里对"吃"字式的格式和意义只作一点粗略的考察,重点放在探讨这种表示被动的"吃"的来源,这对于深入认识汉语的被动表达系统是很有意义的。

壹　格式和意义的考察

比较能全面反映"吃"字式面貌的白话资料有《水浒传》《金瓶梅词话》,此处即以这两种作品为主要资料进行考察,此外也参考了元曲、平话、话本等其他白话文献。

1.1 表被动

"吃"字式有"吃+动"(甲式)和"吃+名+动"(乙式)二型,跟"被"字式有"被+动"和"被+名+动"二型一样。

甲式:吃+动

这种格式比较少见,例如:

(1)似此往来,通有数十遭,后来便吃杀了。(水浒传,第

四六回）

（2）这雷横是个大孝的人，见了母亲吃打，一时怒从心发。（同上，第五一回）

（3）有人情好歹寻一个儿，只休教他吃凌逼便了。（金瓶梅词话，第一四回）

"吃+动"后面往往带补语，例如：

（4）解珍解宝吃拷不过，只得依他招了。（水浒传，第四九回）

（5）若无免贴，定然喫打三下。（老乞大，8页）

（6）周氏乞骂得没奈何，只得去房里取了麻索，递与大娘。（错认尸，清平山堂话本）

乙式：吃+名+动

此式引进动作的施事，也以动词后带各种补语者最为常见。例如：

（7）鬼谷吃苏代执告不过，只得下山。（七国春秋平话）

（8）我因为你吃郡王打死了，埋在后花园里。（碾玉观音，京本通俗小说）

（9）妇人吃他几句抢的通红了面皮。（金瓶梅词话，一回）

（10）我倒吃他抢白了这一场，又吃这一跌，我更待干罢。（元曲，秋胡戏妻二折）

动词后带宾语的也时或可见：

（11）一张纸又要一个钱买，则喫你破坏我家私。（元曲，忍字记一折）

（12）我家怎地吃官私封了门？（小孙屠，永乐大典戏文三种校注，308页）

"吃"字式和处置式合用的在明代较为常见：

（13）乞孙寡嘴老油嘴把借契写差了。（金瓶梅词话，第四二回）

（14）乞金莲向前把马鞭子夺了。（同上，第二六回）

不仅动词后面成分复杂，动词前也经常带状语：

（15）乞他大爹再三央陪他坐坐儿。（同上，第二六回）

（16）又撞着两个天杀的涎脸，只顾坐住了，急得奴要不的，刚才吃我都打发他往院里去了。（同上，第一三回）

1.2 表原因

（17）那妇人道："一言难尽！自从嫁得你哥哥，吃他忒善了，被人欺负，清河县里住不得，搬来这里。"（水浒传，第二四回）

（18）他昨日为剪这头发好不费难，吃我变了脸，恼了，他才容我剪下这一柳子来。（金瓶梅词话，第一二回）

（19）此位小姐五官端正，……必益夫而得禄，三九定然封赠。但乞了这左眼大，早年克父；右眼小，周岁克娘。（同上，第二六回）

以上三例"吃""乞"后面的主谓短语是用来说明事情的原因的，"吃""乞"起表示因果关系的作用，可释为"因""因为"。"被"字也有同样的用法，例如：

（20）那时俺便要杀这两个撮鸟，却被客店里人多，恐妨救

了。(水浒传,第九回)

(21)宋江道:"观察久等,却被村里有个亲戚在下处说些家务,因此担阁了些。"(同上,第一八回)

由此可知,表示原因的"吃"是从被动词用法引申出来的。从逻辑上讲,被动一般表示遭受某种不幸,而这种不幸往往成为某种事态或结果的原因。"被""吃"表示原因的用法正是循着这一逻辑关系产生的。③

1.3 时间、地域

如上所说,"吃"字式产生最迟不晚于北宋,北宋的用例尚不多见,但在南宋朱熹的语录里就比较常见了。到了宋元话本、元明长篇白话小说以及明代拟话本中使用十分频繁,几乎可与"被"字式平分秋色。不过,在清代的白话小说如《红楼梦》《儒林外史》之中,被动词"吃"一下子销声匿迹,显得十分突然。另外,从我们所接触到的资料来看,"吃"字式通行的区域比较广阔。它不仅出现在《朱子语类》《水浒传》《西游记》《清平山堂话本》《永乐大典戏文三种》《新刊全相平话》、"三言"等南方系白话资料中,而且也出现在元曲、《老乞大》《朴通事》等北方系白话资料中。不过《老乞大》《朴通事》里的用例很少,元曲中"吃"字式出现的频率跟《水浒传》等也无法相比,要少得多。《金瓶梅词话》虽属北方系白话,但由于地接苏北,受江淮方言和吴语的影响较多。大体可以说,被动词"吃"主要通行于山东、江苏、浙江等地。在这些地区的口语中,"吃"与"被"平行使用,但始终没能动摇"被"字式的主导地位。与"被"字式相比,"吃"字式更带有口语性、俚俗性。

贰 考源

2.1 现代汉语的被动式主要有四种:"被"字式,"叫"字式,"让"字式,"给"字式。"被"字式的"被"来自动"被"的"遭受"义。"被",本义为名词"寝衣"(见《说文》),引申为动词 a."覆盖"义,"施及"义;b."蒙受"义,"遭受"义。"第一种意义是主动地覆盖或施及某一事物,第二种意义是被动地蒙受或遭受某一事物。被动式的'被'字不是来自第一种意义的,而是来自第二种意义的。"(王力《汉语史稿》第三章第四十八节)"叫"字式的"叫",古作"教""交";还有一种"让"字式,跟"叫"字式属同一类,"叫""让"皆来自使役动词。"给"字式的"给"来自授与动词,方言与此式对应的有"畀"字式、"拨"字式、"把"字式(非处置式)、"乞"字式等等。简而言之即:

A."被"字式 "被"来自"被"的"遭受"义;

B."叫"字式、"让"字式 "叫、让"来自使役动词;

C."给"字式(方言词有"畀、拨、把、乞")来自授与动词。

以上为现代汉语的被动式系统。那么"吃"字式的"吃"跟上述三种来源有无关系?如果有,跟哪一种有关系呢?

2.2.1 吃+名(宾语)

动词"喫",本义为"食"(见《说文》),但在唐五代文献

中,可以看到它又引申出"蒙受""遭受"的意义。如:

(22)但知免更喫杖,与他邪摩一束。(燕子赋,敦煌变文集,251页;"但知"犹"但","只要"意,"邪摩"犹"这么")

(23)解事速说情由,不说眼看喫杖。(庐山远公话,同上,182页)

(24)"急承白司马,不然即喫孟青。"洛阳北有坂名白司马,将军有姓孟名青棒者。(大唐新语,卷一二)

末例"承白司马"即承板("坂"之谐音)子挨打之意;"喫孟青"即喫棒,亦挨打之意。"白司马""孟青"分别为"板"和"棒"的歇后语。跟"喫茶、喫饭"不同,"板、棒"是不可吃之物,故"喫杖、喫棒"的"喫"表示身体承受外力的敲击,用为"承受、遭受"之义。这种用法的"喫",其所带宾语在唐代十分有限,多为"杖、棒"之类,而在宋元以后就广泛多了,如"喫艰辛"(朱子语类,卷一三四)、"吃了这两掌"(水浒传,第二一回)、"吃官司"(又,第二五回)、"喫了惊"(又,第三七回)等等。以下二例尤可见"吃"有"承受"义:

(25)父母教他去浚井,待他入井,又从而揜之;到得免死出来,又当如何?若是以下等人处此,定是喫不过。(朱子语类,卷五八)

(26)老母平生只爱清幽,吃不得惊谑,因此不敢取来。(水浒传,第四二回)

"喫不过"即"受不了"之意,"吃不得惊谑"即"不能受惊吓","喫、吃"显然是动词"承受"义。正因为"吃"的引申义为"承受、遭受",所以它也能像"被"一样,在一定场合下表示被动关系。

2.2.2 吃+动

"吃"用在动词之前,其"遭受"义更为显豁,可以释作"挨、遭",最早有唐代的例子,不过极为罕见:

(27)火急离我门前,少时终须喫掴。(燕子赋,敦煌变文集,249页)

"喫掴"即吃耳光、挨打之意。《水浒传》里的"吃打"(第五一回)也属于此类。"喫掴"与2.2.1节"喫杖"的不同在于:"掴"为动词,而"杖"为名词(如果认为"杖"是名词作动词用,则当别论);"喫杖"的"喫"为动词,而"喫掴"的"喫"虽然也可以看作动词,但实际上"吃+动"跟被动式的"被+动"的功能已十分接近。例如:

(28)燕子被打,伤毛堕翮。(同上)

这个例子中的"被打"跟上面所举"喫掴""吃打"的结构和意义都相近,所不同的是,"被"的"遭受"义已虚化,而"喫"的"遭受"义还比较分明。可以推想,当"喫"的"遭受"义也发生虚化之后,它就有可能表明它所依附的动词为被动态,从而演变成表示被动关系的助词。这从下面二例可以看出:

(29)他心本不曾动,只是忽然喫一跌,气才一暴,则其心志便动了。(朱子语类,卷五二)

(30)直去府里,要刺贺太守,被人知觉,倒喫拿了,见监

在牢里。(水浒传,第五八回)

当然,"喫"的"遭受"义的虚实有时不好判断,就拿《水浒传》的"吃打"来说,即可分析为"挨打",也可分析为"被打",但是从这种分析的两可性中,正可以看出"喫"演变为被动关系词的可能性。

2.2.3 吃+名+动

在这一句式中,"吃"引出述语动词的施事者,可视为表示被动的介词。最早有唐五代的用例,但不多见:

(31)我欲笞汝一顿,恐天下人称你云:撩得李日知嗔,喫李日知杖。(朝野佥载,卷五)

(32)黄羊野马捻枪拨,虎鹿从头喫箭川(穿)。(王昭君变文,敦煌变文集,101页)

宋代以后表被动的"喫"就比较多见了,例如:

(33)花心偏向蜂儿有。莺共燕,喫他拖逗。(柳永:红窗迥,全宋词,55页)

(34)蔡卞只是扶他以证其邪说,故喫人议论。(朱子语类,卷八七)

(35)愚意以为可且为营一稍在人下职事,喫人打骂差遣,乃所以成就之。(鹤林玉露,卷二)

2.2.4 小结

由上可见,"喫"虚化为被动关系词的过程跟动词"被"虚化的过程大体相似,所不同的是"被"的"遭受"义是从它的本义自然引申出来的,符合词义引申的一般规律;而"喫"的"遭受"义是从"喫杖""喫棒"之类的比喻义产生的。"喫"是从外部接受食物,用这个词比喻遭受外来棍棒的殴击,具有修辞上形象、幽默的效果。动词"遭"在唐代有类似于被动词"被"的用法,这又说明大凡有"遭受"义的动词都有虚化为被动关系词的可能,只不过语言实践选择了"被"和"吃"罢了。例如:

(36)遭其枷者,宛转于地,斯须闷绝。(大唐新语,卷一二)

(37)铸泻黄金镜始开,初生三五月徘徊。为遭无限尘蒙蔽,不得华堂上玉台。(唐摭言,卷一二)

(38)复问曰:"有一本虞永兴手写《尚书》,此犹在否?"其人惭惧,不敢言卖,云:"暂将典钱。"愿曰:"已遭尧典舜典,又被此儿郎典。"(因话录,卷四)

以上三例之"遭"如果换成"被",于表达无碍,且末例"遭"与"被"对举,益可证"遭"也有虚化为被动词的条件。

上面我们论述了被动关系词"吃"的来源。概括说,被动关系词"吃"的本字为"喫","喫"本义为"食",自唐代始有"遭受"义,"吃"的被动用法即来自其"遭受"义,如同"被"的被动用法是其"遭受"义一样。"被"和"吃"用作被动关系词的事实反过来又证明具有"遭受"义的动词是汉语被动式关系词的来源之一。

2.2 用字的考察和解释

从前面所举的例子已可看出,被动词"吃"的用字很不一致,尤其是容与堂《水浒传》和万历本《金瓶梅词话》,同一部书里用字也不一致。为便于一目了然,现将这两部书和影印明刊本《清平山堂话本》的用字情况介绍如下表((+)表示较

少，空白表示没有）

资料＼意义字形	饮食			遭受			被动		
	喫	吃	乞	喫	吃	乞	喫	吃	乞
水浒传	(+)	+		(+)	+	+	(+)	+	+
金瓶梅词话		+	(+)		+	+		+	+
清平山堂话本		+				+			+

大体可以说，饮食义的"吃"不与"乞"混用，"遭受"义、被动用法的"吃"在《水浒传》和《金瓶梅词话》里多与"乞"混用，而在《清平山堂话本》里则避免用"吃"，只用"乞"。除了《水浒传》里有少量的"喫"字外，另两部书都不用"喫"而用"吃"字。

"乞"字用如"喫（吃）"者：

a. 乞了些艰辛（水浒传，第一四回）乞官司（同上，第五二回）乞惊（同上，第二六回；金瓶梅词话，第四七回）乞打（清平山堂话本，112b）

b. 乞邻舍家笑话（水浒传，第二四回）乞他逼迫不过（金瓶梅词话，第六一回）

c. 或聘嫁，或打发，教他乞自在饭去罢。（同上，第八六回）

a组为动词"遭受"义，b组为被动介词用法，c组是饮食义的"喫（吃）"写作"乞"，很可注意。

"吃"用如"乞"者：

（39）只见孔明披着头发……在那里求吃。（水浒传，第六六回）

（40）老咬虫，吃贫婆，贱人，怎敢骂我！（同上，第五一回）

以上两例中的"吃"，贯华堂本均作"乞"。

（41）每日出来看经吃化。（清平山堂话本，148a）

《水浒传》的作者，一般认为是施耐庵，也有认为是施氏写定后又经罗贯中加工修改的。关于施氏的生平，可靠资料甚少，传说他是钱塘人（今浙江杭州），也有说是江苏兴化人的。《金瓶梅词话》的作者兰陵笑笑生其人不详，一般认为此书是以山东方言为基础写的，其中也有少量其他方言成分。《清平山堂话本》是明代洪楩编刻的宋元话本集，它所反映的应是南宋首都临安（今杭州）一带的方言。总之，"吃""乞"混用的这三种资料所代表的方言大致在山东、江苏、浙江这一范围内，而现代方言中江淮方言和吴方言中正不乏"吃""乞"同音的证明。《广韵》"喫"（溪母锡韵-k）"吃"（溪母迄韵-t）韵尾不同，到了元明之际二字韵尾变得一致起来，所以"喫""吃"二字可以通用，并渐以"吃"字取代了"喫"；又因为"吃""乞"本为同音字，所以在元明俗文学作品里出现"喫（吃）""乞"混用的现象是不足为怪的。《清平山堂话本》不用"吃"只用"乞"表示"遭受"义和被动关系，恐是因为"吃"的常用义为"饮食"，且又是常用字，为避免混乱就用"吃"的同音字"乞"专门表示"吃"的特殊意义。

《元刊杂剧三十种》里偶或也有"乞"用作"吃"的，如：

（42）道士每都修善，他每更不乞饘。(任风子二折〔寄生草〕)

（43）乞紧君王在小儿彀中。(赵氏孤儿二折〔一枝花〕)

这可能是刻字工匠的省笔，此类现象元刊本中习见。如《西蜀梦》四折"急飑飑"作"吉占占"（"吉"为音借字，"占"为省笔字），《拜月亭》二折"悒悒"作"邑邑"，《单刀会》四折"搬"作"般"，《诈妮子调风月》二折"绣"作"秀"，《看钱奴冤家债主》三折"财"作"才"，《楚昭王疏者下船》三折"睁"作"争"等等，不胜枚举。

叁 "给与"义的"乞"

3.1 被动词"乞"不是"给与"义的"乞"

有没有一种可能，"乞"不是"喫（吃）"的音借字，而是"给与"义的"乞"？动词"乞"除了有"求取"义外，又有"给与"义，是所谓反训词。"乞"字的这两个意义是用音调加以区别的，《左传》昭公十六年"毋或匄夺"孔颖达疏："乞之与乞，一字也，取则入声，与则去声也。"宋代袁文《甕牖闲评》卷四："诗家用乞字，当有二义，有作去声用者，有作入声用者。如陈无己诗云：'乞与此翁元不称'，苏东坡诗云：'何妨乞与水精鳞'，此作去声也；如唐子西诗云：'乞取蜀江春'，东坡诗云：'乞得膠膠扰扰身'，此作入声用也。"所举读去声的"乞与"正是"给与"义，所举读入声的"乞取""乞得"的"乞"，正是"求取"义。"给与"义的"乞"，汉代文献中已见，唐宋时候多见，清人笔记中仍偶或出现，以下各举一例。

（44）居一月，妻自经死，买臣乞其夫钱，令葬。（汉书，卷六四朱买臣传，师古曰："乞音气。"）

（45）罪臣不煞将金诏，感恩激切卒难申。乞臣残命归农业，生死荣华九族忻。（捉季布传文，敦煌变文集，70页）

（46）僧回首，师曰："乞我一文钱。"曰："道得即与汝一文。"（五灯会元，卷二）

（47）一夜，盗入其居，夫妇惶惧，不知所为。妾于暗中手一杖，开门径出，以杖击贼，踣数人，余皆奔窜。妾厉声曰："鼠子不足辱吾刀杖，且乞汝命，后勿复来送死。"（池北偶谈，卷二六）

如前所说，汉语的被动词有一部分来自于有"给与"义的动词，既然"乞"（去声）也有"给与"义，那么，如果推测《水浒传》《金瓶梅词话》《清平山堂话本》里被动用法的"乞"源自授与动词"乞"是很自然的。不过，我们的看法是这种可能性很小，理由如下。

（一）在上述资料中，"乞"只有被动用法，未见其作授与动词的用例，表示授与的动词都用"与"，因此不能断定被动用法的"乞"是从"给与"义的"乞"来的。只有在同一时期或同一种资料中，一个词既作授与动词又兼表被动关系，我们才能认定其被动用法是来自那个授与动词的。比如"与"，是古今通行区域最广、使用时间最长的一个授与动词，直到明清时候，"与"占的比例仍然不小。在明清白话小说中，"与"有时表示被动关系，例如：

（48）老忘八，依你说起来，我的孩儿应该与这杀材骗的！（醒世恒言，卷八）

（49）不要烦烦恼恼，与别人看破了，生出议论来。（二刻拍案惊奇，卷九）

这种被动用法的"与"更早在唐代王梵志的白话诗里也有：

（50）向命取人鬼，屠儿杀羊客。鬼识人与料，客辨羊肉厄。

此例意谓：鬼精明则人多被他算计，客精明则羊肉遭殃。以上三例中被动用法的"与"，我们可以断定是授与动词"与"的转用。再如，现代汉语通用的授与动词"给"是到了《红楼梦》《儒林外史》《儿女英雄传》里才普遍使用的，它的被动用法也是在清代小说里才开始见到的：

（51）就是天也是给气运使唤着，定数所关，天也无从为力。（儿女英雄传，卷三）

（52）要是给姓何的老爷知道了，你可又要吃亏了。（邻女语）

总之，只有在同时期资料中授与动词兼作被动关系词的，我们才能判定后者是源自前者的。《水浒传》《金瓶梅词话》《清平山堂话本》三种资料中没有一种属于这类情况。

（二）《水浒传》《金瓶梅词话》中表示被动的不仅用"乞"，同时也大量用"吃"，这跟同时期其他资料中大量使用"喫""吃"表示被动的现象应是一致的，而且有许多例子证明"乞"与"吃"可以混用，"乞"应是"吃"的音借字，而不是"给与"义的"乞"。

（三）文献资料证明，早在唐代"喫"就有了"遭受"义，并且开始表示被动关系,像前举"喫李日知杖""喫箭穿",以及北宋"喫他拖逗",南宋"喫人议论"等例子都证明被动用法的"喫"本字是"喫"而不是"乞"。

3.2 闽南方言里的"乞"

在闽南方言中,"乞"兼表"给与"和被动,这不仅有现代活的方言为证,而且文献资料中也有反映。以下例子均采自台湾定静堂丛书影印的明清时候刊刻的几本闽南戏文。④

"乞"用作授与动词的例子:

(53)一点春心,今来交付乞谁?(荔镜记二出,花园游赏)

(54)我今劝你嫁乞伊。(同上,十四出,责媒退聘)

(55)若会回新诗,牡丹许乞伊。(同窗琴书记,遇摘牡丹)

(56)林兄会学伊,学乞小弟看一下。(荔枝记,五娘赏春)

"乞"用作被动介词的例子:

(57)共君出外乞人做骂名。(荔镜记三十三出,计议归宁)

(58)你莫做亏心行止,莫乞外人教议。(同上,四十八出,忆情自叹。按,"教议"应为"较议",意犹议论短长)

(59)总是乞人骗。(金花女)

(60)不合亲口掠话说许,一枝牡丹乞伊摘去。(同窗琴书记,遇摘牡丹)

(61)我为谁乞人打,为着陈三。(荔枝记,代棒盆水)

(62)亚娘送亚官,返去乞恁亚妈骂。(同上,途遇家童)

在同一种资料中"乞"既作授与动词,又作被动介词,我们有充分的理由说闽南话里的被动介词"乞"是从授与动词

"乞"转用来的,这个"乞"跟《水浒传》《金瓶梅词话》里"吃""乞"混用表示被动的"乞"来历不同,这是必须区别清楚的。根据《汉语方言概要》《汉语方言词汇》《普通话闽南方言词典》等许多方言调查资料所记录的,我们知道闽方言中有不少方言点直至现在仍以授与动词"乞"兼表被动。这类由"给与"义的动词兼表被动关系的现象在我国南方许多地方的方言里都可以看到,如粤语(广州方言)、客家话(梅县方言)、吴语(苏州、平阳、温州方言)、赣语(高安方言)等,甚至连地处西北的青海西宁方言里也有同类事实⑤。以上情况有助于说明汉语被动表达的另一个来源是授与动词,但不能反过来说凡授与动词都必定转用于被动关系。比如山东省胶东地区今天仍以"乞"表示给与,但表示被动却不用"乞"而用"教"。

肆 被动词"吃"跟"给"无关

有一种意见认为"这个'吃'与现代口语中表被动的'给'当时的语音接近(吃[kiət],给[kiəp]),很可能表被动的'给'是'吃'发展来的。"⑥这个说法可以讨论。

首先,"吃"《广韵》确有居乙切一音(见母[k-]迄韵[-t]),但这个读音的"吃"义为"语难",即"口吃"的"吃",与"喫"义无关。从唐宋资料中皆作"喫",元明小说中"喫、吃、乞"混用的现象来看,被动关系词应取"喫"的读音苦击切(溪母[k'-]锡韵[-k])。"吃",《集韵》另有欺讫切一音(溪母迄韵),也跟读讫立切(见母缉韵)的"给"语音相差甚远。

其次，现代口语中表被动的"给"是授与动词"给"的转用。这个授与动词的读音有二：上声的 [tɕi] 和 [kei]。"给"，义为供给，原为-p尾入声字 [kiəp]。在北方音韵的历史演变中，-p尾入声字舒声化以后没有文白二读的对立，所以只有 [tɕi] 是正规的音变，[kei] 音与音韵演变的规律不合，另有来历。据日本志村良治氏考证，[kei] 的前身是上古齐鲁地区用"馈""馈""归"等字标写的音，元代波及到北方话中，如《老乞大》《朴通事》中用"馈"、《五代史·周史平话》中用"归"表示此音。"给"[kiəp] 清代中期舒声化为 [ki]，跟授与动词"馈"[kiui→kwi] 音相近，故渐用"给"作为 [kwi] 的音借字[⑦]。如果相信志村氏的考证大体可以成立，那么现代口语中被动用法的"给"不是来自-p尾入声字的"给"[kiəp] 的音变 [ki] → [tɕi]，而是来自"馈"的 [kwi] 的音变 [kei]，这样看来，"吃"跟"馈"在语音上就更加没有关涉了。

附注

① 参看唐钰明、周锡䪖：《论先秦汉语被动式的发展》（《中国语文》1985年第4期），唐钰明：《汉魏六朝被动式略论》（同上，1987年第3期），《唐至清的"被"字句》（同上，1988年第6期）。

② 香坂顺一：《〈水浒〉的语言》（《中国语学研究集刊》第一号，1959），《白话语汇的研究》所收《中国近世语笔记》（122）条和《旧白话杂记》（16）条（光生馆，1983）；

潘允中：《汉语语法史概要》（中州书画社，1982）；

袁宾:《早期白话词义札记》(二)(《天津师大学报》1983年第4期);

植田均:《〈水浒〉的被动表达方式——以"被、吃、乞"为中心》(《奈良产业大学纪要》第一集,1985.11)。

③《金瓶梅词话》里还有一种"乞"既不表示被动,也不表示原因,类似于使役的"让",可释为"使","使得"。例如:"早是我打后边来,听见他在屋里哭着,就不听的动静儿,乞我慌了,推门推不开。"(26.13a)

④ 此材料蒙太田辰夫先生借与使用。

⑤ 桥本万太郎:《汉语被动式的历史、区域发展》(《中国语文》1987年第1期)。

⑥ 潘允中(1982)267页,见注②。

⑦ 见《中国中世语法史研究》附八《"与""馈""给"》(三冬社,1983)。

打

"打"是个较晚起的介词,目前见到的最早用例出现在十二世纪晚期①,如辛弃疾《鹧鸪天·戏题村舍》词:"新柳树,旧沙州,去年溪打那边流。"(全宋词,1924页)居简禅师语录:"要打衲僧门下过,避些炎热耐些寒。"(续藏经,卷一二一)迄今为止,似乎还无专文讨论它的产生和使用情况,本节将就这两个问题做些初步的探讨。

壹

首先讨论它早期的用法:

A. 表示空间的经由

（1）这里是五路总头,是打那条路去好?(碾玉观音,上,京本通俗小说)

（2）左右捉将放雕人来,斩了其人,灭了全家,因此后人更不敢架雕打台边过。(武王伐纣平话,中,全相平话五种)

（3）正打街头过,见吊个花碌碌纸榜,不似那答儿闹穰穰人多。(杜仁杰：耍孩儿·庄家不识构栏,全元散曲,31页)

（4）谁着你摇铜铃唱挽歌,因打亚仙门前过,恰便是司马泪痕多。(关汉卿：大德歌,全元散曲,167页)

（5）兀谁教大官人打这屋檐边过,打得正好。(水浒传,第二十四回)

（6）玉箫便傍边斟酒,又替金莲打桌底下转子儿。(金瓶梅词话,第七十三回)。

（7）前日张公骑着蹇驴儿,打门前过。(张古老种瓜娶文女,古今小说,卷三十三)

（8）咱们打这角门走罢,省得到了老爷的书房门口又下来。(红楼梦,第五十二回)

（9）回来你老打了尖,就打那庙头里过。(儿女英雄传,第三十八回)

（10）他却因甚打这里过?(水浒传,第三十六回)

（11）我滴溜着这猫往市上来,打那里经过。(醒世姻缘传,第六回)

B. 表示空间的起点

（12）那三个丑的，是我徒弟。那一个女子，是我打松林里救命来的。（西游记，第八十回）

（13）这个是你的物件儿，如何打小厮身底下捏出来？（金瓶梅词话，第十二回）

（14）更有一等狠心肠的人，偏要从家门首，打墙角起，诈害亲戚，侵占乡里。（青楼市探人踪，二刻拍案惊奇，卷四）

（15）你狄爷的凭限窄逐，还要打家里祭过祖去，这起身也急。（醒世姻缘传，第八十回）

（16）宝玉道："才打学房里回来，吃了要往学房里去。"（红楼梦，第九十一回）

（17）早是我打后边来，听见他在屋里哭着。（金瓶梅词话，第二十六回）

（18）这可是日头打西出来了。（儿女英雄传，第三十三回）

（19）我这里连方丈、佛殿、钟鼓楼、两廊，共总也不上三百间，他却要一千间睡觉，却打那里来？（西游记，第三十六回）

（20）要上二十八棵红柳树，打这里就岔下去了。（儿女英雄传，第十四回）

（21）老爷施的这是甚么样儿天高地厚的恩，奴才打那头儿说的上委屈来？（同上，第四十回）

C. 表示时间的起点

（22）主儿打毛团子似的掇弄到这么大，也不管主儿跟前有

人使没人使。(同上)

(23)打昨儿晚上,脊梁上有点儿痒痒。(小额)

从上面的用例中,我们可以看出,介词"打"最初只用于表示空间的经由,或者说引进动作经过的场所,后面的动词多为"过"。"打"表示空间的起点,时间要靠后一些,以目前见到的《西游记》用例算,大约在十六世纪前期。"打"表示时间的起点,时代更晚,《红桥梦》里没有见到用例,大约不会早于十八世纪。②

接着讨论由"打"组成的复合介词。现代汉语中,介词"打"可以跟"自""从""由"结合,组成"自打""打自""从打""打从""由打"。例如:

(24)自打这胡兰当了干部,可和往常不一样啦。(青年英雄)

(25)打自兵乱以来,路上就少有行人。(太阳从东方升起)

(26)从打姓萧的当了官,人家拿眼睬你没有?(浩然:艳阳天)

(27)打从在日本人手里,咱就是村长。(丁玲:太阳照在桑干河上)

(28)由打昨夜到今晚,整下了一天的雨。(汉语词典)

但在早期白话中,普遍使用的只有"打从":

A. 表示空间的经由

(29)前日暂出,见武石江水穿过丫头岩鼻孔,回到弋阳,打从闹市丛中过。(道生禅师语录,续藏经,卷一二一)

(30)刘太尉因操军回衙,打从桑维翰丞相府前过。(史弘

肇龙虎君臣会,古今小说,卷十五)

(31)我为是未穷汉身上情多,可怜见他灵车前唱挽歌,打从我门前过。(无名氏:殿前欢,全元散曲,1760页)

(32)这一条路去山东泰安州,正打从梁山泊边过。(水浒传,第六十一回)

(33)我教丫头打从树枝上登墙,将个竹梯挂在墙外来。(通闺闹坚心灯火,拍案惊奇,卷二十九)

(34)车毂恰好打从膀子上过,压着膀子了。(儒林外史,第十二回)

(35)二年前有个头陀,打从这里过,吃我放翻了。(水浒传,第三十一回)

(36)我也只在淮北、山东各处走走,而今打从你这里过。(儒林外史,第二十四回)

B. 表示空间的起点

(37)原来是徽州程朝奉,就是金朝奉的舅子,领着亲儿阿寿,打从徽州来。(宣徽院仕女秋千会,拍案惊奇,卷九)

(38)可进去通报一声,有个白大官打从京中出来的。(权学士权认远乡姑,二刻拍案惊奇,卷三)

(39)小道打从昆仑转来,在此卖张宝剑。(沈采:千金记,二出,六十种曲,第二册)

C. 表示时间的起点

(40)贾母有了年纪的人,打从宝玉病起,日夜不宁。(红楼梦,第九十八回)

从上面的引例中可以看出,"打从"跟"打"一样,也是最初用于表示空间的经由,后来才用于表示空间的起点,再后用于表示时间的起点。每种用法开始出现的时期,"打从"跟"打"也大体上是一致的。

"打"和"打从"在使用上似乎并无原则的分别。如前引例(4)和例(31)都是咏郑元和从李亚仙门前过,一用"打",一用"打从"。又如:

(41)上了岸,进钱塘门,原打十官子巷经过。(陆五汉硬留合色鞋,醒世恒言,卷十六)

(42)离了家中,望钱塘门摇摆而来,却打从十官子巷中经过。(同上)

同一文中,过同一场所,一用"打",一用"打从"。使用似乎是随意的。

也有不同的情形,如《金瓶梅词话》和《红楼梦》前八十回,只用"打",不用"打从",《拍案惊奇》和《儒林外史》只用"打从",不用"打"。这种现象,似乎显示了方言间的差异,可是《红楼梦》后四十回及《二刻拍案惊奇》却"打"与"打从"兼用。看来,用"打"还是用"打从",只是根据作者的感觉或习惯,或许"打"更口语化一些,从实际口感出发的便用"打",而"打从"书面化一些,为了免"俗"便用"打从"。

贰

下面讨论介词"打"的来源。

汉语的虚词多数是从实词变化来的,通常的说法叫"实词虚化"。但用"虚化说"来解释介词"打"的产生有两处难点：第一，动词"打"和介词"打"之间在意义上缺乏必要的关联。第二，在汉语的历史上很难验证这一虚化的过程。于是有的研究者取审慎的态度，认为"介词'打'和动词'打'是什么关系，一时也还不清楚。"③有的研究者则试图通过其他途径来说明介词"打"的产生。

一种意见认为，介词"打"可能来自古汉语表示经由的介词"道"，如《史记·秦始皇本纪》"旋遂之琅玡，道上党入"的"道"。④这里的"道"能否看作介词是个疑问。一般说来，一个成熟的虚词，除功能特征之外，还须保持相当的使用频度，否则，不能认为它业已成熟。"道"不大能满足后一项条件，所以我们认为还是把它看作"名词动化"（取道）更稳妥些。退一步说，即使"道"作为表示经由的介词没什么问题，正如研究者太田辰夫先生自己所说："'道'的下限和'打'的上限距离未免大了一点"。⑤

还有一种意见认为，介词"打"的功能是通过"打从"这一结合，从介词"从"获取的。这种看法的成立，须满足下面一项前提条件，即汉语的历史上先有"打从"的复合，而后才有单独使用的介词"打"。从现有的语言材料看，很难证明这一点。"打"构词活跃的时期，类似的结合有许多，实词如"打看""打觑""打瞧""打睃""打探""打问""打听""打磨""打抹""打拭"等等，虚词如"打当""打紧""打要""打快"等等，"打"都没有从跟它结合的词素那里获取相应的意义，可见"获取说"也有问题。

我们回过头来再讨论"虚化说"究竟能否成立。我们觉得还是有成立的条件的。

在唐代,动词"打"由"捶击"义产生"扑打""冲撞"义,有一些用在风浪雨雪等自然现象之后,例如:

(43)几层峡浪寒春月,尽日江天雨打篷。(张扶:题衡阳泗州寺,全唐诗,1612页)

(44)雨来霑席上,风急打船头。(杜甫:陪诸贵公子丈八沟携妓纳凉,同上,2400页)

(45)半山槲叶当窗下,一夜曾闻雪打声。(司空曙:雪二首,同上,3339页)

在这样的用法中,有三点引起我们的注意。一是动词"打"意义的模糊:

(46)行处春风随马尾,柳花偏打内家香。(李贺:酬答二首,同上,4412页)

(47)浓霜打叶落地声,南溪石泉细泠泠。(陆龟蒙:洞宫秋夕,同上,7222页)

(48)霜打汀岛赤,孤烟生池塘。(贯休:干霄亭晚望,同上,9386页)

(49)巷底萧萧绝市尘,供愁疏雨打黄昏。(殷尧藩:经靖安里,同上,5576页)

这些例句中的"打",离开"打"的本来意义较远,很难说出它们有什么明确的"打"的意义,而实词的虚化正是从词义变得模糊开始的。

二是"打"带有"冲着""朝向"的意味:

(50)江喧过云雨,船泊打头风。(元稹:闲二首,同上,4546页)

(51)黄柳影笼随棹月,白苹香起打头风。(白居易:小舫,同上,5027页)

(52)闻道渔家酒初熟,晚来翻喜打头风。(郑谷:江上阻风,同上,7731页)

(53)去年腊月来夏口,黑风白浪打头吼。(李涉:却归巴陵途中走笔,同上,9983页)

"打头风"即"顶头风"。"迎头风""打头吼"即"冲头吼""向头吼"。"打"已经带有介词意味。

三是"打"的后面出现表示场所的名词:

(54)海神来过恶风回,浪打天门石壁开。(李白:横江词,同上,1720页)

(55)乱波分披已打岸,弱云狼藉不禁风。(杜甫:江南有怀郑典设,同上,2541页)

(56)山围故国周遭在,潮打空城寂寞回。(刘禹锡:石头城,同上,4117页)

(57)倒打钱塘过,长驱白浪花。(徐凝:杭州祝涛头,同上,5376页)

(58)紫烟横捧大舜庙,黄河直打中条山。(李山甫:蒲关西道中作,同上,7363页)

我们引上面一些用例，说明动词"打"跟介词"打"之间存在内在的联系，"打"具备由动词向介词转变的条件，而实现这一转化，我们认为下面一个环节是不可缺少的，即"表示经由的动词'打'＋处所词"。那么，汉语的历史上有没有出现过这种用法呢？回答是肯定的：

（59）酒肠虽满少欢情，身在云州望帝城，巡次合当谁改令，先须为我打还京。（施肩吾：云州饮席，同上，5596页）

（60）房房虚索索，东壁打西壁。（寒山诗，同上，9082页）

（61）时人不会此中意，打著南边与北边。（一钵和尚：一钵歌，全唐诗外编，633页）

（62）远公常随白庄，逢州打州，逢县打县，朝游川野，暮宿山林。（庐山远公话，敦煌变文集，174页）

（63）各自觅取个托生处，好莫空游州打县。（景德传灯录，卷一九）

（64）小师云："对和尚不敢谩语。"师喝云："遮打野汉！"（景德传灯录，卷九）

（65）洒家从东京去，你休想送。你打华州，须从这条路去。（水浒传，第六回）

这样的用法后面如果再加上一个表示经由的主体动词，这里的"打"就变成介词了。所以我们觉得介词"打"还是由动词虚化得来的。

跟其他由实词虚化得来的虚词相比较，介词"打"的出现显得有些突然，虚化的轨迹也不那么十分明显，这是有历史原因的。北宋欧阳修《归田录》卷二有这样一段记载：

今世俗言语之讹而举世君子小人皆同其缪者，惟"打"字耳。其义本谓考击，故人相殴、以物相击皆谓之打，而工造金银器亦谓之打可矣，盖有槌挞作击之义也。至于造舟车者曰打船、打车，网鱼曰打鱼，汲水曰打水，役夫饷饭曰打饭，兵士给衣粮曰打衣粮，从者执伞曰打伞，以糊粘纸曰打粘，以丈尺量地曰打量，举手试眼之昏明曰打试。至于名儒硕学语皆如此，触事皆谓之打，而遍检字书，了无此字。

欧阳修的这一段记载告诉我们，汉语史上有一段时间"打"字十分活跃，达到"触事皆谓之打"的程度。这一段时间距欧阳修生活的年代相去不会太久远，否则欧阳修就不会感到新鲜了。现有的语言材料也能证明这一点，据胡明扬先生研究，"'打'的使用从东汉至初唐含义比较单纯，基本上只是'捶击'的意思。唐以后，特别是在近代汉语的白话著作中，'打'字的用法得到多方面的发展。"⑥介词"打"就是在这样的背景下产生的。从欧阳修生活的年代到辛弃疾生活的年代，相距不过百余年，再往上推五六十年，也不到二百年时间，跟那些经过长时间准备与演变的虚词比较起来，介词"打"的产生自然显得突兀些，而虚化过程也显得仓促些了。

附注

① 高名凯《唐代禅家语录所见的语法成分》（《燕京学报》第34期）曾举出一条唐代洞山悟本禅师语录的例子："有一人不打寒鸢岭过便到

这里。"对此，日本太田辰夫《中国语历史文法·跋》做如下判断："《洞山语录》的这一条，在慧印校订本之外又见于玄契编次本，但问题在于，这一条在比它更早的版本中见不到。换句话说，这一条在中国编纂的比它更早的版本中没有，而只见于后世日本编纂的资料中。玄契编次本是在元文三年（1738）编集，元文四年（1739）刊行的。而慧印校订本有宝历十一年（1761）的慧印的序，可以知道，作为刊本最早是明和三年（1766）的东西。这一条仅在上述那些日本人编的书中能见到，它所依据的是什么也不清楚。不用说《祖堂集》的洞山传，就是查遍《祖堂集》20卷也没有介词'打'。在其后将近一千年的日本编纂的资料中有介词'打'，这一事实在讨论唐五代的语法时是不值一顾的。"

② 禅宗语录中有"打头""打初"这样的用法，如密庵和尚语录："所谓打初不遇作家，到底翻成古董。"（大正藏，卷四十七）佛鉴佛果正觉佛海拈八方珠玉集："这僧打头放过，末后殷勤。"（续藏经，卷一百十九）如果把这样的"打"看作介词，介词"打"表示时间起点的用法便提前了六、七百年时间（介词"打"产生的时间也提前了几十年），而这六、七百年间并无其他例证表明"打"可以表示时间的起点，这几条材料需做进一步的考察才能判断其真伪，姑录此备询。

③⑥ 参见胡明扬《说"打"》，载《语言论集》第二辑，中国人民大学出版社，1984。

④⑤ 参见太田辰夫著，蒋绍愚、徐昌华译《中国语历史文法》，北京大学出版社，1987。

（三）副词

1 疑问副词

颇 可（岂、宁、敢）还

这一节拟结合句型讨论三个疑问副词：颇、可、还。这三个疑问副词的出现略有先后，通行的时间也不一样，但有一点大体是相同的，即它们都能用在古代反复问句"VP不／未"式之前，表示推度询问的语气。

我们把"VP不／未"式（VP为动词短语，"不"或"未"是加在句末的否定词。"不"字又作"否"，此二字古时为一字，通作"否"，以后分化为二字）看作反复问句有以下两个理由：

（一）从否定词"不（否）"的性质来看。关于"否"字的特性，吕叔湘先生有十分精辟的见解。他说"否"以否定词而兼含动词或形容词于其内，具有称代性[①]。例如：

（1）二三子用我，今日；否，亦今日。（成公十八年，左传）

（2）晋人侵郑以观其可攻与否。（僖公三十年，同上）

例（1）的"否"相当于"不用"，例（2）的"否"相当于"不可攻"。正因为"不"字具有这种称代性，所以"VP不？"的意义也就等于"VP不VP？"，就可以表达一正一反的正反相问。这种"VP不？"式反复问句应是从例（2）"VP与否"一类句式变化来的。

（二）从古代汉语的疑问句系统来看，古汉语里自有它的是非问句，其句末有语气词"乎、与、邪"等传疑。如果把"VP不？"也归为是非问句，那么古汉语里就没有了反复问句，这种可能性似乎不大。但是，语言是发展变化的，当"VP不？"的"不"失去了称代性，虚化为纯粹传疑的语气词时，"VP不？"就可以看作是非问句；唐代中期以后出现的句末疑问语气词"无、摩"等替代了"不"，发展成今天的疑问语气词"吗"，就是这一演变的结果；而原来的"VP不"式反复问句后来逐渐被"VP不VP？"式所替代。

壹 颇

"颇"字通常作程度副词，较早为"略、少"义，后来又有"多、甚"义，其训已见古今诸字书。此外，"颇"字在汉魏六朝时期又用作疑问副词[②]，此用法一直沿续至唐，乃至宋代文献中仍时或可见。下面先看魏晋南北朝小说中"颇"字用在"VP不／未"式反复问句前的例子：

（3）给使白诞曰："人盗君膏药，颇知之否？"（干宝：搜神记，卷一七）

（4）太傅应声戏之曰："在西颇见西王母不？"（裴子语林，古小说钩沉）

（5）寻得本时弟子，语曰："汝颇忆从我渡水往狼山不？"（旌异记，同上）

（6）晋武帝问孙皓："闻南人好作尔汝歌，颇能为不？"（排调，世说新语）

（7）桓公憮然作色，顾谓四坐曰："诸君颇闻刘景升

不?……"（轻诋，同上）

小说之外，其他文献中也可见：

（8）曹公藏石墨数十万斤，云烧此消复可用，然烟中人不知，兄颇见之不?（陆云：与兄平原书，全晋文）

（9）知数致苦言于相，时弊亦何可不耳！颇得应对不？吾书未被答。（王羲之：杂帖）

（10）乃谓禅师曰："颇有经典可得见不？"（梁释慧皎：高僧传·昙无忏）

（11）上古以来颇有此事否?（洛阳伽蓝记，卷三）

（12）即问女言："颇有人来求索汝未?"答云："未也。"（贤愚经，大正藏，卷四）

（13）外颇有疑令与死人语者不?（后汉书酷吏传，卷七七）

如问过去之事，有时在"颇"后加上"曾"字：

（14）兄子济往省湛，见床头有《周易》，谓湛曰："叔父用此何为？颇曾看不？"（世说新语·赏誉注引邓粲《晋纪》）

（15）既去，谓左右曰："颇曾见如此人不？"（同上，赏誉）

以下是"颇"用在是非问句跟句末疑问语气词"乎／耶"等相呼应的例子，比较少见。

（16）（魏文帝）嘲咨曰："吴王颇知学乎？"（三国志·吴志·孙权传注引《吴书》，卷二）

（17）是时童子复白佛言："颇更有力出此力者乎？"（增壹阿含经，大正藏，卷三）

（18）时波旬曰："沙门，颇见我四部之众耶？（同上）

译经中还有句末"不耶/不乎"连用者：

（19）问言："卿颇能作饮食不耶？"对曰："能作。"（长寿王经，大正藏，卷三）

（20）马母告子："汝等颇忆酥煎麦不乎？欲知证验，可往观之。"（出曜经，卷十四，同上，卷四）

"不耶、不乎"连用，更可以看出"不"的称代性，即"不"称代"不VP"，"耶、乎"表示疑问语气。

值得注意的是，佛经中疑问副词"颇"又作"叵"，"颇""叵"二字音同，故可通借。例如：

（21）汝今叵见彼大长者七日作王不？（撰集百缘经，卷一，大正藏，卷四）

（22）问诸比丘："汝等叵识此虫宿缘所造行不？"（贤愚经，卷十三，同上）

从以上诸例可以看出，（一）"颇"字并不表示略少或差多，而只表示一种推度询问的语气。例如"颇见之不？"是询问对方见没见过。加上"颇"字，使得询问的语气变得比较和缓。这个"颇"字的语法意义跟今语"一向可好？""北京你可曾去过？"的疑问副词"可"相当，如把"颇"字换成"可"，其句义和语气没有什么不同。慧琳《一切经音义》卷一《大般若波罗密多经》引《文字集略》云："颇，犹可也，皆语辞也。"正以语辞"可"释"颇"。（二）从形式上看，魏晋六朝时期的"颇"主要用于"VP不/未"式反复问句，较少用于是非问句，而"颇+VP不+乎/耶"的用法，似只限于译经文体之中。

到了唐代，"颇"字仍继续用作疑问副词，也主要用于"VP不"式反复问句。跟汉魏六朝时期不同的是：反复问句句末多用"否"字，少用"不"字；用于是非问句的例子明显增多。下面按"颇VP不？""颇VP否？""颇VP乎？"的次序举例。

（23）至尊颇知臣不？（高阳康穆王湜传，北齐书，卷一〇）

（24）闻北伐时，诸贵常饷史官饮食，司马仆射颇曾饷不？（同上，魏收传，卷三七）

（25）"汝见庾信颇识否？"答云："虽读渠文章，然不识其人。"（法苑珠林，太平广记，卷一〇二）

（26）指其观曰："吾居此，颇能相访否？"（玉泉子，同上，卷四〇）

（27）因问叟："颇好酒否？"（神仙感应传，同上，卷四三）

（28）兵交，盎却兜鍪大呼曰："尔等颇识我否？"（冯盎传，旧唐书，卷一〇九）

（29）今欲同时举大事，乏于资财，闻公家信至，颇能相济否？（唐摭言，卷四）

（30）乾临死，神色不变，见者莫不叹惜焉。时武卫将军元整监刑，谓乾曰："颇有书及家人乎？"（高乾传，北齐书，卷二二）

（31）玄宗谓曰："卿颇知猎乎？"（大唐新语，卷一）

（32）先问师："颇游后园乎？"左右曰："否。"（纪闻，太平广记，卷九五）

（33）"颇闻道士王知远乎？"公曰："闻之。"（玄门灵妙记，

同上,卷七一)

偶尔句末也有用"邪"的:

(34)"子颇知有寒山子邪?"答曰:"知。"(仙传拾遗,同上,卷五五)

句末"否"字的剧增和"不"字的减少,说明这两个字的分工渐趋分明,"不"字专作否定副词,"否"字仍带有称代性。

中唐以后,"VP不?"的"不"字虚化,改用"无"字,故又出现了"颇VP无?"的格式。段成式(803?—863,祖籍山东淄博)《酉阳杂俎》里均作"颇VP无?"例如:

(35)向客,上帝戏臣也,言泰山老师,颇记无?(酉阳杂俎,卷二)

(36)其婢小碧自外来,垂手缓步,大言:"刘四,颇忆平昔无?"(同上,诺皋记下卷一五)

(37)禅师隐于柱听之,有曰:"孔升翁为君筮不祥,君颇记无?"(同上,支诺皋卷二)

尽管疑问副词"颇"在唐五代笔记及小说中不乏其例,但在敦煌俗文学作品(反映当时的西北方言)和《祖堂集》(反映九世纪南方某些地区的方言)里却未见一例,可见疑问副词"颇"的使用是有一定的区域性的。

在宋代的文献里就不大见到用作疑问副词的"颇"了,但也不曾绝迹,例如:

(38)张乖崖再治蜀。一日,问其客李畋:"外间百姓颇相

信服否?"畋言:"相公初镇,民已服矣,何待今日!"(叶梦得:石林燕语,卷一〇)

叶梦得(1077—1148)原籍吴县,居乌程,即今浙江吴兴。再从六朝小说中多用疑问副词"颇"来看,"颇"字的这一用法应通行于江浙一带。

"颇"字的这种特殊用法字书多未载,除上举慧琳《一切经音义》引《文字集略》释"颇"为语辞"可"外,《集韵》去声过韵又云:颇,普过切,"偏也,一曰疑辞。"所谓疑辞,当指上述作疑问副词的用法,但是作去声,则与《广韵》所载平声(滂禾切)和上声(普火切)者不同。据我们的考察,"颇"作疑辞与"可"作疑问副词有关,故把"颇"的来源放到下面跟"可"一并讨论。

贰 可(岂、宁、敢)

现代汉语里有个疑问副词"可",《现代汉语词典》的解释是:"用在疑问句里加强疑问的语气:这件事他可愿意?|你可曾跟他谈过这个问题?"我们认为"加强"疑问语气的说法不够确切,实际上"可"字表示一种询问的语气,用了"可"使语气显得和缓,风格上也比较文雅。在下文我们将追溯疑问副词"可"的历史踪迹,考察它初出现时的意义和用法,并探讨它怎么会专用作表示推度的疑问副词的。

(一)可$_1$和可$_2$

可$_1$

"可"字在东汉前后就已用作疑问副词,表示反诘,相当于

"岂""难道",不过并不多见。例如:

(1)齐鲁接境,赏罚同时。设齐赏鲁罚,所致宜殊,当时可齐国温,鲁地寒乎?(寒温篇,论衡)

为指称之便,我们把这种表示反诘的疑问副词"可"叫作可$_1$。在魏晋南北朝时期的文献里,可$_1$较前多见,但仍比较有限。例如:

(2)赵母嫁女,女临去,敕之曰:"慎勿为好!"女曰:"不为好,可为恶邪?"母曰:"好尚不可为,其况恶乎!"(贤媛,世说新语)

此例的"可"从上下文意看,不是许可的"可",而是反诘意,犹言"不为好,难道为恶吗?"

(3)又宜思勤督训者,可愿苛虐于骨肉乎?诚不得已也。(教子,颜氏家训)("可愿",一本作"岂愿"(见王利器《颜氏家训集解》),益可证"可"义同"岂"。)

到了唐代以后,可$_1$使用得十分普遍,张相《诗词曲语辞汇释》卷一"可(八)"条举例甚夥,蒋礼鸿《敦煌变文字义通释·释虚字》"可、岂可"条遍举唐宋诗词、笔记及变文之例,可参看。今在张、蒋二书之外另举三例以窥其一斑:

(4)人人避暑走如狂,独有禅师不出房;可是禅房无热到,但能心静即身凉。(白居易:苦热题恒寂师禅室诗)

"可是"犹言"岂是,哪是"。

(5)报朕此言,可非健人耶?(释法藏传,续高僧传)

(6)只如佛法到此土三百余年,前王后帝,翻译经论可少那作摩!(祖堂集,5.73)

"可少那作摩"意为：难道还少吗？"作摩"即后来的"怎么"，用于句末跟反诘副词呼应，使反诘语气更为强烈。

从句子结构来看，使用可$_1$的反问句句末可以带语气词"乎、耶（邪）"，也可以不带任何语气词，仅靠可$_1$和语调来表达反诘的意味。

可$_1$通行的时间很长，张书和蒋书举例下迄《水浒传》和《琵琶记》，实则直到今天，可$_1$仍在一些方言中使用。比如北京话表示赞同的"可不是"（意为"岂不是""怎么不是"），其中的"可"就是可$_1$的残存。

可$_2$

先看下面两个例子：

（7）当日不来高处舞，可能天下有胡尘？（李商隐：华清宫诗）

（8）堪叹故君成杜宇，可能先主是真龙？将来为报奸雄辈，莫向金牛访旧踪。（同上：井络诗）

这两例均采自唐代李商隐的七言诗。例（7）的"可能"意为哪能，何至于，"可能"的"可"是反诘副词可$_1$。例（8）的"可能"意为能否，言能不能像刘先主。其中的"可"不表示反诘问，而是表达一种推度询问的语气，我们把这种语法意义的疑问副词"可"称作可$_2$，以区别于反诘副词可$_1$。

可$_2$最早见于唐五代的文献里，但用例较少，多出现在诗词和禅宗语录里，而且可$_2$后面的动词比较单调，多为"能"和"是"。③"可能"有两个意思，一为能否，能不能，一为会否，会不会，后一个意思跟"可是"相近。例如：

（9）可能更忆相寻夜，雪满诸峰火一炉？（齐己：闻沈彬赴吴郡请辟诗）

此言能否记起那一夜。

（10）钟陵醉别十余春，重见云英掌上身。我未成名君未嫁，可能俱是不如人？（罗隐：嘲钟陵妓云英诗）

此例"可能"犹言会否，会不会是我二人都不如人？

（11）可能知我心无定，频裛花枝拂面啼。（吴融：山禽诗）

"可能"之意犹可是，是不是。

（12）可能舍得己身，与我充为高座？（妙法莲花经讲经文，敦煌变文集，496页）

此言能否舍身给我充当座位。

（13）太子语曰："此草可能惠施小许，不为爱惜？"吉安则授与，逦迤而去。（祖堂集，1.21）

以上诸例中"可能"的"可"都是表达推度询问的语气，应该视为可$_2$。

（14）善恶二根，可是菩提耶？（同上，1.137）

此言善恶二根是不是菩提呢？

（15）师勘东国僧，问："汝年多少？"对曰："七十八。"师曰："可年七十八摩？"对曰："是也。"（同上，1.181）

"可年七十八摩？"未出现动词，应是省略了系词"是"，犹言：可是七十八岁吗？这种用法今方言中也有类似者，如安徽含山话"这件裓子太花，可的？""可的"即"可是的"之省说。另外"可年七十八摩?"是在东国僧答话后,师为核实其事而发问的,"可"是疑问副词,不是通常用在数词之前表示约略的副词。值得注意的是,例(14)(15)句末分别出现了疑问语气词"耶"和"摩",这跟句末没有语气词,仅靠"可"和语调表达疑问语气者不同。

除了动词"能"和"是"之外,唐五代时可$_2$出现在其他动词之前的例子极为少见,我们仅检得一例:

(16)相公此行何为也?可记得河南府解头?(方正,唐语林)

宋代文献中可$_2$也不多见,句末一般没有疑问语气词,动词也多为"能"和"是"。例如:

(17)朱雀航边今有此,可能摇荡武陵源?(王安石:段氏园亭诗)

此言船边有此美园亭,是不是摇到了武陵源?

(18)造化可能偏有意,故教明月玲珑地。(李清照:渔家傲词)

此言造化是不是特别有意。

(19)可是忍寒诗更切,故求野路蹈琼瑶?(楼钥:踏雪诗)

(20)可是士衡杀风景,却将氊腻比清纤?(杨万里:松江莼菜诗)

"可是"皆犹言是不是。④

(21)可曾见此春风面,净洗铅华试晓霜。(方岳:白牡丹诗)

"可曾"用于询问过去之事,跟今天的用法相同。宋时偶然也有在句末加语气词"么"的:

(22)通曰:"可更吃茶么?"公曰:"不必。"(五灯会元,

卷一八）

到了明清白话小话里，可₂大量出现，分句末带和不带疑问语气词的两种。句末语气词一般为"么"，也有少数句末加否定词"否"或"没有"，这跟唐宋时期不同。另外，清代还出现了"可VP不VP？"的形式，这更是以往未曾有的。以下各举一二例，以睹其概貌。

（23）壁上文词可是秀才所作？（古今小说，卷一一）

（24）先生可曾认得这位父母？（儒林外史，第四回）

（25）大官人可用么？（古今小说，卷一）

（26）这位王相公，可就是会画没骨花的么？（儒林外史，第一回）

（27）贵县大市街有个蒋兴哥家，罗兄可认得否？（古今小说，卷一）

（28）不知可赐光谬领否？（红楼梦，第一六回）

（29）十五的月例香供银子可得了没有？（同上，第七回）

（30）你先说，他到底可是你的仇家不是你的仇家？（儿女英雄传，第一八回）

下表是对明清四部白话小说做抽样调查的结果，大体叫反映可₂在这一时期的使用情况。

	卷／回	可VP？	可VP么？	可VP否／没有？	可VP不VP？
古今小说	1—20	9	13	2	0
红楼梦	6—25	9	5	4	6
儒林外史	1—20	52	5	0	0
儿女英雄传	1—20	12	8	1	7

从表中可以看出"可VP不VP？"式是北京话所特有的，用江淮官话写的小说里不用。

（二）"岂"和"宁"

上面介绍了"可"作反诘副词（可$_1$）和推度副词（可$_2$）的两种用法，可$_1$出现在前（东汉），可$_2$出现于后（唐代）。下面再来看看比"可"出现更早的同样既作反诘副词又作推度副词的两个虚词——"岂"和"宁"。通过跟"岂"和"宁"的比较，可以看出可$_2$的出现绝非偶然。

岂$_1$和岂$_2$

"岂"，字又作"讵"，在反问句中作反诘副词（下称岂$_1$），自先秦沿用至今，可谓渊远而流长，无须举例说明。与此同时，"岂"也能表示推度询问，多与语末语气词"耶、乎"相呼应（下称岂$_2$）。岂$_2$的用法消失较早，今天已鲜为人注意。《词诠》收有此义，所举为先秦两汉古书中的例子，今补以魏晋南北朝用例，以说明岂$_2$确曾流行过。先看"岂$_2$VP乎／耶"的例子：

（31）诸葛孔明者，卧龙也，将军岂愿见之乎？（诸葛亮传，蜀志，三国志，卷三五）

（32）卿归，岂能为我说此耶？（搜神后记，卷四）

（33）即如所言，君之幼时，岂实慧乎？（言语注引《融别传》，世说新语）

（34）逵曰："岂欲仕乎？"侃曰："有仕郡意。"（贤媛注引《晋阳秋》，同上）

上面是"岂$_2$VP？"，即句末不带语气词的例子：

（35）王公治何似？讵是所长？（政事注引《殷羡言行》，同上）

（36）商仲堪在丹徒梦一人曰："君有济物之心，岂能移我在高燥处？则恩及枯骨矣。"（异苑，卷七）

（37）此带殊好，岂能见与之？（述异记，古小说钩沉）

岂₂也能用在古代反复问句"VP不？"式中，但远不如上举是非问句多见：

（38）乡里人择药，有发简而得此药者，足下岂识之不？（王羲之：杂帖，全晋文，卷二五）

（39）折杨柳，寒衣履薄冰，欢讵知侬否？（月节折杨柳歌，乐府诗集，卷四九）

（40）子良因曰："鄙塞尘陋，岂得知此不？韩侯是谁？"（周氏冥通记，卷二）

宁₁和宁₂

疑问副词"宁"跟"岂"大体一样，早在先秦就表示反诘（下称宁₁），到了汉代又出现了表示推度询问的用法（下称宁₂）。一般讲虚词的书只注意到"宁"作反诘副词的用法，而很少注意到它同时又可以表示推度询问，唯杨树达《词诠》两皆论及。宁₁较常见，仅举二例以证其与表示反诘的岂₁义同：

（41）徐答曰："岂以五男易一女？"（言语，世说新语；刘孝标注引《晋阳秋》作："广曰：'宁以一女而易五男？'"）

（42）汝痴耳！帝岂复忆汝乳哺时恩邪！（规箴，同上；刘注引《史记·滑稽传》作："陛下已壮矣，宁尚须乳母活邪！"）

以上二例中,"岂"与"宁"为异文,可证"宁"(宁$_1$)与"岂"(岂$_1$)义同。

表示推度的宁$_2$自汉代文献始见,在六朝口语成分较多的文献里也可看到,多用在"VP不"式反复问句里,跟岂$_2$多用于是非问句的情况大体相反。例如:

(43)皇天宁有神不?我为何罪,而当如此!(幽明录,古小说钩沉)

(44)后日王问长生:"汝宁便习兵法不?"对曰:"实便习之。"……后日王问长生:"汝宁好猎不?"对曰:"臣少好猎。"……王问群臣:"卿等宁识长寿王子长生不?"(长寿王经,大正藏,卷三)

(45)太子今出,宁有乐不?(过去现在因果经,大正藏,卷三)

(46)使君谢罗敷:"宁可共载否?"(陌上桑,乐府诗集,卷二八)

下面一例是宁$_2$用在是非问句的例子:

(47)(众比丘)心俱念言:"入城甚早,我曹宁可俱到异学梵志讲堂坐须臾乎?"(六度集经,第八十九镜面王经)

由上可知"可"与"岂""宁"有着大致相同的语法功能,从对"岂"和"宁"的考察,不难弄清可$_2$产生的原因。

(三)可$_2$产生的原因

下表所反映的是疑问副词"可"跟"岂"和"宁"在意义和用法上的比较((+)表示较少见):

	反诘			推度			
	始见时代	FVP	FVP乎	始见时代	FVP	FVP乎	FVP不
岂	先秦	+	+	先秦	+	+	+
宁	先秦	(+)	+	汉	(+)	+	+
可	东汉	+	+	唐	+	+	(+)

从这个表可以清楚地看出可$_2$的产生跟"岂"和"宁"的密切关系。即：

1.疑问副词"可"在出现早期跟"岂"和"宁"有着几乎完全相同的语法意义和用法。"可"既表反诘又表推度，跟"岂"和"宁"是同一类语法现象，是受了"岂"和"宁"的类化。

2."宁"与"可"都是表示反诘在先，表示推度在后，也就是说，作推度副词的用法是从作反诘副词的用法引申而来的。其引申的理据是：反诘是用疑问的形式表示否定，疑问是虚，否定为实，当这种疑问形式不表示否定时，疑问就成了真性的，这样就由反诘引申为推度。可$_2$正是循着这一义理而产生的。

3."岂、宁、可"这三个意义和用法几乎完全相同的疑问副词不可能长久不变地并存下去，因为语言发展要求分工明确，避免重复。其结果，"宁"逐渐被淘汰，"岂"由兼任反诘与推度而向专司反诘之职发展，"可"则经历了专表反诘→兼表反诘与推度→主要表示推度的演变过程，最后形成了今天分工明确、互不干扰的合理分布。

（四）"可"，附论"颇"，用作疑问副词的原因

"可"本是个助动词，用在动词前面表示能，何以会用作疑问副词的呢？这个问题目前尚未见人论及，这里的意见也只是初探性质的。

现代汉语方言里另有一个疑问副词"敢"，山西、陕西等北方方言里使用。如"你敢不知道？""我敢说你来？"其中的"敢"犹岂$_1$，表示反诘的意味。我们正是从"敢"得到启发，从助动词与反诘表达的关系来考虑这个问题的。

"敢"是个助动词，有"可、能、会"等义。早在上古，当"敢"出现在反问句时，就相当于"岂敢"，如《左传·昭公十二年》："周不爱鼎，郑敢爱田？"此句在《史记·楚世家》里作"郑安敢爱田？"（引自徐仁甫《广释词》）可见"敢"为"安敢""岂敢"义。汉魏六朝时期此种用法仍在延续，如《古诗为焦仲卿妻作》："奉事循公姥，进止敢自专？"谢朓《赋贫民田》："曾是共治情，敢忘恤贫病？"其中"敢"字皆为"岂敢"义。乃至又有"敢"与"岂"互文对举之例，如何逊《赠族人秫陵兄弟》："齐人敢为俗，蜀物岂随身？"此类例子徐书所举甚夥，可参看。我们认为助动词"敢"虚化为疑问副词是在反问句这语境中形成的，即：1）助动词"敢"位于动词之前，其位置与疑问副词相当；2）在反问句中，"敢"的语义与它原来的意义正相反，犹"不敢"，用疑问形式表现就是"安敢""岂敢"。由于这种句式的惯用，便使"敢"沾带上了反诘副词的意味，进而虚化为一个疑问副词。"敢"作疑问副词，最初以及多数场合下都表反诘，

但如同既有岂₁、宁₁、可₁（表反诘）也就有岂₂、宁₂、可₂（表推度或中性询问）一样，"敢"也有中性询问的用法，虽然比较少见。我们找到的较早例子是北宋词人柳永的《锦堂春》词："待伊要，尤云殢雨，缠绣衾，不与同欢，尽更深，款款问伊：今后敢更无端？"（全宋词一册29页）弄清"敢"虚化为疑问副词的径路之后，"可"用作疑问副词的原因可以说就迎刃而解了。

"可"与"敢"词性一致，同为助动词，二者词义也有相同之处。如《诗·唐风·扬之水》："我闻有命，不敢以告人"，《荀子·臣道》引《诗》作"国有大命，不可以告人。"（引自徐书）可证"敢""可"义通。张相《诗词曲语辞汇释》卷一举"敢"义为"可"之例甚多，可参看。根据类化或同步引申的规律可以推断："可"也是沿着与"敢"类似的途径演变为疑问副词的。例如《搜神记》卷一："阿母所生，遣授配君，可不敬从？""可不敬从"意为"岂可不敬从"。这种句式的惯用，使得"可"逐渐沾带上反诘的意味，进而虚化为疑问副词。蒋礼鸿《敦煌变文字义通释·释虚字》里举了许多"岂可"同义连用的例子，可参看。总之，我们是从反问句这一语境对助动词语义的影响来解释"可""敢"用作疑问副词的原因的。也就是说，"岂、宁"为一系统，"敢、可"为另一系统。（下一节将谈到"为"和"还"是一系统）

下面回过来谈谈前面讨论过的"颇"为什么会用作疑问副词的。如果我们对于"可"作疑辞的原因的推测大致不误的话，那么离解决"颇"的问题就只差一步之遥了。

如上所说，助动词"可"用在反问句时，"可"义相当于"岂可"或"岂"。这里另要指出的是，与此相对，当"可"用在非真性反问句时，"可"义相当于"不可"。三国（魏）应璩《百一诗》："子弟可不慎，慎在选师友。"又《杂诗》："细微可不慎，堤溃自蚁穴。""可"字单用也有"不可"义，如晋代傅玄《朝时篇怨歌行》："已尔可奈何，譬如纨素裂。"以上"可不慎"义皆为"不可不慎"，"可奈何"义犹"不可奈何"（即无奈何），是知"可"义为"不可"。"可"既有"可（能）"义，又有"不可"义，犹如一个反训词。"不可"之合音为"叵"，"叵"又通借为"颇"，上举"可奈何"即"叵奈（何）""颇奈（何）"，"可、叵"义同，"叵、颇"音同。至此可以推断疑辞"颇"实即"叵"，它来自"不可"义的"可"。即：

$$可\begin{cases}可→岂可→反诘问\\不可→叵（颇）→推度问\end{cases}$$

表示反诘的"可"（即可$_1$）一直沿用下来，而表示推度问的"颇（叵）"（即可$_2$）到中晚唐时逐渐被它的母词"可"所替代。换句话说，可$_2$虽然到晚唐五代时候才出现，但它的异体前身"颇（叵）"早在汉魏六朝时候已经出现。用简表表示就是：

	汉魏六朝	晚唐五代
反诘（可$_1$）	可	可
推度问（可$_2$）	颇（叵）	可

由上看来，反训词"可"不仅有相反的意义（可与不可），同时也有相反的字形（可与叵），此外一度还有相反的语法功能

(可—反问,不可(叵)—正问),这是十分有趣的语言现象。

(五)汉语方言疑问副词"克""格""阿"的来源

现代汉语某些方言里与可$_2$相当的疑问副词在读音和用字上多不相同,苏州话用"阿"[əʔ](耐阿晓得?),合肥话用"克"[kʻəʔ](或读kəʔ]你克相信?),昆明话用"格",[kə](你格认得?)⑤我们认为,'这几个疑问副词都是"可"的变体。

"可"本为上声字,怎么会变成入声的"克"呢?这是方言里的舒声促化现象引起的。所谓舒声促化现象,是指舒声字由轻读弱化变促而与入声相混的现象,尤以入声带喉塞韵尾-ʔ的晋语、吴语和江淮话最为发达。据郑张尚芳等同志的考察,经常读成轻声的音节易有弱化现象,表现为音节长度缩短,使原有的声调特征消失而中性化,在有入声的方言中就容易跟音节短促的入声相混。虚词的意义最虚,在口语中经常处于轻读的位置,所以一般来说,虚词发生促化的现象更为多见。⑥合肥话属江淮方言,至今仍保留着入声-ʔ尾,疑问副词"可"经常轻读,所以有着促化为[kʻəʔ]的条件。与此类同,入声带-ʔ尾的晋语地区也有许多地方"可"读[kʻəʔ],如忻州、太原、太谷、文水、孝义等地。所以如果把合肥话里的疑问副词"克"[kʻəʔ]看作是"可"的促化,应该是可信的。

至于昆明话里的疑问副词"格"[kə],也应是"可"的音变。合肥话里"克"[kʻ-]一读[k-],正可以用来说明昆明话把"可"[kʻ-]读为"格"[k-]的音理。由于昆明话里入声韵尾已消失，所以"可"就音变为非入声不送气的"格"。

关于苏州话里疑问副词"阿"的来源，情况比较复杂，但仍可能是"可"的音变。以下从声调、韵母、声母三方面讨论。

声调 "阿"，《广韵》里为平声字，苏州话为入声字；此外在常州、温州、绍兴以及广东韶关话里也都读入声。这正是上面谈到的舒声促化现象的反映。"可"，《广韵》里是上声字，本与"阿"声调不同，但由于"可"也促化为入声，就跟也促化为入声的。"阿"同调了。

韵母 "阿"从"可"得声，其韵母应同。

声母 "可"为溪母字〔k'-〕，"阿"为影母字，本不相同；但以"可"为声符的形声字有的是见母字（柯，古俄切），有的是溪母字（軻，苦何切），有的是匣母字（何、荷，胡歌切），有的是晓母字（诃、呵，虎何切），有的是影母字（阿，乌何切），也就是说，从"可"得声的字其声母可以是见〔k-〕、溪〔k'-〕、晓〔x-〕、匣〔ɤ-〕、影（零声母）等喉牙音。由于在广州话里"可""考"等溪母字读如晓母，故此使我们联想：从"可"得声的喉牙音字在一定条件下声母可以通转；用作疑问词的"可"（假定在有的方言里其声母读如广州话的〔x-〕）在促化为入声字的过程中，由于轻读弱化，声母浊化为〔ɤ-〕，或者进一步失落了声母，于是就音变为〔a$^{?}$-〕（阿）。苏州话里的疑问副词"阿"很可能就是这么变来的。

这一推测目前还是粗线条的，还需要另有例子来佐证，但我们相信这一思路大致是不错的。

叁 还（为）

"还"字充当疑问副词，最迟不晚于晚唐五代，其语法意义跟今语"可"相当。"还"最常用于"VP不？"式反复问句，同时也以用在是非问句和特指问句中。这里除了考察"还"的各种用法和语法意义之外，还想着重探讨一下"还"充当疑问副词的由来。⑦

（一）用法和意义

还VP（已/也）不？

晚唐五代时候的反复问句除了"VP不？"式之外，又产生了两种变体，即"VP已不/否？"（"已"字又通作"以"）和"VP也无？"例如：

（1）吴王曰："万兵不少以不？"（伍子胥变文，敦煌变文集，19页）

（2）更问少多，许之已否？（庐山远公话，同上，188页）

（3）既是巡营，有号也无？（汉将王陵变，同上，38页）

在《祖堂集》里，"VP已不？"式较少见，大量的是"VP也无？"式，这跟变文里的情况正相反。

疑问副词"还"可以用在上举各种类型的反复问句中，例如：

（4）"汝还识此人不？"对曰："不识。"（祖堂集，2.57）

（5）和尚还曾佛法与人不？（同上，2.58）

（6）如今者若见远公，还相识已否？（庐山远公话，敦煌变文集，190页）

（7）公还颂《金刚经》以否？（同上，186页）

（8）有个爷年非八十，汝还知也无？（祖堂集，2.12）

（9）师云："草还青也无？"对曰："青也。"师云："牛还吃也无？"僧无对。（同上，2.122）

（10）酒场是太后教令，问你还有耳也无？（鉴诫录，卷一"戏判作"）

在以上诸例中，"还"都不是表示重又的副词，而是表示推度疑问的副词。

"还VP？"和"还VP摩？"

"还VP？"格式的"VP？"很可能是"VP不？"式省去句末的"不/否"而成，因此有人仍把它看作反复问句。但是从形式上看，只能把它归为是非问句。因为"VP不？"句末的"不"的称代性逐渐虚化，以至发展到徒有疑问语气而不起称代作用。这种"不"虚化的结果，一是使"VP不？"式可以省去"不"字，仅靠前面的疑问副词和整个句调来传疑，这就是"还VP？"式产生的原因；二是使"VP不？"后的"不"字变成为实质上的疑问语气词，《祖堂集》里的疑问语气词"摩"就是从不→无→摩而来，这就是"还VP摩？"式产生的由来。

"还VP？"式的例子不多见：

（11）问言诸将："还识此阵？"（韩擒虎话本，敦煌变文集，201页）

（12）我这里无人对，众中还有新来达士出来与老僧掇送？（祖堂集，3.9）

"还VP摩?"式在《祖堂集》里常见：

（13）空中有一人说法，声振梵天，诸人还闻摩？（祖堂集，3.24）

（14）六祖见僧竖起拂子云："还见摩？"对云："见。"（同上，1.98）

（15）师云："明明是龙不带鳞，明明是牛不戴角，还会摩？"对云："不会。"（同上，3.19；会，懂、晓得也）

"还"用于特指问句

疑问副词"还"用于特指问句在唐五代十分少见，我们仅检得二例：

（16）远公还在何处？远公常随白庄逢州打州，逢县打县。（庐山远公话，敦煌变文集，174页）

（17）（夫人）启相公曰："只如相公数年，于福光寺内听道安上人讲《涅槃经》，还听得何法？"《同上，178页）

"还在何处？"犹言"到底在什么地方？""还听得何法？"意为"究竟听了什么佛法？"袁宾（1989）最早指出"还"的这一用法，他说这种用法的"还"可加重疑问语气，含有进一步追究的意味，此说甚中肯綮。盖因"还"义为"复"，为"又"，隐含递进义，故用作疑问副词时有追究的意味。"还"用于特指问的用法一直延续到明清时代。

"还"作选择问副词

梅祖麟（1978）指出"还"字最初用作选择问记号是在《祖堂集》里，不过例子很少：

（18）古人还扶入门，不扶入门？（3.84）

（19）秀才唯独一身，还别有眷属不？（4.74）

（20）祖意与教意还同别？（5.106）

我们把这种用法的"还"称作疑问副词，而不称为选择问连词，是从当时"还"在多种疑问句中充当疑问副词的功能考虑的，而且就以上面三例来看，与其把"还"分析为连词，还不如把它看作疑问副词更符合句子的实际，因为这个时期选择问句中的"还"跟现代汉语"你吃米饭还是吃面条？"中的"还是"语法意义不同。

（二）"还"替代"为"的性质

梅文认为"还VP也无？"这种句型的来源可以追溯到五、六世纪以"为"作疑问副词的"为VP不？"一型。即，"还VP也无？"的来源是"为知邪，不知邪？"由于省略或紧缩变成了"为知邪不？"后来"邪"换成了"也"，"不"换成了"无"，"为"换成了"还"，就变成"还知也无？"（见梅文4.2节）这一看法是很有见地的。此外，梅文还认为"还"字替代"为"字是由于这两个词都有"如其"义（假设词），这一点我们有不同看法，现陈述于下面。

疑问副词"为"

魏晋南北朝时期盛用的疑问副词"为"可以用在多种问句中，如"VP不"式反复问句，句末带疑问语气词"耶/邪"的是非问句，以及选择问句。下面就按这三种问句分别举例说明。

为VP（与/尔）不？

（21）许允为吏部郎，多用其乡里。……帝核问之。允对曰："'举尔所知'，臣之乡人，臣所知也，陛下检校，为称职与不？若不称职，臣受其罪。"（贤媛，世说新语）

（22）阁上人曰："闻鱼龙超修精进，为信尔不？何所修行？"（幽明录，古小说钩沉）

（23）世光与信于家去时，其六岁儿见之，指语祖母曰："阿爷飞上天，婆为见不？"（冥祥记，同上）

（24）里间小人无爵秩者，为应得事佛与不？（高僧传，竺佛图澄，卷一〇）

以上诸例的"为"显非系动词，如"为信尔不？"是询问确实不确实，犹言"可确实？""婆为见不？"犹言"阿婆可看见了？""为"在句中起助疑的作用，含有推度的语气，用"为"比不用"为"语气显得委婉、和缓。"为"跟前面讨论过的"颇、可、还"的语法意义相同。"为VP与/尔不？"应是"还VP以/也不？"式的前身。

为VP耶/邪？

（25）我为不如吉耶？而先趋附之。（搜神记，卷一）

（26）向人前呼其父字，为是礼邪？（殷芸小说）

此二例"为"用如反诘副词，"我为不如吉耶？"犹言"我岂不如吉吗？""为是礼邪"犹言"岂是礼邪？"

（27）晋明帝解占塚宅，闻郭璞为人葬，帝微服往看。……主人曰："郭云此葬龙耳，不出三年，当致天子。"帝问："为是出天子邪？"答曰："非出天子，能致天子问耳。"（术解，世说

新语）

（28）酒至，对杯不饮，云有茱萸气。协曰："为恶之耶？"（冥祥记，古小说钩沉）

此二例的"为"表达推度询问的语气，"为VP耶／邪？"跟"还VP摩？"相当。

"为"用于选择问句这方面的例子梅文所举甚夥，此处仅举二例以窥其大概。

（29）夫得道者，为在家得，为出家得乎？（杂宝藏经，大正藏卷四）

（30）不知孚为琼之别名，为别有伍孚也？（魏书，三国志，董二袁刘传裴注，卷六）

例（29）两个分句前皆用"为"，例（30）仅后一分句用"为"。

"还"何以能替代"为"

由上可知，"还"和"为"有着几乎完全相同的语法意义和用法，特别是它们都能用在选择问句中。"为"主要在魏晋南北朝时期使用，到了唐代就不大见到了；而"还"大约出现在晚唐，二者在时间上又相接续，因此推测"还"替代了"为"是有道理的，问题是"还"为什么能替代"为"。梅先生认为"还"替代"为"有可能是同一个语词（两种不同的读法和写法）的替代，其理由是："为"在南北朝时期不但用作"如其"，也作选择问记号；"还"在唐宋时期也不但用作"如其"，也作选择问记号。但是由于语音上的证据尚不充足，梅先生也未作定论。

我们对于上说有怀疑，除了语音上难以讲通外，还在于

"还"作"如其"讲唐代的例子很少见,宋代才较为普遍,而"还"作选择问记号唐五代已多见,时间上衔接得不紧。我们认为,"为"作选择问记号不是直接来自它的"如其"义,而是来自它的"抑或"义。具体说,上古选择问的关联词"将、且、抑、其"之属皆为"抑或"义,表示在或为此,或为彼的两种情况中进行推测选择。南北朝时期的选择问记号"为"本来是系动词,由于它经常出现在选择问句这一语境中表示不确定的判断,于是就引申出"或是"的意义。"或"在意义上跟"又、复"相通,"为"由此又引申出"又、复"之义,这样"为"就跟"还"有了共同的义项,从而为"还"替代"为"提供了先决条件。

以下略作论证。先举例说明"或"与"又、复"意义相通,如:

(31) 既立之监,或佐之史。(宾之初筵,小雅,诗)

"或佐之史"的"或"跟"既"相呼应,应是"又"义。

(32) 今吴不如过,而越大于小康,或将丰之,不亦难乎!(哀公元年,左传)

"过""小康"皆国名。"或将丰之"句,《史记·吴世家》作"又将宽之",可证"或"有"又、复"义。

其次举例说明"为"有"又、复、仍、尚"之义。

(33) 谢安谓裴启云:"乃可不恶,何得为复饮酒!"(裴子语林,古小说钩沉;此条《世说新语·轻诋》亦引)

"乃可"句意为:你身体才好一点,怎么又喝起酒来!"为复"是同义词连用,"为"义同"复"。

(34) 荀介子为荆州刺史,荀妇大妒。……有桓客者,时为中兵参军,来诣荀咨事。论事已讫,为复作余语。桓时年少,殊有姿容。荀妇在屏风里便语桓云:"桓参军,君知作人不?论事已讫,何以不去?"(俗说,同上)

"为复作余语"意为还说些其他的话。"为复"也是同义词连用。

(35)[许玄度出都,刘真长]九日十一诣之。许语曰:"卿为不去,家将成轻薄京尹。"(裴子语林,同上)

此条《世说新语·宠礼》4注引《语林》曰:"玄度出都,真长九日十一诣之。曰:'卿尚不去,使我成薄德二千石。'""尚"是"为"的异文,可证"为"有"尚、还"之义。

"为"也能用于特指问句中,含有追究的意味,这一用法也跟"还"相当,例如:

(36)我向来逢见数人担谷从门出,若不粜者,为是何事!(幽明录)

此言:如果不是粜米又是什么!("何事"此处是疑问代词,不是名词短语)

总之,"为"由系动词"是"义→或是→又、复;"还"作副词也是"又、复"义,六朝时已盛用,不烦举例。因此可以说,"还"替代"为"是同义词的替代。

五代时候始作选择问记号的"还",后来以复词"还是"的形式一直沿用至今,而用作疑问副词的"还"其黄金时代是在五代和宋,元代以后就很少使用了。《朱子语类》里多为"还VP否?"式:

(37)此还是仁之体否?(朱子语类,卷六)

(38)安，然后能虑，今人心中摇漾不定叠，还能处得事否？（同上，卷一四）

(39)又问："真知者，还当真知人欲是不好物事否？"（同上，卷一三；"还当"仿"为当"而来，"当"为语助）

到了明清小说里，仍能看到"还"作疑问副词的各种用法，例如：

(40)翠翘对终公差道："今日还见得成么？"终公差道："这个早晚见得的。"（金云翘，卷六）

(41)这妮子弄来了，还是怎么施行？（同上，卷一四）

"还是怎么施行？"犹言"倒是怎么处置？""还是"表示追究。

在《红楼梦》里，表示推度询问时用"可"不用"还"，但表示反诘时却偶或用"还"。例如：

(42)你们看，我还是那容不下人的？（红楼梦，第三九回）

(43)不么，昨儿大舅太爷没了，你瞧他是个兄弟，他还出了头儿，揽了个事儿吗？（同上，第一〇一回）

清代陈森（道光年间人）的《品花宝鉴》里"还"也用作反诘副词，例如：．

(44)庾香，此二君何如？你看他们的相貌才艺，你评评，还是我说谎的么？（品花宝鉴，第九回）

"还"的这一用法仍保存在现代汉语里，《现代汉语八百词》收录了这一用法，举例为：我们吃这种人的亏还少吗？｜这还能假！《八百词》的编者不把这种"还"看作表示重复的副词，而是看作反诘副词，是很高明的。由此看来，疑问副词"还"自晚唐五代一直沿用至今，[8]只是现在"还"的语法意义稍有变化，由测度询问转为反诘。

今人见面或写信时问候云："你最近还好吗？"对方答云："还好。"显然这里的"还"相当于"尚"，表示抑的语气。但是，我们认为这种用法的"还"最初是推度副词，相当于"可"，只不过后来变化为表示抑的语气了。这种变化是重新分析的结果。即"还"早期既可作一般副词（义犹"仍、尚"），又可以作疑问副词，而且这两种语法意义的"还"用在是非问句里都讲得通。这样，"还VP么？"句式就产生了歧义。比方说"还好吗？"既可理解为"尚好吗？"又可理解成"可好吗？"由于表示推度询问的"还"在现代已基本消亡，所以其位置就让给了表示抑的语气的副词"还"了。

综上所述，带有"还"的疑问句在其历史发展过程中，先后经历了两次重新分析。第一次是从"还VP不？"反复问句变为"还VP（么）？"是非问句，引起了句子结构的变化。这是由于反复问句"VP不？"句尾的"不"失去了称代性，虚化为纯表疑问的语气词而造成的。第二次是在"还VP（么）？"是非问句内部，由于"还"有歧义而引起的。这一次重新分析的性质只是副词"还"由表疑问变为表示抑的语气。

小结

在疑问副词这一节里，我们讨论了"颇、可、还"三个疑问副词，并附带谈到了与"可"有关的"岂"和"宁"，与"还"有关的"为"。在下面的简表里，我们把"颇、可、为、还"四个疑问副词的概况作一归纳,以便从纵横两方进行比较。

	颇			可			为			还		
	反诘	推度	选择问	反诘	推度	选择问	反诘	推度	选择问	反诘	推度	选择问
六朝	-	+	-	+	-	-	+	+	+	-	-	-
唐五代	-	+	-	+	+	-	-	-	-	-	+	+
宋元	-	(+)	-	+	+	-	-	-	-	-	+	+
明清	-	-	-	(+)	+	-	-	-	-	+	(+)	+

附注

① 见《中国文法要略》第十四章、第十六章。商务印书馆,1982。

② 日本汉学家吉川幸次郎在《六朝助字小记》中最早注意到这种用法的"颇"字。见《中国散文论》,筑摩书房,1966年再版。

③ "可煞"一词张相释作"可是",为疑辞,如李清照《鹧鸪天》词桂花:"骚人可煞无情思,何事当年不见收?"王之道《南乡子》词赋雪:"雅兴佳人回舞袂,相宜,试比冰肌,可煞肥?"但我们怀疑此类"可煞"本是甚辞,表示程度之深。"可""煞"皆有"多、甚"义,是同义连用。又有"可煞是"为词的,似可证"可煞"为甚辞,故本文未将此词看作疑辞。

④ "可是"连用在元杂剧中有时充当选择问句连词,相当于现代汉语的选择问连词"还是",有两个分句都用"可是"的,也有只在第二分句用"可是"的。例如:

我若有姑娘呵,肯着他浑家递酒?你说可是我的是,可是他的是?

（黄花峪一折）

今日你接我，可是我接你？（举案齐眉四折）

哥也，你是谎那，可是真个？（冻苏秦三折）

之所以"可是"用如"还是"，是因为"可"和"还"自晚唐五代起都用作疑问副词（详见下节），因为有这一共同点，所以"还"的另一功能——作选择问副词，就渗透给了"可"。

⑤ 参看朱德熙《汉语方言里的两种反复问句》，载《中国语文》1985年第1期。

⑥ 参看马文忠《大同方言舒声字的促变》（《语文研究》1985年第3期），温端政《试论山西晋语的入声》（《中国语文》1986年第2期），贺巍《获嘉方言的轻声》（《方言》1987年第2期），以及郑张尚芳《方言中的舒声促化现象说略》（《语文研究》1990年第2期）。

⑦ 关于疑问副词"还"，梅祖麟（1978）《现代汉语选择问句法的来源》（台湾史语所集刊第四十九本第一分15—33页）和袁宾（1989）《说疑问副词"还"》（《语文研究》第2期）已涉及，可参看。

⑧ 疑问副词"还"仍保留在今江苏睢宁、宿迁等方言中。见杨亦鸣《睢宁话反复问句的类型》（《徐州师院学报》1989年第3期）

莫

壹

"莫"是个表示测度疑问的副词，跟现代汉语里的"莫非""莫不是"意义相同，而且有渊源关系。这个词在唐宋时期使用得比较多，但由于它在形式上跟表示禁止的"莫"相同，跟今天带否定词"非"或"不"的"莫非""莫不是"很不相同，所以后来的人不容易联想到它们之间有直接的关系，因而也搞不清它的确切意义和用法，这从清人俞正燮等关于《宋史·岳飞传》中"莫须有"一词的误解就可见一斑。①近人余嘉锡先生《读已见书斋随笔》和吕叔湘先生《语法札记》最早对"莫须有"一词做出正确的解释。余氏云："莫须有者，即恐当有之义也。"吕氏云："莫须就是现在的恐怕或别是之意。"②皆释"莫须"为测度疑问之词，使读之者茅塞顿开。为了更准确地把握这个词的语义和用法，再对这个词的来龙去脉做一些调查。

贰

表示测度疑问的副词"莫"早在先秦文献中就已出现，例如：

(1) 文，莫吾犹人也？（述而，论语；朱熹集注云："莫，疑辞。"）

(2)（柏矩）至齐，见辜人焉。……号天而哭之，曰："子乎，子乎，天子有大菑，子独先离之。"曰："莫为盗？莫为杀人？"（则阳，庄子）

(3) 阳不克，莫将积聚也？（昭公二十四年，左传）

但是这种用法的"莫"字在先秦文献中很少见，直到唐代以前一直保持着这种十分罕见的状况，就是在六朝小说中也只偶或用之：

(4)（石长和被误传往地府）阁上人曰："闻鱼龙超修精进，为信尔不？何所修行？"长和曰："不食鱼肉，酒不经口，恒转

尊经，救诸疾痛。"阁上人曰："所传莫妄？"（幽明录，古小说钩沉）

"所传莫妄"意为：大概传错了人吧？吕先生在前举《语法札记·莫须有》一文中（《语文杂记》本）引稗海本《搜神记》（即中华书局《搜神后记》本所收）中出现的"莫要"（一例）"莫是"（二例）作为南北朝时期的用例，对此我们有不同的看法。据考证，稗海本《搜神记》很可能不是魏晋南北朝人所作，比如唐宋各种类书中称引干宝《搜神记》之处很多，但一条也未见收于稗海本，而且稗海本中有些地名、官名以及人物也非晋时所有。从语言角度来看，稗海本《搜神记》中有不少语法成分是唐代以后的文献中才出现的，因而为慎重起见，不宜把稗海本《搜神记》作为南北朝时期的资料使用。③

叁

总之，测度疑问副词"莫"在唐代以前只有零星用例，它的大量出现是在中唐以后，除了单用的"莫"之外，又出现了"莫应""莫须""莫是"等连用形式，同时也出现了"莫非""莫不是""莫不"等否定形式。下面分别举例说明。

A. 莫

（5）辽阳在何处？莫望寄征袍？（崔道融：春闺诗）

（6）莫朕无天分？一任上殿，标寡人首，送与西楚霸王亦得。（汉将王陵变，敦煌变文集，36页）

（7）皇后上（尚）自贮颜，寡人饮了也莫端正？（韩擒虎话

本，同上，197页）

以上三例句尾无疑问语气词，靠"莫"和语调表示测度语气。

（8）夫人莫先疾病否？（叶净能诗，同上，217页）

（9）石又奏咸阳令韩咸请开兴成渠，……上曰："莫有阴阳拘忌否？苟利于人，朕无所虑也。"（李石传，旧唐书，卷一七二）

以上二例"莫"用在反复问句"VP否？"前面，很像"颇VP否""可VP否"。但是，"莫"跟疑问副词"颇"和"可"的语法意义是不同时，"颇"与"可"用于真性询问，即实有不知而问，而"莫"主要表示测度疑问，实际是表示一种不确定的肯定。不过，偶然也有"莫"用如"颇""可"的例子：

（10）项羽遂乃高喝："帐前莫有当直使者无？"（汉将王陵变，敦煌变文集，37页）

此例意为：项羽高声喝问："帐前可有值班的人？"

B. 莫是

"莫是"出现较晚，约在晚唐五代，宋代比较常见。

（11）云何弥勒得授记乎？又莫是无生得受记也？（维摩诘经讲经文，同上，598页）

（12）欲赋归来，莫是渊明错？（戴复古：醉落魄·九日吴胜之运使黄鹤山登高）

C. 莫应（应莫）

"应"也是推度之词，"莫"与之连用，构成双音节副词，这样不但在音节上显得稳定,也便于跟禁止词"莫"在形式上区分开来,故唐宋时候比较常见。

(13)昨夜频梦见,夫婿莫应知?(王谌:闺情诗)

(14)殿上索朕拜舞者应莫不是人?(唐太宗入冥记,敦煌变文集,209页)

D. 莫须

唐时"莫须"尚少见,且似尚未熔成一词,"须"仍为动词:

(15)闻上谓宰臣曰:"有谏官疏,来年御含元殿事如何?莫须罢否?"(因话录,卷一)

到了宋代"莫须"已凝固为一个测度疑问之词,不必分开理解了。即以三字狱"莫须有"为例:

(16)狱之将上也,韩世忠不平,诣桧诘其实。桧曰:"飞子云与张宪书虽不明,其事体莫须有。"世忠曰:"莫须有三字何以服天下?"(岳飞传,宋史,卷三六五)

"莫"后带否定词的用法唐时已见,但并不普遍,我们只见到有数的几例。

E. 莫不是(不是莫)

(17)公曰:"诸葛所止令兵士独种蔓菁者何?"绚曰:"莫不是取其才出田者生啖,一也;叶舒可煮食,二也……"(刘宾客嘉话录,上)

(18)我无儿子出家,不是莫错?(大目乾连冥间救母变文,敦煌变文集,733页)

"不是"也可表示测度疑问,故"莫不是"和"不是莫"都应分析为"莫"与"不是"的叠用。这种叠用开始是为了加强测度语气,到后来才凝固为一个词的。"莫不是"一直沿用至今,"不是莫"早已被淘汰。

F. 莫非

"莫非"在晚唐五代文献中始见,使用也很不普遍。

(19)孩童虽生宫内,以世绝伦,莫非鬼魅妖神?莫是化生𢀖?(太子成道经,敦煌变文集,322页;𢀖为菩萨的合体俗字)

G. 莫不

在稗海本《搜神记》里有"莫不"之例。如前所说,这个本子的《搜神记》写于什么时代尚有疑问,我们倾向于把它看作晚唐五代或北宋的作品。

(20)(虢君太子已夭七日)鹊闻之,请入而吊。吊讫出门,知太子有命,语左右曰:"太子莫不要却生否?"(卷一"扁鹊"条)

"莫不"连用作测度疑问副词的普遍使用,是在元明时候:

(21)你个馋穷酸俫没意儿,卖弄你有家私,莫不图谋你东西来到此?(西厢记三本之一折)

(22)客人莫不会使枪棒?(水浒传,第二回)

例(21)"莫不"是表示反问的。值得注意的是,不能把元明时候的"莫不"看成是唐代就已出现的"莫不是"中的"莫不",因为"莫不是"应分析为"莫+不是",而不能分析为"莫不+是"。

由上可知,测度疑问副词"莫"在历史上有肯定形式:莫、莫是、莫应、莫须;同时又有否定形式:莫不是、莫非、莫不。但在现代汉语里,其肯定形式无一保存下来,只留下否定式中的"莫不是"和"莫非"。

附注

① 见俞正燮（理初）《癸巳存稿》卷三"莫"字条。俞言《宋史·岳飞传》"其事体莫须有"句当于"莫"字断，即读作"其事体莫，须有。"

② 余文收于《余嘉锡论学杂著》下册，中华书局，1963。吕文收入《汉语语法论文集》，科学出版社，1955；另又收入《语文杂记》，上海教育出版社，1984。

③ 详见范宁《关于〈搜神记〉》，载《文学评论》1964年第1期，江蓝生《八卷本〈搜神记〉语言的时代》，载《中国语文》1987年第4期。

2 禁止副词

别

壹

禁止词"别"主要表示禁止和劝阻，跟"不要"的意思相同；此外，它又跟"是"合用，表示揣测。古代用"毋"和"勿"作禁止词，汉代前后又有"莫"，在"莫"之后又有"休"。到了现代，"勿"只在"请勿吸烟"之类的特定书面语中使用；"休"，口语里只用"休想"一词；"莫"还保存在武汉、长沙、成都等方言里。现代官话系方言的禁止词大都用"不要"或"不要"之合音，如西安、西宁、洛阳等地（详见下文）。

"不要"的合音，一般用俗字"覅"表示，苏州话用"嫑"，只有北京、济南等地用"别"。关于禁止词"别"的来源有种种推测，迄今尚无定论。

比较普遍的看法是，"别"是"不要"的合音。比如早在四十年代吕叔湘先生曾说："'不要'一词用久了已经失去原义，干脆成了一个禁止词。到了'不要'二字合音成'别'（北京）的时期，那就和'休''莫'等单词没有什么两样了。"（见《中国文法要略》17.34节）

王力先生（1951）持不同看法，他说："普通总以为'别'是'不要'的合音，但这是很难解释的，因为'不'和'要'的合音该是biao，不该是bie。所以'别'字的来源还是尚待考证的。"（见《中国语法理论》上册第三章第二十三节）

"别"字本来是个指别词，义为"另外"，如别人、别处、别有天地等等。太田辰夫先生（1957）推测禁止词"别"的来源可能跟指别词"别"有关系。他说："表禁止的副词'别'在明代就有一些，但用得较多是在清代。有人认为它是'不要'的简缩形式，但这是不正确的。它也可以说成'别要'，恐怕是从本来意义的'别（另外）'引申而来，成为委婉的禁止意义。"（见《中国语历史文法》中译本282页）

如上所述，关于禁止词"别"的来源各说不一，有从二字连读发生合音现象考虑的，也有从词义引申角度考虑的，还有明确表示不详待考的，看来对这一问题进行更为深入的讨论，还是很有必要的。

贰

禁止词"别"出现较晚,辞书都举《红楼梦》为例,好像这个词是直到清代才出现的。其实,早在元人杂剧和散曲里就已看到它的用例,尽管为数很少:

(1)别引逗出半点儿风声,夫人他治家严肃狠情性。(㑇梅香一折〔六幺序〕幺篇,元曲选第三册)

(2)别近谤俺夫妻每甚的,止不过发尽儿掏窝不姓李。(哭存孝一折〔尾声〕,元曲选外编第一册)

(3)问甚鹿道做马,凤唤做鸡,葫芦今后大家提,别辨是和非。(周仲彬,套数〔斗鹌鹑·自悟〕,太平乐府,卷七)

前两例出自元杂剧中的曲词而不是宾白,比较可信是元人手笔。第三例出自散曲里的套数,也较可信。

根据禁止词"别"的最早用例,我们先假设"别"是"不要"二字连读时的合音。"要"在中古属效摄三等字,在《中原音韵》里属萧豪韵。中古效摄一二三四等字的主要元音通常依次构拟为 ɑu ɔu ɛu eu,其中三等或三四等字有腭介音。到了《中原音韵》时代,原中古效摄一二等字拟音为 au 和 iau(二等牙喉音字),三四等字为 iɛu。当"不要"二音连读时,发生了合音现象(关于声调下文另外讨论),即:

$$pu + i\varepsilon u \rightarrow pui\varepsilon u \rightarrow pi\varepsilon u \rightarrow pi\varepsilon$$
$$不\quad 要\quad (单音节化)(覅)\quad(别)$$

从 pu+iɛu 到 piɛu 是第一变化,piɛu 在快读时韵尾-u 变得很弱,以至于脱落,于是又从 piɛu→piɛ,这是第二变化。由于当时效摄三等字"要"读iɛu不读iau，又由于合音后发生了第二变化——脱落了-u韵尾，所以今天对"别"是"不要"的合音不容易认定。

实际上，很多地方"不要"的合音都不是"别"和"要"的规则的缩合，或者是失落韵头i-，如西安的pɑu，西宁、洛阳的pɔ；或者是失落了韵尾-u，如北京、济南的piɛ，苏州的fiæ；或者是韵头韵尾两皆失落，如扬州的pɛ。安徽省含山县"要"的单字音为［iɔ˩］，但"不要"的合音为［pɛ˩］。"不要怕"说成"［pɛ˩］怕"，连"不要紧"也说成"［pɛ˩］紧"，这是很有说服力的证明。因此，我们不能因为piɛ不同于"不要"的规则的合音piɑu，就否定它可能是"不要"的合音。

"不要"表示禁止或劝阻，最早见于唐代的文献，例如：

（4）邪路不用行，行之枉辛苦；不要求佛果，识取心王主。（寒山子诗集）

（5）且须谋日富，不要道家贫。（陆龟蒙：对酒）

（6）太尉归戒阍者，此人来不要通。（唐语林，补遗卷七）

但是"不要"从何时起发生合音的，却无法确知。更重要的是，"不要"的合音应读去声，这跟北京话里禁止词"别"读阳平在声调上不相吻合。因此，不解决声调问题，合音说仍有令人不安之处。为此我们重点调查了明清时候用北方话写作的白话小说。

除了元曲之外，在《红楼梦》之前出现禁止词"别"的白话文学作品有明代的《金瓶梅词话》和清初的《醒世姻缘传》。

这两部小说都是用北方官话写成的，而且通常认为它们的基础方言都是山东话。十分值得注意的是，这两部书中不仅有禁止词"别"，而且还有"别要"，而且"别要"比"别"更多见。这一现象为我们了解禁止词"别"早期的使用情况，并由此探索其由来提供了十分重要的信息。下面即以《金瓶梅词话》为主要资料，作进一步的探讨。

明万历本《金瓶梅词话》里"别"字单用作禁止副词的凡两见：

（7）分付玳安："且别教他往后边去，先叫他楼上来见我。"（第四二回）

（8）希大道："哥别提，大官儿去迟了一步儿，我不在家了。"（第五二回）

与此形成鲜明对比的是，"别要"合用作禁止副词的共三十一例，是"别"字独用例的十五倍多。现仅举其中十例于下：

（9）小囚儿，你别要说嘴！（第二一回）

（10）你别要管他，丢着罢！（第二三回）

（11）贼强人，到明日永世千年就跌折脚也别要进我那屋里。（第三一回）

（12）你别要说我对你说，交他怪我。（第五一回）

（13）李三，你且别要许他，等我门外讨银子出来和你说话去。（第五一回）

（14）西门庆走到屏风后边对众妇人道："别要嘻嘻的笑，引的我几次忍不住了。"（第五三回）

（15）老亲家你不知，相这样小淫妇儿，别要闲着他，快与我牵出来。（第六三回）

（16）爹也别要恼，我说与爹个门路儿，管情教王三官打了嘴，替爹出气。（第六八回）

（17）今后你有轿子钱便来他家来，没轿子钱别要来。（第七八回）

（18）我教你这老狗别要慌，你这几年转的俺丈人钱勾了。（第八六回）

从以上诸例来看，"别要"跟"别"在意义和用法上都没有什么不同。令人疑惑的是，如果"别"是"不要"的合音，为什么单用的"别"仅见二例，而添上蛇足的"别要"却多至三十一例呢？

有一种可能是"别"之有"别要"，犹"莫"之有"莫要"，"休"之有"休要"。换句话说，"别要"是从"莫要""休要"类推出来的。"莫"和"休"本来就是综合性的禁止副词，或许是受汉语词汇双音节化趋势的影响，又跟"要"合用作"莫要""休要"，变成分析性的（否定词＋要）。"莫要"合用之例如：

（19）哥，你若送将我那女孩儿来家，老汉莫要说一瓮酒，一个牛犊儿，便杀身也报答大恩不尽。（李逵负荆一折〔金盏儿〕白，元曲选四册）

（20）阿嫂休怪，莫要笑话。（水浒传，第七回）

（21）着到几时，莫要着了。（金瓶梅词话，第五四回；

"着",指着棋)

"休要"合用之例如:

(22)和尚,休要狂獐,等待着。(董西厢,卷二大石调〔玉翼蝉〕)

(23)孩儿,你且休要性急,待你阿妈酒醒呵,再做商议。(哭存孝一折〔尾声〕白,元曲选外编一册)

(24)此是你梦想旧境,只把心来放正着,休要理他!(金瓶梅词话,第五九回)

据香坂顺一氏(1983)考察,"莫"和"休"除了跟"要"合用之外,又能跟"得"合用作"莫得""休得",例如:

(25)则说我姪儿山寿马和茶茶暖痛来,莫得疑猜。(虎头牌四折〔滚绣球〕,元曲选一册)

(26)宋星主休得迟疑,娘娘久等。(水浒传,第四六回)

《西游记》里又用"少"表示禁止,"少"也能分别跟"要"或"得"合用表示禁止。例如:

(27)你这伙道人都少打。(第三六回;"少打"犹"休打")

(28)师父休怪,少要言语。(第二七回)

(29)你莫要心焦,少得烦恼。(第二一回)

由上可以看出,单音节的禁止词跟与之相关的助动词"要""得"合用已成为当时的惯例,使用十分普遍。不仅如此,就连古代沿用下来的文言禁止词"勿""毋"也可以跟"得"合用:

(30)汝等勿得再来争执。(水浒传,第八五回)

(31)告示诸将,各要遵依,毋得差错。(同上,第七六回)

在这样一种语言背景下，新出现的禁止词"别"自然不能不受影响，因而"别要"合用是不足为怪的。

但是，"别要"合用的情况跟"莫要""休要"等又有区别，这就是"莫""休"自作禁止词以来，长期都是单独使用的，即使在后来能跟"要""得"合用，也依然以单用者为主。就拿《金瓶梅词话》来说，这部书里"休要"合用的频率远远高于与它时代相近的其他白话小说，尽管如此，单用的"休"仍比"休要"的比例大。我们检查了前五十回，其中"休"有一百二十三例，"休要"有七十二例，这跟该书中"别"仅二例，"别要"有三十一例的情况很不一致。不只《金瓶梅词话》，稍晚于它的《醒世姻缘传》也是如此。《醒世姻缘传》里"别"与"别要"并用，如：

（32）这是晁亲家不知道的事，别提。（第九回）

（33）别说宅里三奶奶不依，我也不依。（第二十二回）

（34）那认儿子的话别要理他。（第五回）

（35）多拜上奶奶，别要管他，拿下去打！（第二十回）

我们检查了前五十回（全书共一百回），其中"别"有二十六例，"别要"有三十五例，虽不像《金瓶梅词话》的比例那么悬殊，但"别要"仍多于"别"。《醒世姻缘传》印证了《金瓶梅词话》里"别要"多于"别"的事实，说明这一现象不是偶然的；同时又显现出"别要"有逐渐减少的趋势。后来，到了以北京话为基础方言的《红楼梦》里，已统一用"别"，而且"别"出现的频率也大大高于前两部小说。但是，在脂评庚辰本《石头记》里，仍可见使用"别要"的例子，尽管很少：

（36）探春笑道："也别要怪老太太，都是那个刘姥姥一句话。"（第四二回）

（37）贾母又道："你放心，等明儿我叫他来给你赔不是，你今儿别要过去燥着他。"（第四四回；"燥"为"臊"之误，庚辰本多见）

此后，清代道光时人陈森用北京话写成的《品花宝鉴》里，仍然使用"别要"，例如：

（38）老王，你别要这么著。（第三回；另一处有"别这么著"）

（39）今日简慢极了，别要笑话。（第五回）

（40）你如今又远行了，也须过个礼，不是这样就算的，别要教人怪起来。（第一五回）

我们检查了前三十回（全书共六十回），"别"有十例，"别要"有四例。这说明清代中叶以后，"别"单用已占优势，尽管口语中"别要"仍未绝迹。

由上所述可以看出，像《金瓶梅词话》和《醒世姻缘传》里"别要"大大多于"别"的现象是很难用受到"莫要""休要"的类化来解释的。那么，究竟应该怎样看待"别"又作"别要"呢？我们的推测是，"别要"很可能是在"不要"合音发生第一变化（piɛu）之后继而发生的另一种第二变化，即1）piɛu脱落韵尾-u，变为piɛ；2）piɛu被重新分解组合为piɛ＋iɛu。亦即：

$$pu + i\varepsilon u \to p_u i\varepsilon u \to pi\varepsilon u \begin{cases} pi\varepsilon（别）\\ pi\varepsilon + i\varepsilon u（别要）\end{cases}$$
$$\text{不 要} \qquad\qquad\qquad \text{嫑}$$

这种两种音变现象跟唐代"是物"变为"甚没"和"甚"十分相似。"是物"在八世纪中叶变为"是没",九世纪时变为"甚没"和"甚"两种形式:

$$是物 \to 是没\ \acute{s}imə \begin{cases} 甚没\ \acute{s}imm\partial \\ 甚\quad \acute{s}im \end{cases}$$

"甚没"后来又渐次变为"甚摩""什摩"→"甚麽""什麽",而"甚"作疑问词西北方言一直沿用至今。(参看志村良治,1984)把"不要"与"是没"的音变加以比较,可以看二者有很相似之处,所不同的是,是没→甚没发生了连读语音逆同化现象(前一音节受到后一音节声母的同化),而不要→别要则是把一个连读缩合音节分解组合为两个音节。

如前所说,"不要"合音而产生的piε最初应是去声,但是,当"别要"连读时,由于"别"(去声)位于"要"(去声)的前面,就音变为阳平调(此据今以推古),这就是今天读作阳平调的禁止词"别"[piɛ˦]的来源。从古代文献和现代方言的情况来看,"别"是主要通行于北京(包括河北省)、山东一带的禁止词,跟《红楼梦》时代大体相同的《儒林外史》,以及晚于《红楼梦》的《镜花缘》等用江淮官话写作的小说里都不用"别"。但是这不等于否定其他地方的禁止词也多是"不要"的合音。恰恰相反,现代方言中很多地方的禁止词都是"不要"的合音,只不过由于方音的不同,或由于合音时发生了种种音变,这些合音(如沈阳[pei˩]、温州[fai˩]、福州[paiʔ˥]等)跟"别"的声韵调有差别,不能用"别"字来标示罢了。

叁

俞敏先生曾根据朱元璋北伐时把一批安徽人带到北京定居下来的历史事实,推测北京话里的禁止词"别"可能跟皖南话有关系。他说:"北京人的'别'从哪儿来的呢?罗先生(莘田)调查的绩溪方音'不要'念[pəʔˡieʮ]或合音念[pie˩]。我老怀疑'别'是皖南话的遗迹。"(见《方言》1984年第4期)俞先生的文章提醒我们,除了北京、济南等地之外,安徽绩溪话里的禁止词也读[pie˩]音。

罗先生当年调查后写成的报告今天已不易看到,笔者请教了近年对绩溪话做过系统调查的郑张尚芳同志。据他告知,绩溪城关华阳镇把"别喊他们"的"别喊"说成"不叫"[pəʔˡˡtɕie˩],也说"不要叫"[pəʔˡˡie˩tɕie˩];另外,"不要叫"又说成[pie˩tɕi-e˩],[pie˩]是"不要"的合音。这个[pie˩]跟现在北京话里的禁止词"别"读音相同。如何看待这种相同的语音形式呢?诚然,地理上相距很远的两个地方有某些相同的语言形式存在,有的确实跟移民有关,但具体到禁止词"别"的场合,由于元人杂剧和散曲里已经出现了少量用例,明代《金瓶梅词话》里"别"与"别要"并用,这说明北方话自身也有产生禁止词"别"的条件,所以可以认为北京话里的"别"跟皖南话里"不要"的合音[pie˩]没有来源上的关系。

绩溪话不用"别"字表示"不要"的合音［pie˧］，这是因为在绩溪话里，作指别词的"别"（"另外"义）声母读送气音［pʻ-］，而"不要"的合音。声母不送气［p-］，故无法借"别"表示"不要"的合音。这个事实也说明指别词的"别"跟禁止词［pie˧］没有来源关系。北京话之所以能用指别词"别"作"不要"合音的音借字，是由于在北方话里它们的声母没有送气与不送气的分别；在声调上，"别"字由浊入（皮列切）变为阳平，"不要"的合音原为去声，它跟去声的"要"连用，也音变为阳平调。这样，指别词"别"就充当了"不要"合音的音借字。

最后，把本文的主要观点归纳一下。

（一）北京话里的禁止词"别"是"不要"的合音。"要"（原中古效摄三等字）在《中原音韵》时代读iɛu，推测"不要"的合音为：

pu＋iɛu→pᵤiɛu→piɛu→piɛ→pie

（二）《金瓶梅词话》里"别要"远远多于"别"，这可能是"不要"合音后发生的另一种第二变化，

即pu＋iɛu→pᵤiɛu→piɛu ⟨ piɛ （别）
piɛ＋iɛu（别要）

（三）"不要"的合音最初应为去声，当"别要"连用时，去声的piɛ在去声的"要"之前声调发生了变化，变成阳平调。

（四）从元曲中已出现表示禁止的"别"，以及《金瓶梅词话》中"别"与"别要"并用来看，北京话里的禁止词"别"

似不源自皖南话。从绩溪话里指别词"别"声母为［p'-］,"不要"合音的声母为［p-］来看,表示禁止的"别"不是来自指别词的"别"。在北京话里,指别词"别"只是"不要"合音的同音借字。

参考文献

吕叔湘（1982）:《中国文法要略》,商务印书馆（上卷初版1942,中卷下卷初版 1944）。

太田辰夫（1951）:《中国语历史文法》,江南书院,蒋绍愚、徐昌华中译本,北京大学出版社,1987。

天津文竹斋排印本（1933）:《沧县志》收于波多野太郎编《中国方志所录方言汇编》第五编。该县志云:"'别''即'不要'二字合声之转。'不要'合读为'包','包'之入声为'别'。"

王力（1951）:《中国语法理论》上册,商务印书馆,（初版1947）。

香坂顺一（1983）:《白话语汇的研究》,光生馆。

俞敏（1984）:《北京音系的成长和它受的周围影响》,《方言》第4期。

赵元任（1979）:《汉语口语语法》,吕叔湘译,商务印书馆。该书8.1节p329云:"别,这是'不要'的熔合,阳平声是由于'不'在去声前变调。苏州话'嫑'之为熔合,语音上更清楚。"

志村良治（1984）:《中国中世语法史研究》169—226页《甚麼的成立》,三冬社。

（四）词缀

是~（阿~）

早在先秦时期，"是"字已在判断句中充当判断动词（也叫系动词），近些年出土的秦简等文物再次证明了这一点。此外，"是"自古以来又充当指示代词，相当于"这"，可以在句中独立作主语、宾语。例如《史记·齐悼惠王世家》："王既罢兵归，而代王来立，是为孝文帝。"又，《淮阴侯传》："归楚，楚人不信；归汉，汉人震恐。足下欲持是安归乎？""是"字又可以用在名词之前作修饰语，起指示作用。例如《孟子·梁惠王》上："是心足以王矣。"《史记·樊哙传》："是日，微樊哙奔入营谯让项羽，沛公事几殆。"到了中古，"是"字单独作主宾语的用法已渐趋减少之势，而在名词前面作修饰语的用法仍相沿不衰。

值得注意的是，在唐五代时期白话成分较多的文献里，又可以看到在某些疑问代词和三身代词前面加"是"的用法，前者如"是谁""是底""是物"，后者如"是我""是你""是他"。据我们来看，用在这两种代词前面的"是"，原本都是系动词；之所以要在前面加上"是"，是为了加强疑问代词的疑问语气和加强三身代词的指示性。同是用在疑问代词前面的"是"，"是谁"又跟"是底""是物"不同。"是谁"的"是"还保留着动词性，而"是底""是物"的"是"已经虚化，跟"底"和"物"分别结合为一个疑问词，"是"在这两个疑问词里只起一个音缀的作用。至于用在三身代词前面的"是",最初是为了加强其指示性而用的,后来用惯了,也只相当于一个音缀。"是"字的上述用法目前还鲜为人所道①,下面拟分类举例说明我们的上述看法。

壹 是+疑问代词

A. 是+谁

"谁"作主语,出现于句首,自唐代开始有在"谁"字前面加上"是"字以加重语气的趋势,形式上变成动宾结构作主语。关于这一特点,吕叔湘先生在《近代汉语指代词》中已经指出(见该书3.2.1节)。例如:

(1)是谁教汝?(北齐书王晞传,卷三一)

(2)是谁如此解会?(祖堂集,3.122)

(3)是谁容易比真真?(孙光宪:浣溪沙)

(4)当立名时,是谁为立?(景德传灯录,卷五)

这种用在"谁"前的"是",显然是为了加强疑问语气而加上去的;同时,加上了"是","谁"由单音节变成了双音节的"是谁",在音节节奏上要安定得多。

B. 是+底

"底"在六期文献里用作疑问代词,相当于"何"。关于"底"的来源,通常的看法是:"底"是"等"的声转,"等"即"何等"之省,故又可以单用作疑问代词。"是+底"的用法见于稍后一些的文献里,例如:

(5)薛道衡聘陈,为人日诗……南人嗤之曰:"是底言!谁

谓此虏解作诗！"（隋唐嘉话，上）

（6）摘荷空摘叶，是底采莲人！（张祜：读曲歌，乐府诗集，卷四六）

例（5）"是底言！"即"什么话！"南人瞧不上薛道衡的诗，所以说"什么话！"例（6）意为：摘荷只摘叶子，算什么采莲人！"是底"也是"什么"的意思。此二例"是底"皆用于感叹句，"是底"是修饰语。

如果说这两例中"是底"的"是"解作系词也说得通的话，那么下面一例"是底"的"是"就完全不能解作系动词了：

（7）当初缘甚不嫌，便即下财下礼，色（索）我将来，道我是底！（蚜蚼新妇，敦煌变文集，858页）

这是新妇对公婆发的牢骚话，说是：当初你们为什么不嫌，下财下礼把我娶了过来，现在还说我干什么！"是底"的意思就是"底"——什么，"是"字已虚化，"是底"应看作一个词。

C. 是+物（勿、没）

唐代文献中始见疑问代词"是物"，其中的"物"就是六朝时期盛行的疑问代词"何物"的"物"。王国维《观堂集林》卷六《释物》云："物本杂色牛之名，……由杂色牛之名，因之以名杂帛，更因以名万有不齐之庶物。"万物之"物"是"物"字的主要引申义，此外，又由"物"的杂色义引申出"等类色样"之义②。如《左传》桓公六年："丁卯，子同生。……公曰：'是其生也，与吾同物，命之曰同。'"杜预注："物，类也，谓同日。"即桓公之子与桓公生日相同，所以起名为"同"。《玉篇·牛部》释"物"为"事也,类也",因此"何物"与"何等"是结构、意义都相同的两个疑问代词,它们一度曾并行使用。跟"何等"能省略为"等"一样,"何物"也可以省作"物",敦煌写卷中出现的疑问代词"没""莽"就是它的音借字。例如:

(8)缘没不攒身入草,避难南皈?(李陵变文,敦煌变文集,86页)

(9)今受困厄天地窄,更向何边投莽人?(捉季布传文,同上,57页)

"没、莽"义皆犹何,什么。加上前缀"阿",又作"阿没""阿莽":

(10)于身有阿没好处?(燕子赋甲,同上,251页)

(11)如今及阿莽次第,五下乃是调子。(同上)

从"是谁"用法的产生推想,"是物"连用最初也是为加强"物"的疑问语气而在它的前面加上系动词"是"的。后来"是物"连用成为惯用语,凝固成一个词,"是"的动词义虚化,成为一个前缀。"是物"在唐代又作"是勿""是没",例如:

(12)唤作是物?——不唤作是物?(神会语录,115页)

(13)是勿是生灭?——三世是生灭。(同上,104页)

(14)玄宗问黄幡绰:"是勿儿得人怜?"对曰:"自家儿得人怜。"(因话录,卷四)

(15)又问:"空便有是没物?"(神会语录,145页)

把"是谁"跟"是物(勿、没)"相比较,可以看出它们的不同。即"是谁"的"谁"可以看作"是"的宾语,而"是物"

的"物"不能分析为"是"的宾语;"是谁"只能作主语,不能作宾语和修饰语,而"是物"既可作主语,又可作宾语和修饰语。这两点不同表明"是谁"不如"是物"结合得紧密,"是谁"可以再分析,"是物"不可再分析,它作为一个疑问词可以自由地使用,"是"在这个词中只起一个音缀的作用,"是物"经过音变,变成"甚么""什么"。上面对于"是物"的分析同样适用于"是底"。因此,是否可以说,当"是"用在疑问代词前面时,它在有的情况下仍保留着动词的词性,如"是谁",而有时则已失去动词的词性,只相当于那个疑问词的前缀,如"是底""是物"。

贰 是+三身代词(均出现于句首)

A. 是+我

(16)杨坚举目忽见皇后,心口思量:"是我今日莫逃得此难?"(韩擒虎话本,敦煌变文集,198页)

(17)"和尚此间还著这个人不?"师云:"是我这里别有来由。"(祖堂集,3.74)

例(16)"是我"作主语,例(17)"是我"作修饰语,"是我"是一个词,相当于"我"。

B. 是+你/汝

(18)(白庄)问远公曰:"是你寺中有甚钱帛衣物,速须搬运出来!"(庐山远公话,敦煌变文集,172页)

(19)是你下牒言我,恐你到头无益。(燕子赋,同上,249页)

（20）是你远来大艰辛，还将本来不？若有本即合识主，是你试说看。（祖堂集，1.112）

（21）师云："灵秀家风也且从，是汝家风作摩生？"（同上，3.103）

（22）我缘今日斋去，是汝且与我看院。（难陁出家缘起，敦煌变文集，397页）

此外又有"是君"，"君"虽系普通名词，但又可用如第二身代词之敬称，所以也归在这一类里：

（23）此言并是实，天下亦知闻。是君不信语，乞问读书人。（燕子赋，同上，263页）

以上各例中，"是你、是汝、是君"或作主语，或作修饰语，"是"字均不为义，显非系动词。

C. 是＋他／渠

（24）相公曰："是他道安是国内高僧，汝须子细思量。"（庐山远公话，同上，185页）

此例中已另有谓语动词"是"，益见得"是他"的"是"不起动词作用。"是他"为"道安"的修饰语，犹言"彼道安""那道安"，"是他"意即"他"，只不过"他"用作远指指示代词。再如：

（25）是他道安上人，自到京中讲谱，王侯将相，每日听他说法。（同上，182页）

（26）当用无用，如啐啄之机，是他上上之流始得。（祖堂集，3.122）

此二例中的"是他"也都用如指示代词"那",与例(24)同。

(27)师云:"体在妙处,莫将作等闲。到这里不分贵贱,不别亲疏,如大家人守钱奴相似,及至用时,是渠总不得知东西。这里便是不辨缁素,不识清浊。"(同上,2.131)

"是渠"犹言"渠",第三身代词,在句中作主语,"是"字不为义。

在"是+三身代词"之中,以"是+第二身代词"最为常见,其他两身代词比较少见。"是我、是你/汝、是他/渠"分别相当于"我、你、他",唯"是他"又相当于指示代词"那";但是,不管怎么说,上举三身代词前面的"是"都已经不能看作系动词了。

在有些例子中,三身代词前面的"是"到底是什么成分不易断定,看作系动词好像也能讲得通。比如:

(28)再三劝说你早修行,是你顽痴心恍惚。(寒山诗)

(29)师云:"我适来龙头蛇尾,是汝不知。"(祖堂集,4.28)

(30)是汝自家尚乃未得恬静,何能令他道业成持?(同上,4.35)

(31)某甲要投禅出家,禅师曰:"是我宗门中银轮王嫡子金轮王孙子方始得继续不坠门风;是你三家村里男女,牛背上将养底儿子作摩生投这个宗门?不是你分上事。"(同上,1.114)

细玩文意,这四例中的"是你"等或作主语,或作修饰语,"是"字并不表示判断,去掉"是"字毫不影响句意。这说明"是"字并无实义,"是你"就相当于"你","是我"就相当于"我"。不过,从这一类解作系词似亦可通的例子,正可以看出变为三身代词前缀的"是"的来源。就是说,开始是在三身代词前面加上系动词"是"以加强其指示性,"是你"显然比"你"的指示性更为明确;后来这种连用形式惯用化、固定化起来(可能受到汉语词语双音节化趋势的影响),"是"字的动词性渐渐虚化,只起加强指示的语法作用,这样一来就变得类似于一个前缀了。

综上所述可知,在唐五代这一历史时期,口语中出现了一个新兴的代词前缀"是~",它用在某些疑问代词如"底""物"之前,以及用在三身代词"我""你/汝""他/渠"等前面。这些代词都是活跃在人们口头的口语词。代词前缀"是~"是从系动词"是"虚化而来的,它用在疑问代词之前可以加强疑问语气,用在三身代词之前可以加强三身代词的指示性。从文献资料来看,这种特殊的代词前缀通行的时间并不长,似乎仅限于唐五代时期——约八至十世纪前后。

顺便提及,前缀"阿~"也可以用在三身代词前面,不过只限于第二身代词"你","阿你"在句中也是作主语或修饰语。例如:

(32)阿你还知也无?(祖堂集,1.182)

(33)阿你诸人莫错用心。(同上,4.107)

(34)阿你头脑,不须乾努。(茶酒论,敦煌变文集,268页)

在我们所接触到的资料范围内,还没有发现有"阿我""阿他"的用法,这是跟"是～"所不同的。

附注

① 太田辰夫编《〈祖堂集〉口语语汇索引》里有"是我、是你、是渠"等词目,可以看出他已注意到这种特殊的语法现象。
② 参看吕叔湘《近代汉语指代词》128页4.1.5节及179页注①。

～生

中晚唐以后,"作么生"一词大量出现在各种接近口语的文献中,本节中我们将讨论加在疑问代词之后用于后缀"生"在唐宋之际的使用特征和发展情况。

壹

唐代"生"字不多见,唐诗中可以见到少量的例子,前人都已多次引用过,例如:

(1) 学画鸦黄半未成,垂肩嚲袖太憨生。(虞世南:应诏嘲司花女,全唐诗,476页)

(2) 借问别来太瘦生,总为从前作诗苦。(李白:戏赠杜甫,同上,1892页)

这些例句基本上都是加在形容词之后,和其他词类结合者少见。

晚唐五代的禅宗语录里,后缀"生"开始大量使用,最常见者,当然是"作么生",例如:

(3) 作么生是不瞒人底句?(云门匡真禅师广录,大藏经,

卷四七）

（4）师因吃茶次云："茶作么生滋味？"（同上）

（5）北斗一时黑作么生？（同上）

（6）咬齿一句作么生道？（同上）

以上四例"作么生"在句中分别作主语、定语、谓语、状语，"生"字已和"作么"紧密结合成为一体，像是作为一个词来使用了，在这个词里，"生"字没有显示出特有什么独立的意义或功能，所以，我们说"作么生"里的"生"字甚至连后缀都不是了，它只是"作么生"这个词的一个音节而已。

但这并不等于所有的"生"字均如此，以下我们还是以《祖堂集》为例，分析一下"作么生"之外的"生"字的用法。

《祖堂集》中"生"字除"作么生"之外，还经常用于形容词、名词和动词之后，例如：

A. 形容词＋生

（7）和尚曰："子问太高生。"（1.150）

（8）师云："太香生。"（5.2）

（9）僧曰："大悭惜生。"（2.124）

（10）师问黄檗："笠子太小生？"（4.117）

（11）师云："太与摩新鲜生。"（2.109）

B. 名（代）词＋生

（12）有僧在师身边叉手立，师云："太俗生。"（4.117）

（13）僧又合掌，师云："太僧生。"（4.117）

（14）师云："什摩生事？"（2.124）

C. 动词 + 生

（15）洞山问他屋里有多少典籍，师曰："一字也无。"进曰："争得与摩多知生？"（2.9）

（16）僧见雀儿㖃（啄）生，问师："为什摩与摩忙？"（4.117）

（17）见何似生？（5.44）

从这三组例句看，"生"的基本功能是构成形容词性词组，描写事物的情貌、状态。最常见的用法是加在形容词之后，如A组例句。形容词本来就是描写事物的情貌、状态的，再加上"生"之后，这种描写就有了强调、夸张的意味，所以，A组的"形＋生"之前，又都有程度副词来修饰它们，表示某种状态程度之高，情况之甚。用于名词、动词之后的较少，当"生"加在名词之后时，如例（12）（13），它把对人物的称呼，变成了对人物特征的描写，使其中的名词临时借用具备了形容词的功用。"生"加在动词之后时，又把动作变成了相对静止的状态，如例（16），"生"的作用使"见"的对象从"啄"的动作，变成了"雀儿啄的样子"这一状态。

形容词、名词、动词加"生"以后，其功用主要是作谓语、状语、定语，整个功能不超出形容词的范围。

从以上的分析看，晚唐五代"生"字主要是用作形容词性的后缀，有表达事物情貌、状态的作用，当它与形容词结合时，两者语义上的重复，使词组有夸张、强调的肯定意味。

贰

宋代"生"继续使用,例子有所增多,用法上也有所发展。

A

(18)怕君不饮太愁生,不是苦留君住。(辛弃疾:御街行,全宋词,1904页)

(19)最怜小女太憨生,约住两头娘子,索新声。(魏了翁:虞美人,同上,2390页)

(20)尽言直节无人会,岁晚君看太瘦生。(杨万里:寄题朱景元直节轩,诚斋集,卷七)

(21)野水奔流不小停,知渠何事太忙生。(同上:过五里迳,同上,卷一六)

(22)师云:"好生著,莫教错。"(古尊宿语录,卷六,续藏经,卷一一八)

(23)若然者,头头垂示处,仔细好生观。(应菴昙华禅师语录,续藏经,卷一二〇)

"形容词+生"的例子,在宋代仍是最常见的格式,意义与晚唐五代比,也没有什么大的改变。

B

(24)问:"如何是黄梅一句?"师曰:"即今怎么生。"(景德传灯录,卷二三)

(25)师云:"鹤林门墙万仞,甚生次第,等闲被者僧弹指一下,便乃高竖降旗。"(灵隐大川济禅师语录,续藏经,

一二一卷）

宋代没有发现"名词＋生"的例句，以上两例，都是"指示代词＋生"意义仍是表示状态。

C

（26）制空禅师谓师曰："日出太早生。"（景德传灯录，卷七）

（27）问："学人拟作佛时如何？"师曰："大煞费力生。"（古尊宿语录，卷一三，续藏经，卷一一八）

（28）师云："太不速道生。"（同上，卷三五，同上，同上）

（29）太多事生，惜取眉毛好。（佛果圆悟禅师碧岩录，大藏经，卷四八）

（30）头云："何不早问？""这老汉，计较生也。"（同上）

C类情况与晚唐五代有所不同。除例（30）外，这组例句中"生"字均加在动词组或主谓词组（例26）上，而全部例句中的词、词组在和"生"组合之后，又都独立成句或分句。我们知道，句子本身就是在表达事物的情况、状态，而"生"的作用也正是如此，这样，如同跟在形容词之后的"生"一样，跟在句子后面的"生"，也具有了一种肯定、强调事物、状态的作用，其功能和意义，就从构词成分趋向于转化为语法成分，类似于表示事态的助词"了"了。C类例句在宋代是很常见的格式，但"生"字却没有在此类用法的基础上继续向助词"了"的方向发展，这可能是因为当时"了"已经形成，"去"尚未完全消失，因而"生"的存在就没有必要了。

宋代以后，"生"的结合能力逐渐减弱，元曲及以后的文献中，使用逐渐减少，最后凝固成一些词，残留在各种文献及口语里。

"生"的来源，目前尚不甚清楚。唐代以前似未见其使用，唐代用例亦较少。有人主张，它与魏晋南北朝时期使用的词缀"馨"相似，应是从"馨"转变来的。从语音上看，此说不无道理。但是"馨"在魏晋多用于代词（像"宁馨""如馨"）以及一些词组（"如生母狗馨""冷如鬼手馨"）之后，像唐代用于形容词之后者未见，所以，在"馨"到"生"的转化过程中，这种功能上的突变是如何发生的，目前由于材料阙如，尚无法解释，在这方面，尚需要进一步深入的研究和挖掘。

参考文献

蒋礼鸿（1981）:《义府续貂》，中华书局。

志村良治（1977）:《中国中世语法史研究》，三冬社。

三 近代汉语论著索引

（1978—1989）

（一）专著

陈可淼：《警世通言》词语汇释，（日）大东文化大学中国语大辞典编纂室资料单刊Ⅷ。

陈可淼：《三侠五义》词语汇释，（日）大东文化大学中国语大辞典编纂室资料单刊Ⅹ。

大岛正二：唐代字音的研究，（日）汲古书院，1981。

董遵章：元明清白话著作中山东方言例释，山东教育出版社，1985。

范之麟、吴庚舜：全唐诗典故辞典，湖北辞书出版社，1989。

高田时雄：敦煌资料的中国语史研究——九、十世纪的河西方言，（日）创文社，1988。

顾学颉、王学奇：元曲释词（一）（二）（三），中国社会科学出版社，1983、1984、1989。

郭在贻：训诂丛稿，上海古籍出版社，1985。

胡竹安：水浒词典，汉语大词典出版社，1989。

江蓝生：魏晋南北朝小说词语汇释，语文出版社，1988。

蒋礼鸿：敦煌变文字义通释（新三版），上海古籍出版社，1988。

金丸邦三、曾根博隆：元明戏曲语释拾遗，（日）中国俗文学研究会，1984。

金丸邦三、曾根博隆：元明戏曲语释拾遗续补，（日）中国俗文学研究会，1984。

金丸邦三、曾根博隆：早期白话语汇训释拾遗，（日）中国俗文学研究会，1984。

李新魁：中原音韵音系研究，中州书画社，1983。

李玉敬：《红楼梦》词语对照例释，（日）燎原书店，1987。

刘　坚：近代汉语读本，上海教育出版社，1985。

刘镜芙、李法白：水浒语词词典，上海辞书出版社，1989。

龙潜庵：宋元语言词典，上海辞书出版社，1985。

陆澹安：戏曲词语汇释，上海古籍出版社，1981。

陆澹安：小说词语汇释（新一版），上海古籍出版社，1979。

陆志韦：陆志韦近代汉语音韵论集，商务印书馆，1988。

罗常培：北京俗曲百种摘韵，天津古籍出版社，1986。

吕叔湘：汉语语法论文集（增订本），商务印书馆，1984。

吕叔湘、江蓝生：近代汉语指代词，学林出版社，1985。

吕薇芬：金元散曲典故辞典，湖北辞书出版社，1985。

宁继福：中原音韵表稿，吉林文史出版社，1985。

潘允中：汉语语法史概要，中州书画社，1982。

森野繁夫：六朝评语集（《晋书》），（日）中国中世文学研究会，
　　　　　1982。

森野繁夫、上村素子：六朝评语集（古《晋书》），（日）中国中
　　　　　世文学研究会，1982。

邵荣芬：中原雅音研究，山东人民出版社，1981。

沈伯俊、谭良啸：三国演义辞典，巴蜀书社，1989。

太田辰夫：中国语历史文法（第三版），（日）朋友书店，1985；
　　　　　中译本，北京大学出版社。

太田辰夫：中国语史通考，（日）白帝社，1988。

王　锳：诗词曲语辞例释（修订本），中华书局，1986。

王利器：金瓶梅词典，吉林文史出版社，1988。

尾崎雄二郎：中国语音韵史的研究，（日）创文社，1980。

温广义：唐宋词常用词辞典，内蒙古人民出版社，1985。

香坂顺一：白话语汇研究，（日）光生馆，1983。

香坂顺一：《水浒》词汇研究，（日）光生馆，1987。

薛凤生：北京音系解析，北京语言学院出版社，1986。

荀春生：《西游记》词语汇释，（日）大东文化大学中国语大辞
　　　　典编纂室资料单刊Ⅴ。

荀春生：《古今小说》词语汇释，（日）大东文化大学中国语大
　　　　辞典编纂室资料单刊Ⅸ。

荀春生：《醒世恒言》词语汇释，（日）大东文化大学中国语大
　　　　辞典编纂室资料单刊Ⅳ。

杨耐思：中原音韵音系，中国社会科学出版社，1981。

杨为珍、郭荣光：红楼梦辞典，山东文艺出版社，1986。

张永绵：近代汉语概要，沈阳出版社，1989。

赵克诚：近代汉语语法，陕西师范大学出版社，1987。

照那斯图、杨耐思：蒙古字韵校本，民族出版社，1987。

志村良治：中国中世语法史研究，（日）三冬社，1984。

周汝昌：红楼梦辞典，广东人民出版社，1987。

朱晓农：北宋中原韵辙考，语文出版社，1989。

竺家宁：古今韵会举要的语音系统，学生书局，1986。

（二）论文

1 通论

白维国：近三十年日本对近代汉语的研究，国外语言学1989-3。

蔡镜浩：魏晋南北朝口语材料与辞书编纂，辞书研究1988-2。

陈大康：从数理语言学看后四十回的作者，红楼梦学刊1987-1。

大冢秀明：《老乞大》《朴通事》的语言，（日）言语文化论集27。

大冢秀明：《正音咀华》的词汇语法，（日）中国语研究（1986年春）。

地藏堂贞二：《红楼梦》的语言——以乾隆抄本百廿回红楼梦稿的前八十回为中心，（日）中国学志乾号。

地藏堂贞二：清代北京话考（1）——《京话指南》的语言，（日）北陆大学纪要12。

地藏堂贞二：清代北京话考（2）——同南京方言与吴方言的比较，（日）北陆大学纪要13。

服部四郎：中古支那语的研究，（日）日本的语言学7。

高田时雄：中国语史的研究和敦煌学，（日）创文292。

宫田一郎：关于吴语近世语，（日）中国语研究31。

宫田一郎：《海上花列传》的语言，（日）东洋研究73。

宫田一郎：《金瓶梅》的语言（2），（日）人文研究30-2。

古屋昭弘：传教士资料中所见明代的官话，（日）文学研究科纪要35。

古屋昭弘：明成化本《刘知远还乡白兔记》的语言，（日）中国文学研究13。

古屋昭弘：明代官话一资料——里奇·鲁鸠里的《宾主问答私拟》，（日）东洋学报70-3、4。

韩登庸：方言俗语成为元杂剧戏剧语言之原因初探，内蒙古社会科学1984-3。

侯　会：从"则个"一词的隐现看部分话本小说的创作年代，语文研究1988-3。

江蓝生：八卷本《搜神记》语言的时代，中国语文1987-4。

江蓝生：《皇明诏令》里的白话敕令，语文研究1988-3。

蒋绍愚：汉语史研究的回顾与前瞻，语言教学与研究1989-2。

濑户口律子：琉球写本官话课本《白姓官话》，（日）语学教育研究论丛5。

李峻锷：古白话界说与近代汉语上限的探索，上海师大学报1988-3。

李时人、蔡镜浩：《大唐三藏取经诗话》发微，徐州师院学报

1988-2。

李时人、蔡镜浩：《大唐三藏取经诗话》成书时代考辨，徐州师院学报1982-3。

李思明：通过语言比较来看《古本水浒传》的作者，文学遗产1987-5。

李阳春：《红楼梦》前八十回与后四十回语言差异十例，湖南师院学报1981-2。

林　焘：北京官话溯源，中国语文1987-3。

刘　坚：《大唐三藏取经诗话》写作时代蠡测，中国语文1982-5。

刘　坚：古代白话文献简述，语文研究1982-1。

刘　坚：《建炎以来系年要录》里的白话资料，中国语文1985-1。

刘　坚：近代汉语读本补正，中国语文1987-3。

刘　坚：略谈"话本"的语言年代问题，运城师专学报1985-1。

刘　坚、曹广顺：四十年来近代汉语研究综述，语文建设1989-4。

刘钧杰：从言语特征看蒲松龄跟《醒世姻缘传》的关系，语文研究1988-4。

刘钧杰：《红楼梦》前八十回后四十回言语差异考察，语言研究1986-1。

刘丽川、张卫东：《红楼梦》后四十回的京腔儿、京味儿，深圳大学学报1986-3。

刘丽川、张卫东：《红楼梦》前八十回与后四十回语言风格差异初探，深圳大学学报1986-1。

柳士镇：从语言角度看《齐民要术》卷前《杂说》非贾氏所作，

　　　　　　中国语文1989-2。

鲁国尧：明代官话及其基础方言问题，南京大学学报1985-4。

梅祖麟：从语言史看几本元杂剧宾白的写作时期，语言学论丛13。

宁忌浮：金代汉语研究述评，社会科学战线1987-1。

潘允中：汉语形成的过程，学术研究1981-5。

平田昌司：从纸和印刷看汉语史断代，（日）山口大学文学会志39。

平田昌司：印纹陶觉书——兼及江南语言史，（日）古史春秋3。

日下恒夫：近代北方话历史中"朝鲜资料"序说，（日）关西大学中国文学会纪要7。

入矢义高：中国口语史的构想，（日）集刊东洋学56。

森野繁夫：六朝汉语的研究——高僧传，（日）广岛大学文学部纪要38-1。

森野繁夫：六朝汉语的研究——陆云《与平原书》，（日）广岛大学教育学部纪要28-2。

山川英彦：《华夷译语》的总译——作为元明时期白话研究的资料，（日）名古屋大学文学部研究论集73。

山川英彦：《戒庵老人漫笔》所见白话资料，（日）神户外大论丛34-3。

山川英彦：《弇山堂别集》所引白话诏令考，（日）神户外大论丛37-4。

松尾良树：汉代译经和口语——译经口语史初探，（日）禅文化研究所纪要15。

藤川正数：近世以前作为共同语的中国语，（日）樱美林大学国际文化研究3。

王学奇：目前元曲语言研究中存在的问题，河北师院学报1982-1。

王学奇：应当重视元曲语言的研究，信阳师院学报1984-1。

许理和：最早的佛教译文中的东汉口语成分，语言学论丛14。

许威汉：从《世说新语》看中古语言现象，江西师院学报1982-2。

岩本真理：《南山俗语考》的语言，（日）鹿儿岛经大论集30-1。

杨耐思：加强近代汉语研究，语文建设1987-1。

俞理明：汉魏六朝佛经在汉语研究中的价值，四川大学学报1987-4。

袁　宾：近代汉语二题，语文园地1983-5。

袁　宾：近代汉语三视研究系统，语文导报1987-5。

袁　宾：论近代汉语，广西大学学报1987-1。

张惠英：关于《金瓶梅》的语言，（日）开篇5。

张金泉：语言文敦煌学研究概况，语文导报1985-2。

张清常：明清以来北京城区街道名称变革所涉及的一些语言问题，中国语文1985-3。

张永绵：元曲语言研究述略，浙江师范学院学报1984-2。

长尾光之：中国语译《百喻经》的语言，（日）福岛大学教育学部论集31-2。

长尾光之：中国语译《生经》的语言，（日）福岛大学文学部纪要41-3。

长尾光之：中国语译《杂宝藏经》的语言，（日）福岛大学教育学部论集32-2。

植田渥雄:《三言》中的宋人小说,(日)樱美林大学中国文学论集10。

佐藤利行:六朝汉语的研究——王羲之书翰,(日)安田女子大学纪要14。

佐藤利行:六朝汉语的研究——王献之书翰,(日)国语国文论集17。

佐藤晴彦:《古今小说》里冯梦龙的创作——从语言特征进行的研究,(日)东方学72。

佐藤晴彦:琉球官话课本研究序说,(日)人文研究32-4。

佐藤晴彦:琉球写本官话课本的语言,(日)中国语学226。

佐藤晴彦:《平妖传》新探——冯梦龙语言特征的探索(1)(2),(日)神户外大论丛36-1、37-1、37-2、37-3。

佐藤晴彦:《清平山堂本话》《熊龙峰小说》和《三言》——冯梦龙语言特征的探索,(日)神户外大论丛37-4。

佐藤晴彦:《水浒传》研究方法论——兼评香坂顺一著《水浒词汇研究》,(日)神户外大论丛38-7。

佐藤晴彦:《醒世恒言》里冯梦龙的创作(1)——从语言特征进行的研究,(日)神户外大论丛39-6。

佐藤晴彦:《正音咀华》的语言——近世白话史的资料,(日)人文研究25-3。

2 语法

阿部博幸:"则个"考——围绕《水浒传》的用例,(日)中国文化47。

贝罗贝：双宾语结构从汉代至唐代的历史发展，中国语文1986-3。

贝罗贝：早期"把"字句的几个问题，语文研究1989-1。

边星灿：元明戏曲中的"单音词+非迭音单纯复音词"结构，杭州大学学报1982-4。

波多野太郎：围绕受动"被"的展开，（日）中国文学研究4。

伯　颜："懑"与"们"，社会科学辑刊1982-5。

蔡镜浩：重谈语助词"看"的起源，中国语文1990-1。

蔡镜浩："减"前置于数词的用法，中国语文天地1986-3。

蔡镜浩：魏晋南北朝副词琐议，语言研究1987-1。

曹广顺：敦煌变文中的双音节副词，语言学论丛12。

曹广顺：试说"就"和"快"在宋代的使用及有关的断代问题，中国语文1987-4。

曹广顺：魏晋南北朝到宋代的"动+将"结构，中国语文1990-2。

曹广顺：语气词"了"源流浅说，语文研究1987-2。

曹广顺：《祖堂集》中的"底"（地）"却"（了）"着"，中国语文1986-3。

曹广顺：《祖堂集》中与语气词"呢"有关的几个助词，语言研究1986-2。

常　青：《祖堂集》副词"也""亦"的共用现象，天津师大学报1989-1。

陈　刚：试论"动—了—趋"式和"动—将—趋"式，中国语文1987-4。

陈坤德：《搜神记》补语探略，惠阳师专学报1987-1。

陈贻庭："余"前置于数词的用法见于汉代,中国语文1986-4。

陈志强:《老乞大》"将""的"初探,广西师院学报1988-1。

陈治文:东汉时的"这"不是指示词,中国语文1988-6。

陈治文:元代有指物名词加"每"的说法,中国语文1988-1。

川越菜穗子: 中国语介词"在"的历史考察——以《世说新语》为中心,(日)京都教育大学中国文学会志20。

崔山佳:杜甫诗中也有"VP不VP"句式,中国语文1985-6。

大岛吉郎:关于"是个NP",(日)中国语研究(1987年春)。

大岛吉郎:《红楼梦》的"好生",(日)语学教育研究论丛4。

大内田三郎:《水浒传》的语言——关于补语,(日)人文研究37-3。

大内田三郎:《水浒传》的语言——关于动词"与",(日)人文研究36-3。

大内田三郎:《水浒传》的语言——关于"容与堂本"的字句,(日)人文研究35-2。

大内田三郎:《水浒传》的语言——连词"和、并、与、同",(日)人文研究39-3。

大坪併治:"将"字的一种用法,(日)训点语和训点资料62。

大冢秀明:《老乞大》的会话文,(日)外国语教育论集11。

大冢秀明:元曲的"被",(日)中国语研究24。

地藏堂贞二:明清时代的可能表达,(日)人文论丛14。

丁根生:对《〈世说新语〉中的称数法》一文的两点补充,中国语文1980-5。

董树人：关于量词"棵"的出现时间，汉语学习1987-6。

董志翘：中世汉语中的三类特殊句式，中国语文1986-6。

方福仁：谈"去"和"向"的"在"义，中国语文1982-2。

高先得：《世说新语》的词序，宁夏教育学院学报1985-3。

高志真夫：说"虽言…"——以南北朝时期为中心，（日）铃鹿工业高等专门学校纪要15。

古敬恒："该"字指代义出现的时代，徐州师范学院学报1984-4。

古屋昭弘：宋代的动补结构"V教（O）C"，（日）中国文学研究11。

顾义生：《红楼梦》中"再"的一种特殊用法，中国语文1989-1。

关　键：《世说新语》的疑问句，鞍山师专学报1987-3。

郭　齐：《水浒传》的动词情貌，四川大学学报1987-1。

郭　齐：《水浒传》双音动词的"等义并行"现象，中国语文1988-2。

郭锡良：汉语第三人称代词的起源和发展，语言学论丛6。

郭在贻：说"为、为是、为当、为复"，疑难字词辨析集。

郭在贻：也谈"畏我复却去"，中学语文教学1981-1。

何阡陌：《水浒传》中的语言词句和言语词句，语文研究1987-4。

侯兰笙：《世说新语》中年龄的称数法，兰州大学学报1982-1。

胡明扬：《老乞大》复句句式，语文研究1984-4。

胡增益：满语的bai和早期白话作品"白"的词义研究，中国语文1989-5。

胡竹安：《水浒全传》属句关系的描写和源流探索，语文研究

1987-2。

胡竹安：谈宋元白话中的几个数词，语文研究1984-4。

黄国营：汉语"吗"字句纵横初探，（日）亚非语言文化研究31。

黄灵庚："去来"释义商榷，中国语文1981-3。

黄　征："踏破贺兰山缺"句法解，文学遗产1987-2。

吉日嘎拉："我着"与"兀着"考辨，内蒙古大学学报1987-1。

江蓝生：被动关系词"吃"的来源初探，中国语文1989-5。

江蓝生：概数词"来"的历史考察。中国语文1984-2。

江蓝生：疑问语气词"呢"的来源，语文研究1986-2。

江蓝生："著"字例证献疑，南京师大学报1987-4。

姜可瑜：也说"娇儿不离膝，畏我复却去"，文史哲1979-4。

蒋绍愚：试论近体诗的句式，语言学论丛7。

今井敬子：《红楼梦》的受动表达，（日）中国语学233。

今井敬子：清代北京话语法的再讨论——就"被""叫""让"而论，（日）信州大学教养部纪要21。

金　易：近代汉语的"重迭"，修辞学习1988-2。

柯昌文：《红楼梦》里"得"与"不得"研究，安徽师大学报1984-2。

李崇兴：《祖堂集》中的助词"去"，中国语文1990-1。

李露茜：甚辞演变的一种趋势，中国语文1986-6。

李　平：《世说新语》和《百喻经》中的动补结构，语言学论丛14。

李日辉：《敦煌变文集》量词重迭的语法分析，延边大学学报

1982-4。

李思明：从变文、元杂剧、《水浒》、《红楼梦》看选择问句，语文研究1983-2。

李思明：从《水浒全传》《红楼梦》《家》看"与"字的发展，安徽师大学报1981-4。

李思明：《水浒全传》的否定词，安庆师院学报1987-3。

李思明：《水浒全传》的让步复句，（日）中国语研究31。

李思明：《水浒全传》的因果句，中国语文1987-2。

李思明：《水浒全传》的指示代词，语文研究1986-1。

李思明：《水浒全传》《红楼梦》中人称代词复数表示法，重庆师院学报1985-1。

李思明：《水浒全传》中的并列连词，安庆师院学报1988-3。

李思明：《水浒传》的反问句，安庆师院学报1989-3。

李　索：《世说新语》中的"所"字结构，河北师院学报1989-4。

林广志：《董西厢》的"伊家"，中国语文天地1989-2。

林广志：《董西厢》人称代词拾遗，语文月刊1989-6。

林序达：判断词"是"的形成和发展，西南师范学院学报1979-2。

铃木达也：《红楼梦》中的"把"字句——与《水浒传》《西游记》相比较，（日）言语文化论集15。

刘　坚：试论"和"字的发展，附论"共"字、"连"字，中国语文1989-6。

刘公望：《老乞大》里的语气助词"也"，汉语学习1987-5。

刘镜芙：释《水浒传》中的"须"，中国语文通讯1982-5。

刘镜芙、李法白：《水浒传》"却"的词义初探，中国语文1981-1。

刘凯鸣：副词"伤"源流初探，汉语学习1985-6。

刘凯鸣：《世说新语》里"都"字的用法，中国语文1982-5。

刘丽川：论王梵志白话诗中的"将"字句、"被"字句与"是"字句，九江师专学报1983-4。

刘丽川：试论《搜神记》中的结果补语，语文研究1984-4。

刘丽川、张卫东：说介词"至"与"到"，中国文化与中国哲学1988。

刘瑞明："持"和"迟"应是古汉语词尾（上）（下），北京社会科学1990-2、3。

刘瑞明：词尾"家"的时代和古今关系——和吕叔湘先生等讨论，北京社会科学1988-4。

刘瑞明：词尾"家"的研究，阿坝师专学报1988-2。

刘瑞明：词尾"自"类说，语文研究1989-4。

刘瑞明："家"是古汉语历史悠久的词尾，天津师大学报1988-3。

刘瑞明：《世说新语》中的词尾"自"和"复"，中国语文1989-3。

刘瑞明："于"的一种助词用法——《佛经中"于"的一种特殊法》辨误，九江师专学报1988-3。

刘新中：从《儒林外史》看"于"字，西部论坛1987-3。

刘勋宁：现代汉语句尾"了"的来源，方言1985-2。

柳士镇：《百喻经》中的被动句式，南京大学学报1985-2。

柳士镇：《百喻经》中若干语法问题的探索，中州学刊1985-5。

吕景先：唐明之间汉语的被动式，河南师大学报1980-2。

吕叔湘：《朴通事》里的指代词，中国语文1987-6。

马思周、潘　慎：《红楼梦》《儿女英雄传》中的副词"白"，中国语文1981-6。

马思周：试论元杂剧中四音词的构成原则，语文研究1982-2。

埋田重夫：白居易诗所见"谁家"，（日）中国诗文论丛5。

梅祖麟：敦煌变文里的"熠没"和"冞（举）"字，中国语文1983-1。

梅祖麟：关于近代汉语指示词，中国语文1986-6。

梅祖麟：明代宁波话的"来"字和现代汉语的"了"字，方言1981-1。

梅祖麟：唐、五代"这"、"那"不单用作主语，中国语文1987-3。

梅祖麟：现代汉语选择问句法的来源，中研院历史语言研究所集刊49-1。

闵祥顺：《朱子语类辑略》中复音词的构词法，兰州大学学报1987-4。

木霁弘：《朱子语类》中的时体助词"了"，中国语文1986-4。

潘荣生：连词"所以"产生于晋代，中国语文1982-3。

潘维桂、杨天戈：敦煌变文和《景德传灯录》中"了"字的用法，语言论集1。

潘维桂、杨天戈：魏晋南北朝时期"了"字的用法，语言论集1。

潘允中：汉语动补结构的发展，中国语文1980-1。

启　功：古代诗歌、骈文的语法问题，北京师范大学学报1980-1。

辻井哲雄：《世说新语》中"是"字的用法，（日）同志社外国文学研究22。

钱学烈：《寒山诗》语法初探，语文教学与研究1983-2、3。

钱学烈：试论《红楼梦》中的"把"字句，深圳大学学报1986-4。

桥本万太郎：汉语被动式的历史区域发展，中国语文1987-1。

秦炯灵："兀那"的"兀"并非词头，中国语文1984-3。

清水茂：朱熹的口语和文语，（日）汉语史的诸问题（1984）。

泉敏弘：北方"给"使役、被动用法的来源，（日）中国语学232。

泉敏弘："给"字的致使、被动用法研究，（日）中国语学231。

森野繁夫：六朝译经的语法和词汇，（日）东洋学术研究22-2。

山川英彦：《通制条格》所见蒙文直译体的句末成分，（日）神户外大论丛39-6。

山川英彦：《孝经直解》语法札记，神户外大论丛32-3。

商振哲：《水浒传》里"得"的意义和用法，浙江师大学报1985-3。

神野恭行：译经所见语法特征——《过去现在因果经》的疑问、受动表现，（日）京都产业大学中国语文研究会中国语文志（1986）。

沈孟璎：元杂剧的语气词，南京师院学报1982-4。

沈锡伦：晚唐宋元被字句考察，上海师大学报1988-3。

石汝杰：冯梦龙编《山歌》的虚词札记，（日）花园大学研究纪要20。

守屋宏则：从"吃"的用法看《水浒》，（日）中国俗文学研究3。

孙锡信：《释"什么"》商榷，中国语文1985-3。

孙锡信：《祖堂集》中的疑问代词，语文论丛1983-2。

太田辰夫:《红楼梦影》的语法,(日)中国语研究31。

太田辰夫:中古(魏晋南北朝)汉语的特殊疑问形式,中国语文1987-6。

谭枝宏:《儿女英雄传》中虚词"将"的使用,安庆师院学报1988-2。

谭枝宏:《水浒传》《红楼梦》和《四世同堂》中的"动词+在+处所",安庆师院学报1989-3。

唐钰明:汉魏六朝被动式略论,中国语文1987-3。

唐钰明:唐至清的"被"字句,中国语文1988-6。

唐作藩:第三人称代词"他"的起源时代,语言学论丛6。

王　锳:元曲中人称代词的特殊用例,中国语文1981-4。

王昭新:量词"个"在唐代前后的发展,语言教学与研究1989-2。

尾崎实:"关于"和"对于"——从近代中国语的用法谈起,(日)关西大学中国文学会纪要10。

尾崎实:已然和未然——近代中国语"上""上头"的用法,(日)关西大学东西学术研究所创立30周年纪念论文集。

吴金华:"为…见…"式两例商兑,中国语文1989-1。

伍　华:论《祖堂集》中以"不否无摩"收尾的问句,中山大学学报1987-4。

香坂顺一:近世中国语的"得",(日)东洋研究65。

香坂顺一:《水浒传》里所见副词(1)(2)(3)(4),(日)东洋研究69、72、76、80。

香坂顺一:《水浒传》里所见能愿动词,(日)东洋研究87。

萧国政：谈"不了"，华中师院学报1985-1。

小池一郎："不在"的句法——唐诗句法论序说，（日）同志社外国文学研究47。

信应举：释"娇儿不离膝，畏我复却去"的"复却"，郑州大学学报1980-2。

徐静茜：《三言二拍》中的"把"和"将"，湖州师专学报1988-1。

徐正考：唐五代选择疑问句系统初探，吉林大学学报1988-2。

许绍早：《水浒传》中的"是"字句，语言研究1982-1。

许仰民：论《金瓶梅词话》的"被"字句，信阳师范学院学报1989-4。

许仰民：论《金瓶梅词话》的"乞"字句，信阳师范学院学报1989-2。

许仰民：论《金瓶梅词话》的被动句，殷都学刊1990-2。

许仰民：论《水浒全传》的被动句，古汉语研究1990-1。

许仰民：《水浒全传》的"吃"字句，信阳师范学报1988-3。

玄幸子：敦煌变文中的"V得"，（日）中国语学232。

玄幸子：敦煌变文中的"V取"，（日）中国语学233。

雅洪托夫：七至十三世纪的汉语书面语和口语，语言研究1986-4。

阎崇璩：从唐诗"V却N"用例来谈唐代动词完成貌的助词，（日）中国近世语研究会研究总会发表摘要。

阎红生：金代诸宫调里的助词"来"，（日）中国语研究（1986年春）。

杨　平："动词＋得＋宾语"结构的产生和发展，中国语文1989-2。

杨淑敏：敦煌变文语法问题试探，东岳论丛1987-5。

杨占武：近代汉语中的功能重叠的语法成分，陕西师大学报1987-1。

伊藤丈：汉译《生经》的语法，（日）印度学佛教学研究29-1。

伊藤丈：六朝汉译佛经的语法（1）——将＋否定词（2）——了＋否定词，（日）大正大学综合佛教研究所年报6、7。

伊藤丈：六朝汉语语法考——了＋否定词，（日）开篇6。

伊原大策：表示进行的"在"，（日）中国语学229。

伊原大策："放心得下"小考——早期白话可能补语句型的变迁，（日）言语文化论集25。

伊原大策：所谓"兼语式"的变迁——"VO在P、VO到P、VO给P、VO出来"等，（日）中国语研究（1986年春）。

余志鸿：《蒙古秘史》的特殊语法——论元代汉语的时体制，（日）CAAAL 23。

余志鸿：元代汉语"一行"的语法意义，语文研究1987-2。

余志鸿：元代汉语中的后置词"行"，语文研究1983-3。

俞光中：近代汉语三种"了"，上海教育学院学报1989-1。

俞光中：零主语被字句，语言研究1989-1。

俞光中：《水浒传》句法的意合倾向，上海教育学院学报1988-2。

俞光中：《水浒全传》句末"在这（那）里"考，中国语文1986-1。

俞光中："V在NL"的分析及其来源献疑，语文研究1987-3。

俞光中：元明白话里的助词"来"，中国语文1985-4。

俞理明：从汉魏六朝佛经看代词"他"的变化，中国语文1988-6。

俞理明：从佛经材料看中古汉语人称代词的发展，四川大学学报1989-4。

袁　宾：被字复句说略，语文月刊1988-1。

袁　宾：禅宗语录的修辞特色，修辞学1988-2。

袁　宾：从"好容易"是"好不容易"，语文园地1985-5。

袁　宾：动词前缀"打"，阅读与写作1989-6。

袁　宾：敦煌变文虚词拾零，广西大学学报1985-1。

袁　宾：敦煌文献语法札记，天津师大学报1989-5。

袁　宾："好不"续考，中国语文1987-2。

袁　宾："教"（交）字句，语文月刊1989-2。

袁　宾：近代汉语"好不"考，中国语文1984-3。

袁　宾：近代汉语后缀"生"，阅读与写作1989-12。

袁　宾：近代汉语里"煞"字的用法，语文园地1986-11。

袁　宾：近代汉语里的强调式判断句，语文月刊1988-11。

袁　宾：近代汉语特殊被字句探索，华东师大学报1987-6。

袁　宾：近代汉语修辞说略，语文月刊1987-12。

袁　宾：句首助词"念"，语文月刊1989-5。

袁　宾：《儒林外史》中副词"竟"的引申义，中国语文1981-6。

袁　宾：说疑问副词"还"，语文研究1989-2。

袁　宾：疑问副词"可"字探源，语文月刊1988-3。

袁　宾：早期白话前置修辞语初探，吉安师专学报1984-1。

袁　宾：《祖堂集》被字句研究，中国语文1989-1。

原濑隆司：《海上花列传》的动词，（日）八幡大学论集39-4。

原濑隆司:《海上花列传》的副词,(日)八幡大学论集38-3、4。

原濑隆司:《海上花列传》的"个",(日)中国学志乾号。

原濑隆司:《海上花列传》的"是",(日)中国学志屯号。

岳俊发:"得"字句的产生和演变,语言研究1984-2。

泽田启二:"在"小考,(日)伊地智继善、辻本春彦两教授退官纪念中国语学文学论集。

詹满江:唐诗中的口语表达——围绕置于动词之后的助辞,(日)艺文研究51。

张鹤泉:试谈《金瓶梅》中的动词后缀"子",聊城师专学报1987-4。

张惠英:"何"与"何物",方言1984-5。

张惠英:说"给"和"乞",中国语文1989-5。

张惠英:释"什么",中国语文1982-4。

张新武:敦煌变文中的被动句式,新疆大学学报1987-4。

张永绵:试论"在于"的演变及其他,浙江师院学报1982-2。

张之强:旧体诗词中的一些语法问题,(日)古田教授退官纪念中国文学语学论集。

赵金铭:敦煌变文中所见的"了"和"着",中国语文1979-1。

赵 锐:《红楼梦》里新兴的词语复说表示法,北方论丛1988-2。

植田均:表示程度强调的"好",(日)中国语学230。

植田均:《金瓶梅词话》词汇研究——表示对象与目的的介词,(日)中国语学235。

植田均:《金瓶梅词话》所见禁止否定,(日)中国语学234。

植田均：《金瓶梅》中词尾"子""儿"，（日）中国近世语研究会研究总会发表摘要。

植田均：近代白话小说中从文言来的禁止否定——勿、毋（无）、莫及其同类，（日）中国语研究29。

植田均：近代汉语中介词"和、同、替"的特殊用法，安庆师院学报1989-3。

植田均：近世中国语所见否定副词（下），（日）中国语研究31。

植田均：《水浒传》所见句末的"在那里"，（日）中国语学229。

植田均：特殊的"了"，（日）中国语学231。

志村良治：说"那"，（日）池田末利博士古稀纪念东洋学论集。

志村良治：与·馈·给——汉语授与动词和"给"的来源，（日）东北大学文学部研究年报27。

中村浩一：《古今小说》的语法特征，（日）大东文化大学纪要26。

中村浩一：关于介词"问"，（日）语学教育研究论丛5。

中村信幸："较些子"考，（日）驹泽大学外国语部论集9。

中村信幸：《临济录》《祖堂集》中"在"的用法，（日）驹泽大学外国语部论集7。

钟兆华：动词"起去"和它的消失，中国语文1988-5。

钟兆华：《红楼梦》"白"字的来源探疑，中国语文1987-1。

钟兆华：趋向动词"起来"在近代汉语中的发展，中国语文1985-5。

周定一：《红楼梦》里的词尾"儿"和"子"，中国语言学报1985-2。

周定一：所字别义，中国语文1979-5。

朱景松：近代汉语的"况"可以表示转折，中国语文1987-4。

朱茂汉：名词前缀"阿"和"老"的形成和发展，安徽师大学报1983-4。

朱美弟：《关汉卿戏曲集》中的状态形容词（ABB式），（日）流通经济大学论集19-2。

朱美弟：元曲所见接尾词"儿"的用法，（日）流通经济大学论集17-3。

竺柏岳：对杜诗"却看妻子愁何在"里"却"的解释，教学研究（浙江教育学院）1979-3。

祝鸿杰：试论若干甚辞的来源，语言研究1987-2。

祝敏彻：《朱子语类》中"地""底"的语法作用，中国语文1982-3。

庄正容：《世说新语》中的称数法，中国语文1980-3。

佐藤利行：试论受身形"为…所…"——围绕六朝期的资料，（日）古田教授退官纪念中国文学语学论集。

佐藤晴彦："难道"小考（1）（2），（日）人文研究33-2；神户外大论丛33-3。

佐藤晴彦：趋向动词"～开"札记，（日）人文研究26-7。

佐藤晴彦：宋元语法史试论——就"～里地""～里路""田地""地面"而论，（日）神户外大论丛24-3。

佐藤晴彦：元明语法史试论——就"～里地"～里路""田地""地面"而论，（日）神户外大论丛35-2。

3 词汇

阿部兼也:"玲珑"的语义,(日)东北大学教养部纪要47。

白维国:《金瓶梅词话》的若干俗语词,语言研究1988-2。

白维国:《金瓶梅词话》特殊词语例释,学习与思考1981-6。

白维国:《金瓶梅》和市井语,明清小说论丛4。

白维国:《金瓶梅》所用方言讨论综述,中国语文1986-3。

白维国:《小说词语汇释》误释举例,中国语文1981-6。

坂井健一:《拍案惊奇》所见吴语,(日)日本大学人文科学研究所研究纪要30。

坂井健一:"依"考,(日)汉学研究22、23。

坂井裕子:《助字辨略》中的"方言",(日)中国语学233。

边新灿、计伟强:"对付"义释,中国语文1982-3。

蔡镜浩:"触地"补释,中国语文天地1987-2。

蔡镜浩:汉魏六朝词语的节略现象,语言研究1988-2。

蔡镜浩:《世说新语》解诂,淮北煤炭师院学报1986-3。

蔡镜浩:释"杯",中国语文1986-4。

蔡镜浩:释"惋",语文研究1985-3。

蔡镜浩:魏晋南北朝词语考释,中国语文1985-6。

蔡镜浩:魏晋南北朝词语考释方法论,辞书研究1989-6。

蔡镜浩:魏晋南北朝词语零札,镇江师专学报1986-2。

蔡镜浩:魏晋南北朝词语拾零,苏州大学学报1988-3。

蔡镜浩:魏晋南北朝词语注释商兑,古籍整理出版情况简报212。

蔡镜浩:魏晋南北朝佛经翻译中的几个俗词语,中国语文1989-1。

蔡镜浩：魏晋南北朝俗词语试释，扬州师院学报1988-3。

蔡镜浩：中学语文汉魏六朝词语注释商补，训诂教学与研究1988-2。

曹正义：近代文献与方言研究，文史哲1984-3。

常　虹：《西厢记》中的内蒙河套方言，文学遗产1982-4。

陈　刚：关于"妈虎子"及其近音词，中国语文1986-5。

陈白夜："白日"与"红日"，中国语文1981-4。

陈奇猷：宋代俗语"踏逐"，中华文史论丛1979-2。

陈庆延：山西稷山话所见元明白话词汇选择，语言学论丛7。

陈治文：敦煌变文词语校释拾遗，中国语文1982-2。

陈治文：敦煌变文词语商兑，语言研究1989-1。

陈治文："浑塠自扑"校释，中国语文1981-4。

陈治文：再谈"望空便额"里的"望空"，中国语文1987-2。

程　远：读《三国志》，中国语文1982-5。

楚永安：释"方将"，中国语文1981-4。

川岛郁夫：说"分明"（日）中国俗文学研究（一）。

崔山佳：对《唐诗词语札记（二）》的一点补充，中国语文1989-3。

戴不凡：《红楼梦》诠释，东海1979-6。

单殿元：说"邪"与"斜"，扬州师院学报1983-1。

董绍克：《金瓶梅》所用方言的性质及考证，《金瓶梅》作者之谜（宁夏人民出版社，1988）。

董树人：《戏曲词语汇释》误释例证，语文研究1986-4。

董志翘："脚"有"足"义始于何时，中国语文1986-4。

董志翘:《太平广记》语词训释商兑,苏州大学学报1988-3。

董志翘:《五灯会元》语词考释,中国语文1990-1。

董志翘:也说"治",中国语文1987-3。

董遵章:关于山东方言词注释的异议,山东师院学报1981-2。

董遵章:元明清白话著作山东方言例释,山东师院学报1980-4。

董遵章:《铸雪斋抄本聊斋志异》中山东方言词选释,山东师院学报1982-1。

杜仲陵:关于《杜诗与唐代口语》读后,中国语文1982-5。

杜仲陵:略谈唐宋以后一些词的新义,中国语文1980-5。

杜仲陵:唐诗词汇的时代特征,语文园地1982-1。

段观宋:《太平广记》语词选释,语文研究1989-3。

樊维纲:晋南北朝乐府民歌词语释,中国语文1980-6。

方福仁:"不忿"辨,学术研究1981-3。

方龄贵:读曲札记,文学遗产1984-3。

方龄贵:元明戏曲中的蒙古语续篇,民族学报1982-2。

方一新:"眼"当"目"讲始于唐代吗,语文研究1987-3。

费秉勋:"当"字释例质疑(一),中国语文1980-6。

费秉勋:元曲语词训释商考,人文杂志1981-3。

傅憎享:红注献疑,字词天地1.3。

傅憎享:《金瓶梅》词语误释归因,社会科学辑刊1989-4。

高岛俊男:《水浒传》词汇辞典稿,(日)中国语学224、225、226、227;冈山大学法文学部学术纪要38、39、40、43、44;冈山大学文学部纪要2、6、7、8、9、10。

高岛俊男:《水浒传》的称呼(1)——自称语,(日)中国语研
究19。

高岛俊男:《水浒传》的称呼(2)——对称语,(日)中国语研
究20。

高桥繁树、井上泰山:元刊杂剧三十种语汇集成(1)(2)(3),
(日)佐贺大学教养部研究纪要19、20、21。

高桥良行:杜牧《山行》诗中"坐"字的解释,(日)爱知淑德
大学论集11。

高益登:"帑抹"词义商榷,温州师专学报1984-1。

龚维英:"包弹"和包公,江淮论坛1980-4。

龚维英:解"兰",江淮论坛1980-3。

古贺英彦:用于读禅宗语录的基本语汇,(日)禅学研究64。

古屋昭宏:《度曲须知》所见明末的吴方言,(日)人文学报156。

古屋昭宏:明刊说唱词话十二种的吴语,(日)中国文学研究12。

古屋昭宏:说唱词话《花关索传》和明代的方言,(日)中国文
学研究10。

顾学颉:元剧(曲)辞语诠释举例,社会科学战线1978-2。

郭芹纳:释"努力",中国语文1982-1。

郭芹纳:"恓惶"义辨,陕西师大学报1989-4。

郭小湄:说"侬",红楼梦学刊1979-1。

郭小武、叶 青:关于"烂漫",中国语文1984-6。

郭在贻:杜诗札记,文史哲1981-2。

郭在贻:对《释"努力"》一文的一点补充,中国语文通讯1985-3。

郭在贻：古代语词义札记，中国语文1979-2。

郭在贻：《"落英缤纷"辨析》质疑，语文战线1980-2。

郭在贻："冒乱"补义，文史23。

郭在贻：《世说新语》词语考释，字词天地1984-3。

郭在贻：释"匆匆""无赖"，中国语文1981-1。

郭在贻：释"大顿势"，文史15。

郭在贻：《释觉》补义，南开学报1979-3。

郭在贻：《说文段注》与汉语词汇研究，社会科学战线1978-3。

郭在贻：俗语词研究概述，语文学报1985-9、10。

郭在贻：俗语词研究与古籍整理，社会科学战线1983-4。

郭在贻：《太平广记》词语考释，杭州大学学报1980-4。

郭在贻：《太平广记》里的俗语词考释，中国语文1980-1。

郭在贻：《太平广记选》注释商榷，齐鲁学刊1983-1。

郭在贻：唐诗与俗语词，文史25。

郭在贻：唐诗中的反训词，浙江师院金华分校学报1982-1。

郭在贻：陶集札迻，中华文史论丛1981-2。

郭在贻：信的书信义究竟起于何时，中国语文1984-4。

郭在贻：训诂学与辞书编纂，杭州大学学报1984-3。

郭在贻：训诂学与古籍整理，杭州大学学报古籍整理专号。

郭在贻：也谈"莫须有"，社会科学战线1980-1。

郭在贻：《游仙窟》释词，杭州大学学报1981-4。

郭在贻：语词杂考二题，语文战线1984-2。

韩登庸：元杂剧中的少数民族语词，内蒙古师大学报1983-1。

何九盈：古汉语词义札记，中国语文1983-1。

胡从曾："谁何"解，中国语文1986-1。

胡明扬：三百五十年前苏州一带吴语一斑——《山歌》和《桂枝儿》所见的吴语，语文研究1981-2。

胡双宝：说"哥"，语言学论丛6。

胡竹安：略论方言、方俗对训诂的作用，人文杂志1980-10。

胡竹安：《水浒》里的"草帚儿"是什么，中学生文史1986-7、8。

胡竹安：《水浒全传》所见现代吴语词汇试析，吴语论丛。

胡竹安：《水浒》事物杂考六则，淮北煤炭师院学报1983-2。

胡竹安：《水浒》中的"刷子"和"捣子"，语言美40。

胡竹安：《水浒》中明代用语，语文园地1983-4。

胡竹安：《水浒传》的太平车、海鳅船、兜子，徽州师专学报1983-1。

胡竹安：《水浒传》中的成语和谚语，语言美33。

胡竹安：说说"挝""把""白打"，中学生文史1986-7、8。

胡竹安：宋元时"事"的特指义，中国语文1990-1。

胡竹安："协罗厮钻，尾毛厮结"辨释，（日）中国语研究31。

胡竹安：元明戏曲小说俗谚用例互证，语文研究1986-1。

胡竹安：中古白话及其训诂的研究，天津师大学报1983-5。

胡竹安、张锡德：《法显传》词语札记，语文研究1986-4。

华学诚：对《说"屙"和"恶"》的一点正补，中国语文1983-5。

黄　征：释"减""仅"，文史31。

黄　征：释"惧"，古籍整理与研究4。

黄金贵："面缚"新解，中国语文1981-4。

黄金贵：也说"烂漫"，中国语文1984-1。

黄灵庚：再说"烂漫"，中国语文1984-6。

黄佩文：《小说词语汇释》拾误，中国语文1987-3。

黄祖良：元曲语词札记，辽宁大学学报1982-1。

江巨荣：元杂剧常言俗语谈，复旦学报1983-6。

江蓝生：敦煌变文词语琐记，语言研究1985-1。

江蓝生：敦煌俗文学熟语初探，敦煌学论集（甘肃人民出版社，1984）。

江蓝生：古今称谓词语杂谈，中国语文天地1986-2。

江蓝生："举似"补说，古汉语研究创刊号。

江蓝生：说"兀自"，辞书研究1990-1。

江蓝生：魏晋南北朝小说词语札记，字词天地1。

江蓝生："望空便额"别解，中国语文1983-2。

江蓝生："影响"释义，中国语文1985-2。

江蓝生：语词探源笔记选录，语文研究1989-4。

江蓝生：元杂剧语词拾穗，字词天地4。

蒋　亮：关于"酸馅气"，辞书研究1982-2。

蒋礼鸿：《敦煌资料》第一辑词释，中国语文1978-2。

蒋礼鸿：试说"抹"的本字，中国语文1980-3。

蒋礼鸿：说"弗吊、不吊、不淑"，温州师专学报1980-1。

蒋礼鸿：说"身起""身己"，中国语文1982-2。

蒋礼鸿：《义府续貂》补，杭州大学学报1989-3。

蒋绍愚：杜诗词语札记，语言学论丛6。

蒋绍愚：关于汉语词汇系统及其发展变化的几点想法，中国语文1989-1。

蒋绍愚：关于近代汉语词汇的研究，古汉语词汇纲要（1989）。

蒋绍愚：唐诗词语札记，北京大学学报1980-3。

蒋绍愚：唐诗词语札记（二），语言学论丛10。

蒋绍愚：《祖堂集》词语试释，中国语文1985-2。

蒋宗许：读逯注《陶渊明集》札记，中国语文1987-3。

金　振："不当家花拉的"来龙去脉，中国语文1984-1。

金丸邦三：俗语随考——元曲誓词考，（日）中国俗文学研究6。

金文明："狼狈"探源，上海师范学院学报1983-4。

蓝立蓂：元代直译公牍文某些用语在关汉卿作品里的反映，语文研究1986-4。

郎成业：说"东西"，宁夏大学学报1985-4。

李　安：力夫、力者、走使者，中国语文1989-2。

李　申："红娘撒沁"解，语文研究1984-1。

李　申：《金瓶梅》词语例释，河北师院学报1989-1。

李　申：元曲词语今证，中国语文1983-5。

李葆瑞：关于"胡阑"和"曲连"，中国语文1979-5。

李崇兴：词义札记，中国语文1983-5。

李崇兴：元曲词语解释，语言研究1983-2。

李行健：河北方言中的古词语——兼谈方言词在训诂方面的作用，中国语文1979-3。

李行健、折敷濑兴：现代汉语方言词语的研究与近代汉语的考释，中国语文1987-3。

李时人：释"抠、邱"，中国语文1986-4。

李文明：多喒，中国语文1989-4。

李文明：信的书信义的更早例证，中国语文1986-3。

李亚明：《太平广记》词语札记，（日）中国语学230。

李一平：《金瓶梅》词语考释订补，河南大学学报1989-2。

李之亮：关于《金瓶梅》中数条语词的诠释，中国语文1989-3。

李之亮：关于《戏曲词语汇释》的几点异议，中国语文1983-5。

李之亮：评《小说词语汇释》，益阳师专学报1987-4。

李之亮：谈谈近代汉语词义训诂与现今土语，郑州大学学报1987-6。

梁　梁：说"奚脚"及其它，敦煌学辑刊7。

梁晓虹：佛经词语札记，南京师大学报1984-2。

梁永昌：《世说新语》字词杂记，华东师范大学学报1981-3。

廖大谷、石汝杰：《西游记》中苏北方言词语汇释，苏州大学学报1987-2。

廖珣英、蓝立蓂：《刘知远诸宫调》词语选释，中国语文1980-1。

林　涛：中卫方言与元明清白话词语，宁夏教育学院学报1983-1。

林昭德：诗词曲词语拾零，天津师院学报1980-3。

林昭德：诗词曲词语杂释，西南师范学院学报1980-1；中国语文1980-3；天津师院学报1981-5；西南师院学报1982-1、1982-3。

林昭德：诗词曲中四川方言例释（一），西南师范学院学报1979-1。

林昭德：也谈"按"字新义，中国语文1982-5。

刘　坚：校勘在俗语词研究中的运用，中国语文1981-6。

刘　坚：《世说新语》词语补释，语文研究1985-3。

刘　坚：语词杂说，中国语文1978-2。

刘　坚："治鱼"补说，中国语文1987-6。

刘　明：七青八黄，中国语文1989-4。

刘百顺：古典戏曲小说方言俗语例释，西北大学学报1987-1。

刘百顺："努力"释义商榷，中国语文1984-6。

刘镜芙、李法白：《水浒传》词语汇释选例，水浒争鸣1、4。

刘钧杰：《金瓶梅用的是山东话吗》的质疑，中国语文1986-3。

刘钧杰：《戏曲词语汇释》象声词诠释拾误，辞书研究1984-6。

刘钧杰：再说《杜诗与唐代口语》，中国语文1984-1。

刘凯鸣：敦煌变文词语校释拾零，敦煌学研究5。

刘凯鸣：方言俗语与方言俗语词考本字，语文研究1987-3。

刘凯鸣：《太平广记选》（续）注释商榷，台州师专学报1984-2。

刘凯鸣：《太平广记选》注释商评，汉中师院学报1986-1。

刘凯鸣：《唐诗选注》注释漫议，温州师专学报1985-1。

刘凯鸣：《唐宋词选注》指瑕，重庆师院学报1986-3。

刘凯鸣：《戏曲词语汇释》注释续议，字词天地5。

刘凯鸣：语词考释续貂，语文研究1982-1。

刘凯鸣：《元杂剧选注》注释商榷，阜阳师院学报1986-3。

刘瑞明：词语札记，中国语文1989-4。

刘瑞明：敦煌抄卷《百鸟名》研究，敦煌学辑刊1989-2。

刘瑞明：露柱·碌毒·卢都，文史27。

刘瑞明："生缘"试释，中国语文1986-4。

刘瑞明："望空"补证，中国语文1986-3。

刘瑞明、崔山佳："身前"也有词例，中国语文1988-4。

刘又辛：词义探源小笺（一），西南师范学院学报1981-1。

龙潜庵："护前"商榷，中国语文1989-1。

龙潜庵：宋元语词集释题记，辞书研究1981-2。

龙潜庵：宋元语词札记，中国语文1979-5。

卢甲文：《西厢记》语词新探，中州学刊1987-5。

卢润祥：古方言俗语词零拾，中国语文1984-4。

卢润祥：宋元语言词典，中国语文天地1987-1。

鲁　勒：古今形同义异词三十四例，语言文学1982-2。

罗宪华、经本植：《说文解字注》与四川的方言和名物，四川大学学报1982-3。

吕叔湘：释"结果"，中国语文1982-6。

马凤如：《金瓶梅》中的山东方言词汇研究（上、下），（日）下关市立大学论集30-2、3。

马国强：唐诗语词札记，中国语文1989-1。

马恒君：十米九糠，中国语文1989-4。

毛西旁：红注二则，红楼梦学刊1980-3。

弥松颐：《儿女英雄传》语汇释，中国语文1981-5。

米青释:"一头拾来",中国语文1986-6。

勉　之:常语索源——"旮旯"与"胡同",哈尔滨师专学报1980-1。

宁希元:《高祖还乡》注解中几个问题的商榷,曲苑1。

潘荣生:洺鱼,中国语文1983-2。

潘荣生:"珍重"小议,中国语文1987-4。

祁龙威:释"王相",中华文史论丛1979-2。

钱剑夫:"莫须有"之确诂,中华文史论丛1984-1。

乔天元:曲用语与旅大方言征实,社会科学辑刊1980-4、5、6,1981-3。

荻尾长一郎:中国旧白话小说戏曲变文语汇(17),(日)福冈大学综合研究所报115。

荻尾长一郎:中国旧白话小说戏曲语汇(13)(14)(15)(16),(日)福冈大学综合研究所报50、61、70、89。

荻尾长一郎:中国旧白话小说语汇(12),(日)福冈大学研究所报41。

任均泽:说"扺",中国语文1986-4。

任祖镛:试论《西游记》中吴方言的由来,思茅师专学报1987-1。

入矢义高:干屎橛,(日)图书1985-7。

三潴正道:说"相与",(日)中国俗文学研究(一)。

森野繁夫:六朝语辞杂记(1),(日)中国语研究(1987年秋)。

森野繁夫、藤井守:六朝古小说语汇集,(日)广岛大学文学部纪要39。

砂冈和子：敦煌出土《字宝碎金》的词汇和字体，（日）中国语
　　　　　学233。

邵霭吉：释"不作兴"和"连跑是跑"，中国语文1989-5。

邵良官："相扶将"一语析疑，福建教育1979-11。

邵则遂："狼狈"有"急速"义，中国语文1989-2。

神田千冬：《红楼梦》里的亲族称呼和身分称呼（上）（下），（日）
　　　　　中国语研究（1987年春、秋）。

神田千冬：《红楼梦》里亲族称呼的派生用法，（日）中国语研究
　　　　　31。

寺村政男：《大宋宣和遗事》所见白话语汇，（日）中国文学研究8。

寺村政男：宋元白话语汇汇释——《董西厢》编，（日）早稻田
　　　　　实业学校研究纪要14；《新编五代史平话》编，（日）
　　　　　早实纪要15；《大宗宣和遗事》编，（日）早实纪要
　　　　　17；《张协状元》编，（日）早实纪要18；《小孙屠》《宦
　　　　　门子弟错立身》编，（日）早实纪要20。

寺村政男：《元代白话碑文》所见胡语考，（日）大东文化大学教
　　　　　养课程20周年纪念论文集（1988）。

寺村政男：元杂剧散曲中所见胡语考，（日）中国文学研究13。

松尾良树：敦煌变文口语语汇数则，（日）奈良女子大学文学部
　　　　　研究年报27。

松尾良树：唐代词汇中的文白异同，（日）汉语史的诸问题
　　　　　（1984）。

松尾善弘：对唐诗中出现的"带"的解释，（日）鹿儿岛大学教

育学部研究纪要30。

松尾善弘:"见"字考——围绕六朝、唐诗的解释,(日)加贺博士退官纪念中国文史哲学论集。

宋　商:元曲词语札记,中国语文1982-6。

宋德胤:《红楼梦》俗语论,延边大学学报1983-1。

宋子然:词义札记,中国语文1984-3。

苏凤友:"热灶火坑"解,红楼梦研究集刊1。

隋文昭:《汉高祖还乡》难句我见,天津师大学报1985-1。

隋文昭:校注本《儿女英雄传》注释商略,中国语文1986-6。

隋文昭:《戏曲词语汇释》训解商兑,天津师大学报1984-4。

隋文昭:《小说词语汇释》训释匡议,语文研究1988-4。

隋文昭:《小说词语汇释》质疑,天津师大学报1985增刊。

隋文昭:《醒世姻缘传》词语注释商榷,中国语文1988-4。

孙德宣:语词琐记,中国语文1979-2。

孙克东:虎称"大虫"的原因,学术研究1983-6。

孙其芳:敦煌词中的方言释例,社会科学1982-4。

孙玉溱:元杂剧中的蒙古语曲白,中国语文1982-1。

孙悦春:元曲词语义札,北京师院学报1986-1。

太田辰夫、江蓝生:《生经·舅甥经》语词札记,语言研究1989-1。

唐　瑶:"落英缤纷"辨析,中国语文通讯1979-5。

唐令阳:"落英"不落,语言文学1982-2。

唐钰明:"香""臭"对举最早见于《淮南子》,中国语文1986-5。

藤井守:《三国志》裴氏注语汇集,(日)广岛大学文学部纪要41。

藤井守:《三国志》语汇集,(日)广岛大学文学部纪要40。

童致和:"香"和"臭"的词义演变及气味词的词义系统的发展,杭州大学学报1983-2。

丸山实夫:俗语随考,(日)中国俗文学研究2、3、5。

汪如东:说"不耐烦",语文月刊1989-3。

汪远平:《水浒》对民间语言的运用,陕西师大学报1984-3。

王　恺:释"臊皮",中国语文1987-4。

王　迈:《元曲释词》商补,中国语文1986-3。

王　锳:常用词语源杂说,汉语学习1985-4。

王　锳:"戳弄""撮弄"小考,文献9。

王　锳:《董西厢》"劳合重"解,中国语文通讯1980-4。

王　锳:杜诗"不觉"义辨,光明日报1985.11.5。

王　锳:敦煌变文词义补笺,贵州民族学院学报1988-1。

王　锳:诗词曲的特殊词序,文史知识1981-3。

王　锳:诗词曲名物考,贵州民族学院学报1986-1。

王　锳:诗词曲语辞举例,中国语文1978-3。

王　锳:诗词曲语辞释义补,中国语文1983-2。

王　锳:诗词曲语辞释义续补,中国语文1984-2。

王　锳:试论古代白话词汇研究的意义与作用,文史25。

王　锳:"属客"之"属"能否训"劝",训诂教学通讯1987-1。

王　锳:俗语词研究与戏曲校勘,中华文史论丛1983-1。

王　锳:俗语探源,中国语文1989-3。

王　锳:《太平广记》语词释义,语言学论丛14。

王　锳：唐宋笔记语词释义，语文研究1986-4。

王　锳：唐宋诗词语零札，中国语文1982-1。

王　锳：新版《辞源》近代词语若干条目释义商兑，语文建设1986-5、6。

王　锳：元明剧曲语释，文史16。

王　锳：元曲通假字俗语词例释，中国语文1982-4。

王　锳：《永乐大典戏文三种校注》、《元本琵琶记校注》语词释义辨补，语言研究1984-1。

王　莹：从现山东临清语看《金瓶梅》方言，《金瓶梅》作者之谜（宁夏人民出版社，1988）。

王傲兰："兰"字补解，江淮论坛1980-4。

王大新：关于"妈虎子"的一点异证，中国语文1988-2。

王继如：释"摧藏"，辞书研究1982-2。

王人恩："蹄子"乃"弟子"解，西北师院学报1983-3。

王维堤："余"与"洒家"之"洒"，辽宁师范大学学报1985-3。

王学奇：关于元曲语词的溯源问题，河北师院学报1987-4。

王学奇：论如何探索元曲的词义，河北师院学报1984-4。

王学奇：杀、煞、傻等字在元曲申的用法及其源流，河北师院学报1986-2。

王学奇：释"弹"，中国语文1984-5。

王学奇：元曲词语释例，河北师院学报1989-2。

王学奇、吴振清：论元曲中的歇后语，河北师院学报1985-4。

王雪樵："疾"字别解，中国语文1989-1。

王雪樵：释"剑界",中国语文1988-3。

王贞珉：元人杂剧词语考释,文科教学1981-4。

望　元：喃,中国语文1989-4。

韦　甫：《红楼梦》普通词语札记,辞书研究1980-3。

温公翊：元人杂剧语词释义,中国语文1980-3。

吴　海：对《"治鱼"补说》的一点补说,中国语文1988-5。

吴金华："错"有"错误"义不晚于汉末,中国语文1989-2。

吴金华："脚"有"足"义始于汉末,中国语文1986-4。

吴金华：《三国志》解诂,南京师院学报1981-3。

吴金华："太阳"变为"日"的别名的时代,中国语文1982-6。

吴金华："卒暴""部"义辨,中国语文1986-2。

吴琦幸："伤"字新解,中国语文1982-2。

吴企明：《李长吉歌诗王琦汇解》补笺辩证,社会科学战线1980-1。

吴庆峰："麻胡"探源,山东师大学报1983-3。

吴世昌：谈词中的名物、训诂和隶事,文史知识1983-6。

吴裕衡：释"要",中国语文1982-5。

吴泽顺：《百喻经》复音词的研究,吉林大学学报1987-1。

吴振国："当"字释例质疑(二),中国语文1980-6。

伍铁平：论汉语中的从儿称谓和有关现象,中国语言学报1985-2。

夏　渌："眉寿"释义的再商榷,中国语文1988-5。

夏　渌："小子"释义辨正,中国语文1986-4。

向　平：辛词考释拾零,文学遗产1980-3。

项　楚：变文字义零拾,中华文史论丛1984-2。

项　楚：敦煌变文语词校释商兑，中国语文1985-4。
项　楚：敦煌变文语词札记，四川大学学报1981-2；词典研究丛刊4。
项　楚：敦煌变文字义续拾，敦煌语言文字研究（浙江古籍出版社，1988）。
项　楚：苏诗中的行业语，东坡研究论丛。
项　楚：王梵志诗释词，中国语文1986-4。
谢鸣雄：也谈"谁何"，中国语文1987-2。
谢质彬：《信的书信义的更早例证》质疑，中国语文1986-6。
辛一鸣：《山歌》所见若干吴语语汇试释，语文研究1986-2。
星　灿：试释元明时之"亲"，中国语文1981-3。
徐公豪："莫须有"别解，社会科学战线1979-3。
徐震堮：《世说新语》词语简释，中华文史论丛1979-4。
许仰民：敦煌变文假借字音义关系研究，信阳师院学报1984-4。
许政扬：宋元小说戏曲语释（续），南开大学学报1979-1。
薛瑞兆：释"官家"，文史18。
薛瑞兆：元杂剧语词考释，北方论丛1983-6。
严薇青：聊斋俚曲中的山东方言词语和歇后语，蒲松龄研究集刊2。
盐见邦彦：白居易诗的俗语表现，（日）文化纪要16。
盐见邦彦：唐诗俗语新考（1）（2）（3）（4），（日）立命馆文学430、431、432；（日）文化纪要17、18、19。
盐见邦彦：唐诗俗语新考补遗，（日）文化纪要22。

阎崇璩：释"不因",（日）语学教育研究论丛4。

阎红生："没的（家）说"训释刍议,（日）北陆大学纪要13。

阎红生：《儿女英雄传》里的口语语汇与当代北京口语语汇的比较,（日）中国语研究（1986年秋）。

阎红生：《醒世姻缘传》词语注释质疑,（日）北陆大学纪要12。

杨发兴：关于"外后日"的说法,中国语文1988-6。

杨剑桥：关于"不借",辞书研究1980-3。

杨柳桥：释"眉寿",中国语文1985-5。

杨柳桥："停烛"本义,中国语文1983-5。

杨乃济：红边杂俎——《红楼梦》建筑词语释五则,红楼梦学刊1979-2。

杨耐思、蓝立蓂：释"务头",语文研究1983-1。

杨任志："惭愧"解,读书1982-8。

杨天戈：《水浒》词语解释拾遗,（日）中国语研究31。

杨天戈：说"兀",中国语文1980-5。

叶　隶：上海方言中的古语,上海师范大学学报1989-4。

殷孟伦、袁世硕：杜诗名篇中几个词语的训释问题,文史哲1979-2。

殷正林：《世说新语》中所反映的魏晋时期的新词和新义,语言学论丛12。

于盛庭：元剧语词札记,徐州师院学报1982-2。

于长虹：试谈"无赖"的词义及感情色彩的演变,河北师院学报1983-3。

俞　敏：现代北京话和元大都话，（日）中国语学233。

俞光中：释"开交"，语文月刊1990-5。

袁　宾：禅宗著作词语释义，中国语言学报4。

袁　宾：禅宗著作里的口语词，语文月刊1989-3。

袁　宾：词义札记，语文教学1982-12。

袁　宾：从《西厢记》"嘴脸"一语说起，字词天地7。

袁　宾：《敦煌变文集》词语拾零，语文研究1985-3。

袁　宾：古代白话中的夫妻称谓，语文教学之友1986-8。

袁　宾：近代汉语词义札记，中州学刊1984-2。

袁　宾：略论近代汉语偏义词语，教学与进修1984-3。

袁　宾："帽儿光光"，语文月刊1989-12。

袁　宾：明成化本词话语词考释，镇江师专学报1987-1。

袁　宾：俗语词零札，语文月刊1983-12、1985-3、1985-9、1985-11、1985-12、1986-2、1986-5、1986-7、1989-10、1986-12、1987-6、1987-7；语文园地1986-3；语文1986-5、1987-1、1987-2；阅读与写作1987-11；天津师大学报1986-3。

袁　宾：唐宋俗语词札记，山东师大学报1986-4。

袁　宾：王梵志诗词语札记。镇江师专学报1985-4。

袁　宾："望空便额"校释质疑，中国语文通讯1983-5。

袁　宾：《五灯会元》词语释义，中国语文1986-5。

袁　宾：《五灯会元》词语续释，语言研究1987-2。

袁　宾：《五灯会元》口语词探义，天津师大学报1987-5。

袁　宾：《五灯会元》口语选释，汉语论丛。

袁　宾：再谈禅宗语录中的口语词，语文月刊1989-3。

袁　宾：早期白话词义札记（一）（二），天津师大学报1983-2、1983-4。

袁　宾：早期白话倒反式语词浅探，语文园地1983-2。

乐东甫：辨"阿堵"，河北师院学报1987-3。

乐东甫：词语释义商兑，中国语文1984-1。

斋藤喜代子：黛玉的骂语，（日）二松学舍大学人文论丛14。

曾华强：挂幌子，中国语文1989-2。

曾仲珊：唐诗词语拾零，中国语文1983-4。

张　蓁："脑子""闹子"小议，中国语文1985-4。

张伯闻：《红楼梦》北京方言拾零，红楼梦学刊1980-4。

张鹤泉：小说词语释义辨误，中国语文1985-5。

张怀平："不忿"解，学术研究1980-5。

张惠英：客、乡、洋、土，中国语文通讯1986-4。

张惠英：《金瓶梅词话》的语言和作者，徐州教育学院学报1989-2。

张惠英：《金瓶梅》用的是山东话吗，中国语文1985-4。

张惠英：《金瓶梅》中杭州一带用语考，中国语文1986-3。

张惠英：《金瓶梅》中值得注意的语言现象，语文研究1986-3。

张惠英：说"呆、獃、骏、懂"，语文研究1985-4。

张惠英：说"干没"，中国语文研究9。

张惠英：说"隔并"，天津师大学报1984-3。

张惠英、梅祖麟：说"屙"和"恶"，中国语文1983-3。

张家茂：《三言》中苏州方言词语汇释，方言1981-3。

张家英："谁何"解惑，中国语文1987-2。

张金泉：变文词义释例初探，敦煌语言文学论文集（浙江古籍出版社，1988）。

张　俊：红注刍议，北京师范大学学报1985-6。

张清常：胡同与水井，语言教学与研究1984-4。

张荣国、黄　维："红日"一词产生于初唐，中国语文1982-4。

张斯忠："相望"释义商兑，中国语文1988-4。

张锡德：《五灯会元》词语拾零，温州师院学报1987-4。

张永绵：近代汉语的双音词，语文论集1985-1。

张永绵：近代汉语中的同义词，教学与研究1980-3。

张永绵：近代汉语中字序对换的双音词，中国语文1980-3。

张永绵：元曲语词补释，浙江师大学报语言文字专辑（1985）。

张永绵：元曲语释札记，浙江师大学报1986-4。

张永言：词义琐记，中国语文1982-1。

张永言：从"闻"的词义说到汉语词源学的方法问题，四川大学学报丛刊22。

张永言：李贺诗词义杂记，中国语文通讯1979-6。

张永言："为…所见"和"香""臭"对举出现时代的商榷，中国语文1984-1。

张永言：语源札记三则，民族语文1983-6。

张涌泉：八卷本《搜神记》札迻，洛阳大学学报1989-1。

张涌泉："不论"释义质疑,中国语文1982-1。

张涌泉:《金瓶梅》词语考释,杭州大学学报1989-4。

张涌泉:俗语词研究与古籍校勘,古汉语研究3。

张涌泉:吐鲁番出土文书词语考释,新疆文物1990-1。

张远芬:《金瓶梅词话》词语选释,中国语文通讯1982-1。

张长明:试释"断肠",辞书研究1982-6。

张喆生:抹 蒲合 每,中国语文1979-4。

赵国瑞:关于"包弹",牡丹江师院学报1979-1。

赵建功:元杂剧中的重迭词试探,郑州大学学报1982-1。

赵日和:《张协状元》词语选释,中国语文1982-3。

赵晓茂:《西厢记》方言十三释,河北师大学报1985-4。

赵新德:"错"的"错误"义不始于唐,中国语文1987-3。

赵宗乙:《宋元语言词典》释义管窥,中国语文1989-3。

郑学弢:释"觉",南开大学学报1979-1。

郑智勇:"俏"字管见,语文月刊1989-5。

支　衍:常语索源——"冬月子"与"腊月",哈尔滨师专学报1980-1。

植田均:《金瓶梅词话》分词语汇释(A—Q),(日)奈良产业大学纪要2、3、4、5。

中村信幸:说"说似",(日)中国俗文学研究(二)。

中村信幸:说"坐断",(日)宗学研究21。

钟兆华:试谈《红楼梦》中的嬷嬷,语言和语言教学1984。

钟兆华:无可不可,字词天地4。

钟兆华：须索，中国语文通讯1984-2。

周定一：《红楼梦》词义演变一例，语言学和语言教学（1984）。

周定一："挤对"和"挤兑"，中国语文1984-4。

周光庆：敦煌变文释汇，中国语文通讯1981-2。

周国林："丈人""丈夫"得名由来及其他，华中师院学报1985-1。

周纪彬：读《世说新语》札记，北京师范大学学报1981-4。

周俊生：源于佛经的抽象名词，汉语学习1987-6。

周生春："踏遂"释义商榷，杭州大学学报1981-4。

周生亚：《世说新语》中的复音现象，吉林大学学报1982-2。

周志贤："理会"小解，语文学习1980-4。

周中明："拆开这个鱼头"释，红楼梦学刊1979-2。

朱家潘：何谓"打秋风"，红楼梦学刊1979-1。

朱美第：关汉卿作品所见人称用语，（日）汉学研究26。

朱美第：论元曲、关汉卿作品中的成语，（日）流通经济大学论集23-2。

朱　星：《金瓶梅》的词汇语法札记，河北大学学报1982-1。

朱玉龙："莫须有"诠释质疑，江淮论坛1983-1。

竹内诚：清代白话小说和方言，（日）野草37。

祝鸿杰："浪""漫"及其他，辞书研究1985-5。

祝鸿杰：唐代俗语词杂释，温州师专学报1985-2。

祝鸿杰：《伍子胥变文》药名诗臆诂，敦煌语言文学论文集（浙江古籍出版社，1988）。

祝注先：词义札记，中南民族学院学报1983-1。

4 语音

坂井健一:《金瓶梅》诗词用韵考,(日)日本大学研究纪要34。

蔡瑛纯:《朴通事新释谚解》汉语声调研究,(韩)人文科学研究所论文集11。

程朝晖:欧阳修诗词用韵研究,中国语文1986-4。

池曦朝、张传曾:白居易诗歌韵脚中的"阳上作去"现象,语言论集1。

丁邦新:与中原音韵相关的几种方言现象,中研院历史语言研究所集刊52-4。

都兴宙:汉民族共同语入声韵尾消变轨迹说,青海师大学报1987-4。

都兴宙:王梵志诗用韵考,兰州大学学报1986-1。

富平美波:关于《七音略》的《谐声别字六图》,(日)中国语学230。

高　明:论韵的四等,辅仁学志9。

古屋昭宏:白居易诗"相"的声调,(日)开篇4。

何九盈:《诗词通韵》述评,中国语文1985-4。

何九盈:《中原雅音》的年代,中国语文1986-3。

何九盈:《中州音韵》述评,中国语文1988-5。

侯精一:清人正音书三种,中国语文1980-1。

侯兰笙:《帝京景物略》里的儿化韵,西北师院学报1988-2。

胡明扬:《老乞大谚解》和《朴通事谚解》中所见的《通考》对音,语言论集1。

胡运飚：吴文英张炎等南宋浙江词人用韵考，西南师大学报1987-4。

花登正宏：北京大学藏《音韵臆说》，（日）集刊东洋学49。

花登正宏：《古今韵会举要》反切考——重点在反切上字，（日）东方学58。

花登正宏：《古今韵会举要》考——关于韵类，（日）山形大学纪要9-1。

花登正宏：《礼部韵略七音三十六母通考》声母考，（日）伊地智继善、辻本春彦两教授退官纪念中国语学文学论集。

花登正宏：蒙古字韵笔记——特别是开口二等牙音的舌面音化，（日）中国语学会集刊226。

花登正宏：明代通俗小说《律条公案》的音注，（日）均社论丛10。

花登正宏：作为启蒙教育家的陈澧和反切系联法，（日）人文研究37-3。

慧　生：读《本悟〈韵略易通〉的两个刻本》后，中国语文1988-5。

吉田雅子：敦煌写本《开蒙要训》音韵体系——以押韵、异文、音注为中心，（日）东洋大学大学院纪要23。

吉田雅子：敦煌写本《开蒙要训》音注字和广韵的比较，（日）东洋大学大学院纪要20。

忌　浮：曲尾及曲尾上的古入声字，中国语文1988-4。

冀　伏：《中原雅音》考释——兼与蒋希文同志商榷，吉林大学学报1980-2。

姜军华、黄公绍：词韵与《古今韵会举要》，吉林师院学报1984-3。

姜信沆：依据朝鲜资料略记近代汉语语音史，中研院历史语言研究所集刊51-3。

姜聿华：宋代北方籍词人入声韵韵尾考，求是学刊1985-5。

蒋希文：从现代方言论中古知庄章三组声母在《中原音韵》里的读音，中国语文1983-1。

蒋希文：《中原雅音》记略，中国语文1978-4。

杰逊托夫（Jaxontov, S. E.）：十一世纪北京话的语音，（日）人文学报156。

金周生：元曲暨中原音韵"东钟""庚青"二韵互见字研究，辅仁学志11。

金周生：《中原音韵》入声多音字音证，辅仁学志13。

赖江基：从白居易诗用韵看浊上变去，暨南大学学报1982-4。

礼　兰：谈唐宋三十六字母清浊的划分标准，旅大师专学报1980-1。

李　荣：旧小说里的轻声字例释，中国语文1987-8。

李　荣：论李涪对《切韵》的批评及其相关问题，中国语文1985-1。

李　荣：论"入"字的音，方言1982-4。

李　晓：南戏曲韵研究，南京大学学报1984-3。

李爱平：金元山东词人用韵考，语言研究1985-2。

李行杰：《韵补》声类与南宋声母，徐州师范学院学报1983-1。

李思敬：从《金瓶梅》考察十六世纪中叶北方话的儿化现象，

语言学论丛12。

李思敬：汉语音韵史文献上的儿话音记录考，语文研究1981-1。

李新魁：《康熙字典》的两种韵图，辞书研究1980-1。

李新魁：论近代汉语共同语的标准音，语文研究1980-1。

李新魁：论近代汉语照系声母的音值，学术研究1979-6。

立石广男：《四书集注》的声调标示，（日）汉学研究18、19。

林　端：《中原音韵》的入派三声，新疆大学学报1989-1。

林平和：李登声类研究（上）（下），中华学苑21、22。

铃木胜则：明末清初论曲书对《中州音韵》及重订《中原音韵》的音注的利用，（日）中国语学228。

刘　静：试论《洪武正韵》的语音基础，陕西师大学报1984-4。

刘　静：《中原音韵》车遮韵的形成、演变及语音性质，陕西师大学报1989-3。

刘　静：《中原音韵》音系无入声新探，陕西师大学报1986-3。

刘　伶：甘肃敦煌方音与《广韵》音系，（日）亚非语言文化研究32。

刘俊一：关于《中原音韵》的"入派三声"，齐鲁学刊1980-1。

刘丽川：王梵志白话诗用韵考，语言论集2。

龙　晦：《韵学集成》与中原雅音，中国语文1979-2。

龙　晦：《中原雅音》语言资料的发现及其评价，词曲研究丛刊1980-1。

龙　晦：释《中原雅音》——论中原雅音的形成及使用地域，音韵学研究1。

龙　晦：唐五代西北方音与敦煌文献研究，西南师范学院学报1983-3。

龙潜庵：敦煌曲校补，学术研究1981-5。

龙庄伟：本悟《韵略易通》之"重X韵"辨，中国语文1988-3。

龙庄伟：略谈《五方元音》，河北师院学报1988-2。

鲁国尧：宋代苏轼等四川词人用韵考，语言学论丛8。

鲁国尧：宋代辛弃疾等山东词人用韵考，南京大学学报1979-2。

鲁国尧：元遗山诗词用韵考，南京大学学报1986-1。

陆致极：《中原音韵》声母系统的数量比较研究，中国社会科学1985-5。

罗伯特·裘尔（Juhl,Robert A.）：唐代母音变迁和声调的关系，（日）亚非语的计数研究10。

落合守和：《满汉字清文启蒙》所反映的十八世纪北京方言的音节体系，（日）静冈大学教养部研究报告22-2。

马重奇：白居易诗用韵研究，福建师大学报1984-1。

梅祖麟：四声别义中的时间层次，语文研究1981-2。

聂鸿音：从谐音字和叶韵字论《红楼梦》的基础方言，红楼梦学刊1987-2。

宁忌浮：论《中州乐府音韵类编》与《中原音韵》的关系，吉林大学学报1982-3。

宁忌浮：《中原音韵》无入声内证，音韵学研究1。

宁希元："标音系"的古书与变文中假借字的解读，敦煌学论集（甘肃人民出版社，1985）。

宁希元：《元刊古今杂剧》中形声字的省借和校读问题，兰州大学学报1979-2。

平山久雄：《中原音韵》"入派三声"的音韵史背景，（日）东洋文化58。

平田昌司：《皇极经世声音唱和图》与《切韵指掌图》，（日）东方学报56。

平田昌司："审音"和象数——皖派音韵学史稿序说，（日）均社论丛9。

前川幸雄：刘、白唱和诗的脚韵研究，（日）福井工业高等专门学校研究纪要16。

前川幸雄：柳宗元诗歌作品脚韵的研究，（日）汉文学16。

前川幸雄：元、白唱和诗的脚韵研究，（日）福井工业高等专门学校研究纪要15。

钱学烈：寒山诗韵部研究，语文研究1984-3。

庆谷寿信：关于《玉篇》卷末所附《五音声论》，（日）人文学报140。

庆谷寿信：《俗务要名林》反切声韵考，（日）人文学报128。

庆谷寿信：濮阳淶《韵学大成》和王文璧《中州音韵》，（日）人文学报156。

群　一：本悟《韵略易通》的两个刻本，中国语文1986-2。

三根谷彻：宋代等韵图的构成，（日）东洋文库和文纪要60-1、2。

森博达：关于《大唐西域记》止摄诸韵的音译汉字，（日）均社论丛10。

森博达：关于武玄之《韵诠》的岑韵,(日)同志社外国文学研究33、34。

森博达：唐代北方音和上代日本语的母音音值,(日)同志社外国文学研究28。

森川久次郎：汉语的变迁——以入声字的变迁为中心,(日)东洋大学亚非文化研究所研究年报13。

上田正：有关唐代清浊的一资料,(日)均社论丛1-2。

上野惠司：一本最期待的书《中国语史通考》,(日)东方94。

邵荣芬：明代末年福州话的声母系统,中国语文1985-2。

施向东：玄奘译著中的梵汉对音和唐初中原方音,语言研究1983-1。

辻本春彦：洪武正韵的入声韵,(日)均社论丛10。

辻本春彦：洪武正韵反切用字考——关于反切下字,(日)森三树三郎博士颂寿记念东洋学论集。

受　鸣：关于"归三十字母例",华东师范大学学报1985-2。

水谷诚：关于杜甫诗的换韵,(日)中京大学教养论丛26。

松尾良树：李义山诗韵谱,(日)东方学报54。

松尾良树：舌音齿音和重纽问题——中古中国语的五音,(日)言语研究76。

松尾良树：唐诗韵的概念,(日)均社论丛9。

松尾良树：王梵志诗韵谱,(日)均社论丛10。

松尾良树：作为音韵资料的《太公家教》,(日)亚非语言文化研究17。

孙其芳：敦煌词中的方音释例，社会科学1982-3。

太田斋：尖团小论，（日）人文学报140。

唐作藩：评杨耐思《中原音韵音系》，语文研究1982-2。

唐作藩：《正音捃言》的韵母系统，中国语文1980-1。

樋口靖：《中原音韵》《广韵》字音的对照，（日）筑波中国文化论丛1。

汪寿明：读《切韵指掌图》札记，华东师范大学学报1982-5。

王　平：从《五方元音》和《中原音韵》的差异看近代汉语语音的发展，语文研究1989-3。

王硕荃：杜诗入声韵考，杜甫研究学刊1988-2。

王硕荃：古入声字在《中原音韵》里的声调归派，河北学刊1988年增刊。

王硕荃：又读及其是否为文白异读辨析，河北学刊1989-4。

望月真澄：说《交泰韵》——音韵表（1），（日）全译大学文学部论集8。

慰　望：从杜甫的五首诗韵看唐代入声的演变，安徽师大学报1984-2。

魏新弟：《中原音韵》"入派三声"析疑，重庆师院学报1987-4。

香坂顺一：早期白话所见轻声，（日）中国语研究（1986年秋）。

许德宝：《中州音韵》的作者、年代以及同《中原雅音》的关系，中国语文1989-4。

薛凤生：论入声字之演化规律，屈万里先生七秩荣庆论文集。

严振洲：《中原音韵》"入派三声"即"入变三声"证，上饶师专学报1987-4。

岩田宪幸：《音韵逢源》的入声字，（日）外国语外国文学研究8。

岩田宪幸：《音韵逢源》的音系——和现代北京语音的比较（上）（中）（下），（日）近畿大学教养部研究纪要19-3，20-1、2。

阎宝山：等韵"门法"中的"类隔"切语，东北师大学报1984-3。

阎红生：《中原音韵》闭口韵的两个问题，（日）中国语学233。

杨耐思：汉语"影幺鱼喻"的八思巴字译音，中国民族古文字研究。

杨耐思：近代汉语"京经"等韵类分合考，音韵学研究2。

杨耐思：近代汉语-m的转化，语言学论丛7。

杨耐思：普通话语音溯源，普通话2。

杨耐思：元代汉语的浊声母，中国语言学报3。

杨耐思：《韵会》与《七音》、《蒙古字韵》，语言文字学术论文集（知识出版社，1989）。

杨耐思：《韵学集成》所传《中原雅音》，中国语文1978-4。

杨耐思、蓝立蓂：元曲里的"呆"字音，语言学论丛13。

杨自翔：《李氏音鉴》所反映的北京语音体系，语言研究论丛4。

叶祥苓：《类音》五十母考辨释（上）（下），南京师院学报1979-2、3。

樱井茂治：中世音韵史的入声音——以新义真言宗的声明为资料，（日）国立音乐大学研究纪要14。

俞　敏：北京音系的成长和它受的周围影响，方言1984-4。

俞　敏：李汝珍《音鉴》里的入声字，北京师范大学学报1983-4。

俞　敏：中州音韵保存在山东海边儿上，河北师院学报1987-3。

俞　敏：驻防旗人和方言的儿化韵，中国语文1987-5。

宇都宫睦男：神田本白氏文集的字音点，（日）铃峰女子短期大学人文社会科学研究集报25。

宇都宫睦男：天理图书馆藏永仁元年朝誉笔本白氏文集卷第三的三处训点，（日）铃峰女子短期大学人文社会科学研究集报28。

袁　宾：《西游记》韵文用韵考，宜春师专学报1982-3。

远藤光晓："了"音的变迁，（日）中国语学233。

远藤光晓：《翻译老乞大・朴通事》里的汉语声调，语言学论丛13。

远藤由里子：《韵府群玉》小稿，（日）人文学报166。

赞井唯允：音韵逢源和等韵，（日）人文学报140。

赞井唯允：《音韵集注》和《五方元音》，（日）人文学报128。

赞井唯允：《韵学集成》所传《中原雅音》考辨——与冀伏先生商榷，（日）人文学报156。

赞井唯允：《中州音韵》小考——围绕玉本的底本，（日）中国语学228。

张传曾：敦煌变文的破读字例，语言研究1983-1。

张鸿魁：《金瓶梅》的方音特点，中国语文1987-2。

张金泉：变文假借字谱，杭州大学学报1984年增刊。

张金泉：敦煌曲子词用韵考，音韵学研究2。

张金泉：敦煌俗文学中所见的唐五代西北方音韵类，敦煌学论集（甘肃人民出版社，1985）。

张金泉：唐民间诗韵——论变文诗韵，1983年全国敦煌学术讨论会文集。

张清常：《中原音韵》新著录的一些异读，中国语文1983-1。

张守中：《平水韵》考，山西大学学报1982-1。

张双庆：《全相平话五种》的韵母系统，中国语文研究1。

张文轩：从初唐"叶韵"看当时实际韵部，中国语文1983-3。

张文轩：试析陆德明的"叶韵"，兰州大学学报1983-7。

长田夏树：《皇极经世书》声音图的音值和《韵略易通》的音韵体系，（日）神户外大论丛30-3。

长田夏树：《蒙古韵略》和《中原音韵》，（日）神户外大论丛29-3。

赵复衍：排字礼部韵略小考，（韩）奎章阁4。

赵　锐：白居易的诗歌用韵，北方论丛1980-5。

照那斯图：八思巴字篆体字母研究，中国语文1980-4。

郑中鼎：《切韵指掌图》的江南方音色彩，长沙水电师院学报1987-4。

中前千里：《古今韵会举要》所引《说文解字》，（日）汉语史诸问题（1984）。

中原健二：《中原音韵作词十法》（1）（2），（日）均社论丛9、10。

周大璞：敦煌变文用韵考（一）（二）（三），武汉大学学报1979-3、4、5。

周定一：《红楼梦》词汇中的标音问题，中国语文1989-6。

周维培：《中原音韵》三题，语言研究1987-2。

朱　星：宋元等韵学述评（上）（下），河北师院学报1985-2、3。

竺家宁：九经直音知照系声母的演变，东方杂志14-7。

佐井雅美：宋词入声韵常用字考，（日）汉学研究25卷。

佐藤昭：中古清音入声字和北京话声调，（日）横滨国立大学人文纪要31。

佐佐木猛：庚青韵赘说，（日）伊地智善继、辻本春彦两教授退官纪念中国语学文学论集。

佐佐木猛：《交泰韵》的研究·序说，（日）均社论丛14。

佐佐木猛：据《中州乐府音韵类编》纠正《中原音韵》的错误，（日）福冈大学人文论丛12-4。

佐佐木猛：依据《中州乐府音韵类编》能够校正《中原音韵》的错误吗——中原音韵的新研究（4），（日）福冈大学人文论丛12-4。

佐佐木猛：《中原音韵》序译注·韵谱——中原音韵的新研究（1）（2），（日）均社论丛5-1、5-2。

佐佐木猛：《中原音韵·正语作词起例》译注——中原音韵的新研究（3），（日）均社论丛6-1。

佐佐木猛：卓从之《中州乐府音韵类编》考定本——中原音韵的新研究（5），（日）均社论丛10。

5　校勘及其他

白维国：《金瓶梅词话》校点商兑，徐州教育学院学报1989-2。

白维国：明清白话小说若干标点辨误，中国语文1983-3。

蔡镜浩：与魏晋惯用词语有关的标点失误，古籍整理出版情况简报194。

蔡镜浩：中古俗词语与古籍校点失误，文史30。

郭芹纳：小说断句失误二例，文学遗产1989-6。

郭在贻：读江蓝生《魏晋南北朝小说词语汇释》，中国语文1989-3。

郭在贻：杜诗异文释例，草堂1982-2。

郭在贻：敦煌变文校勘拾遗，中国语文1983-2。

郭在贻：敦煌变文校勘拾遗续补，杭州大学学报1983-3。

郭在贻：唐诗异文释例，文史19。

郭在贻：王梵志诗汇校，敦煌语言文学论文集（浙江古籍出版社，1988）。

郭在贻：《王梵志诗校辑》误校示例，古籍整理出版情况简报184。

郭在贻：王梵志诗校释拾补，中国语文1987-1。

郭在贻：《义府续貂》评介，中国社会科学1982-5。

郭在贻、张涌泉、黄　征：伯2292《维摩诘经讲经文》补校，浙江学刊1988-5。

郭在贻、张涌泉、黄　征：《大目乾连冥间救母变文》校议，安徽师大学报1989-1。

郭在贻、张涌泉、黄　征：《敦煌变文集》底本选择不当之一例，古籍整理出版情况简报202。

郭在贻、张涌泉、黄　征：《敦煌变文集新书》读后，杭州师范学院学报1989-5。

郭在贻、张涌泉、黄　征：《敦煌变文集新书》校议（一）（二），文献1989-2、3。

郭在贻、张涌泉、黄　征：敦煌变文整理校勘中的几个问题，古汉语研究创刊号。

郭在贻、张涌泉、黄　征：《父母恩重经讲经文》补校，敦煌语言文学论文集（浙江古籍出版社，1988）。

郭在贻、张涌泉、黄　征：《韩朋赋》补校，古籍整理1989-2。

郭在贻、张涌泉、黄　征：《欢喜国王缘》等三种补校，语文研究1989-2。

郭在贻、张涌泉、黄　征：《秋吟》和《不知名变文》三种补校，温州师院学报1989-2。

郭在贻、张涌泉、黄　征：苏联所藏押座文及说唱佛经故事五种补校（一）（二），古籍整理研究学刊1988-3、4。

郭在贻、张涌泉、黄　征：《维摩诘经讲经文》（S4571）补校，北方论丛增刊。

郭在贻、张涌泉、黄　征：《伍子胥变文》补校，文史32。

郭在贻、张涌泉、黄　征：押座文八种补校，宁波师院学报1989-1。

胡竹安：广陵刻印校补本《新编刘知远还乡白兔记》补正，中国语文1984-4。

胡竹安：《永乐大典戏文三种校注》《元本琵琶记校注》斠补，

　　　　　　　中国语文1983-5。

黄　征：敦煌陈写本晋竺发护译《佛经生经》残卷P2965校释，
　　　　敦煌语言文学论文集（浙江古籍出版社，1988）。

黄　征：敦煌文学《郎伟》辑录校注，杭州大学学报1988增刊。

黄　征：王梵志诗校释商补，杭州大学学报1988-2。

黄　征：《王梵志诗校辑》商补，敦煌研究1988-4。

江蓝生：《敦煌变文集》校记补议，敦煌学辑刊1。

江蓝生：敦煌写本《燕子赋》二种校注，关陇文学论丛敦煌文
　　　　学专辑。

蒋绍愚：《敦煌变文集》（上册）校补，敦煌语言文学论集（浙
　　　　江古籍出版社，1988）。

蒋绍愚：《王梵志诗校辑》商榷，北京大学学报1985-5。

蒋绍愚：《中国语历史文法》评介，语文建设1988-6。

井上泰山：评《元曲释词》（一），（日）中国俗文学研究（三）。

井上泰山：说元曲辞典的理想状态——答吴振清、杜淑芬二氏的
　　　　质问，（日）中国俗文学研究（五）。

蓝立蓂：关汉卿杂剧校勘商兑，中国语文1986-4。

李崇兴：《新校元刊杂剧三十种》商榷，语言研究1987-1。

刘凯鸣：敦煌变文校勘辩补，兰州大学学报1984-3。

刘凯鸣：敦煌变文校勘复议补遗，兰州大学学报1987-1。

刘凯鸣：敦煌变文校释零札，文史27。

刘瑞明：《丑女缘起》补校，浙江敦煌学1989-2。

刘瑞明：敦煌变文校释商榷及新补，固原师专学报1989-3。

刘瑞明：《敦煌唐人诗文选集残卷（伯2555）补录》校勘刍议，文学遗产增刊18。

刘瑞明：《唐太宗入冥记》阙文补意及校释，文献1987-4。

刘瑞明：王梵志诗校注辨正，中国语文1985-6。

刘瑞明：王梵志诗校注置辨，敦煌研究1987-4。

刘瑞明：《燕子赋》校注商榷，社会科学1985-5。

刘瑞明：《捉季布传文》再补校敦煌语言，文学研究通讯1989-2。

宁希元：《元刊杂剧三十种》中文字待勘符号辨正，关陇文学论丛1。

平山久雄：高田时雄著《敦煌资料的中国语史研究——九、十世纪的河西方言》，（日）创文292。

松尾良树：敦煌写本里的别字——以《韩擒虎话本》S2144为中心，（日）亚非语言文化研究18。

松尾良树：志村良治著《中国中世语法史研究》，（日）集刊东洋学55。

隋文昭：《儿女英雄传》标点辨误，天津师大学报1986-5。

太田辰夫：通向中古汉语之途的《魏晋南北朝小说词语汇释》，（日）东方95。

王　锳：变文点校献疑，杭州大学学报1988-1。

王　锳：重印本《东京梦华录》献疑，古籍整理与出版情况简报145。

王　锳：读《许政扬文存》散札，书品1986-4。

王　锳：《全金元词》刊误，古籍整理与出版情况简报99。

王　锳：《全宋词》刊误拾遗，古籍整理与出版情况简报95。

王　锳：《太平广记》校点疑误，古籍整理与出版情况简报121。

王　锳：唐宋笔记标点辨误，古籍整理研究学刊1985-4。

王　锳：新校《齐东野语》误校数例，古籍整理与出版情况简报143。

王　锳：《夷坚志》校点补议，古籍整理与出版情况简报132。

王学奇：评王季思先生的《西厢记》注释，语文研究1983-1。

吴小如：读蒋礼鸿《敦煌变文字义通释》，天津师大学报1982-5。

吴小如：读钱南扬先生校注《琵琶记》札记，江淮论坛1981-2。

吴振清、杜淑芬：也评《元曲释词》（一）——兼与井上泰山先生商榷，（日）中国俗文学研究（五）。

项　楚：《补全唐诗》二种续校，四川大学学报1983-3。

项　楚：《大目乾连冥间救母变文》补校，古籍整理研究。

项　楚：敦煌本句道兴《搜神记》补校，文史26。

项　楚：《敦煌变文集》校记散录，敦煌语言文学论文集。

项　楚：敦煌变文校勘商榷，中国语文1982-4。

项　楚：《敦煌写本王梵志诗校注》补正，中华文史论丛1981-4。

项　楚：列1456号王梵志诗残卷补校，中华文史论丛1989-1。

项　楚：《庐山远公话》补校，敦煌学论集。

项　楚：《破魔变文》补校，敦煌学辑刊1986-2。

项　楚：苏藏法忍抄本王梵志诗校注，南开文学研究。

项　楚：《王梵志诗校辑》匡补，中华文史论丛1985-1；敦煌研究2。

项　楚：王梵志诗校注，敦煌吐鲁番文献研究论集4。

项　楚：《维摩碎金》探索，南开学报1983-2。

项　楚：《五灯会元》点校献疑三百例，古籍整理出版情况简报172。

项　楚：《伍子胥变文》补校，文史17。

项　楚：《孝子传》补校，敦煌研究3。

项　楚：《降魔变文》补校，敦煌研究1986-4。

信应举：《王梵志诗校辑》注商榷，中国语文1987-1。

徐沁君：论元曲的校勘、标点和注释，黄石师院学报1981-1。

许幼珊：关于《西厢记》校注中的几个问题，黑龙江大学学报1979-4。

颜洽茂：读第五版《敦煌变文字义通释》——兼论著者的研究思想，杭州大学学报1989-3。

袁　宾：变文词语校释录，敦煌语言文学论文集（浙江古籍出版社，1988）。

袁　宾：《敦煌变文集》校补（一）（二）（三），敦煌学研究1984；华东师大学报1985-2；兰州大学学报1986-2。

袁　宾：敦煌变文校勘零拾，中国语文1984-1。

袁　宾：敦煌变文校勘零札，社会科学1983-6。

袁　宾：敦煌变文校勘零札补记，社会科学1984-4。

袁　宾：评《近代汉语读本》，语文导报1987-4。

袁　宾：《王梵志诗校辑》校释补正，社会科学1985-6。

张金泉：重版《敦煌变文集》试议，杭州大学学报1982-4。

张金泉：敦煌写本《字宝》研究，浙江敦煌学。

张锡厚：敦煌赋集校理，敦煌研究3、4。

张涌泉：敦煌变文标读释例（上），杭州大学学报1987-1。

张涌泉：敦煌变文标读释例（下），敦煌学辑刊2。

张涌泉：敦煌变文校勘平议，敦煌研究1988-4。

张涌泉：敦煌变文校札，敦煌语言文学论文集（浙江古籍出版社，1988）。

张涌泉：《敦煌歌辞总编》误校二十例，古籍整理出版情况简报218。

张涌泉：苏联所藏押座文及说唱佛经故事五种补校，兰州大学学报1987-1。

赵和平、邓文宽：敦煌写本王梵志诗校注，北京大学学报1980-5。

附：主要引用书目

史传典章

史记	中华书局	1975
三国志	同上	1964
南齐书	同上	1972
北齐书	同上	1972
南史	同上	1983
北史	同上	1975
旧唐书	同上	1975
续资治通鉴长编	内府刊本	嘉庆十九年
高僧传	金陵刻经处	光绪十年
续高僧传	同上	
三朝北盟会编	许涵度刻本	
元典章	影印元刊本	
通制条格	浙江古籍出版社	1986

元朝秘史　　　　　　　丛书集成

佛经

佛本行经	大正新修大藏经卷四
撰集百缘经	同上
贤愚经	同上
杂宝藏经	同上
大庄严论经	同上
出曜经	同上
增壹阿含经	同上卷三
过去现在因果经	同上
长寿王经	同上
大宝积经	同上卷一五
童子经念诵法	同上卷一九
佛说大净法门品经	碛砂藏卷一五六
佛说未曾有因缘经	同上卷一七五
百喻经	金陵书画社　1981

释儒语录

神会语录	石井本
抚州曹山本寂禅师语录	大正新修大藏经卷四七

附：主要引用书目　419

洞山良价禅师语录	同上
云门匡真禅师广录	同上
明觉禅师语录	同上
汾阳无德禅师语录	同上
虚堂和尚语录	同上
洞山悟本禅师语录	同上卷四八
佛果圆寂禅师碧岩录	同上
古尊宿语录	续藏经卷一一八
续古尊宿语录	同上卷一一九
虎丘绍隆禅师语录	同上卷一二〇
应菴昙华禅师语录	同上
北涧居简禅师语录	同上卷一二一
灵隐大川济禅师语录	同上
祖堂集	日本中文出版社　1972
景德传灯录	四部丛刊
五灯会元	中华书局　1984
二程语录	国学基本丛书
二程集	正谊堂丛书
朱子语类	中华书局　1983
朱子语类辑略	丛书集成

诗词曲

乐府诗集	四部丛刊
寒山子诗集	同上
全唐诗	中华书局 1960
王梵志诗校辑	同上 1983
敦煌曲校录	上海文艺联合出版社 1955
唐五代词	文学古籍刊行社 1956
宋诗钞	国学基本丛书
全宋词	中华书局 1965
元好问诗词集	中国展望出版社 1986
刘知远诸宫调	文物出版社影印本 1958
董解元西厢	国学基本丛书
永乐大典戏文三种校注	中华书局 1979
元刊杂剧三十种	同上 1980
元曲选	中华书局 1979
金元散曲	同上 1986
元本琵琶记校注	上海古籍出版社 1980
六十种曲	中华书局 1982
明成化说唱词话丛刊	台湾鼎文书局 1979
缀白裘	道光十年校定重刻本

笔记小说

搜神记	中华书局	1979
搜神后记	同上	1981
异苑	津逮秘书	
周氏冥通记	同上	
还冤志	宝颜堂丛书	
殷芸小说	上海古籍出版社	1984
颜氏家训集解	同上	1980
洛阳伽蓝记	同上	1978
世说新语校笺	中华书局	1984
古小说钩沉	人民文学出版社	1973
博物志	丛书集成	
王子年拾遗记	中华书局	1981
朝野佥载	同上	1979
大唐新语	同上	1984
隋唐嘉话	同上	1979
太平广记	同上	1961
剧谈录	同上	1957
酉阳杂俎	同上	1981
唐国史补	上海古典文学出版社	1957
游仙窟	唐人小说本 同上	1955
唐摭言	古典文学出版社	1957

因话录	上海古籍出版社	1979
河东记	说郛本	
鉴诫录	知不足斋丛书	
敦煌掇琐	史语所集刊之二	1925
敦煌变文集	人民文学出版社	1957
大唐三藏取经诗话	文学古籍刊行社	1955
贵耳集	津逮秘书	
石林燕语	中华书局	1984
鹤林玉露	同上	1983
齐东野语	同上	1983
夷坚志	同上	1981
清平山堂话本	文学古籍刊行社影印本	1987
京本通俗小说	同上	
宋人话本七种	亚东图书馆	1951
大宋宣和遗事	商务印书馆	1915
新编五代史平话	古典文学出版社	1954
全相平话五种	文学古籍刊行社影印本	1956
古本平话小说	人民文学出版社	1984
水浒传	同上	1979
三遂平妖传	北京大学出版社	1983
平妖传	上海古籍出版社	1981
西湖二集	浙江人民出版社	1981
古今小说	人民文学出版社	1979

醒世恒言	同上	
警世通言	同上	1956
金瓶梅词话	文学古籍刊行社影明刻本	1957
说郛	涵前楼据明钞本	1925
西游记	人民文学出版社	1981
拍案惊奇	古典文学出版社	1957
二刻拍案惊奇	同上	
儒林外史	作家出版社	1954
醒世姻缘传	齐鲁书社	1980
红楼梦	人民文学出版社	1982
歧路灯	中州书画社	1980
儿女英雄传	人民文学出版社	1983
老残游记	同上	1957
何典	同上	1981
海上花列传	同上	1982
小额	和记书局 光绪三十四年	
郭沫若全集（文学编）	同上 1985	1986
沙汀短篇小说选	同上	1978

其他

齐民要术	四部丛刊
法书要录	人民美术出版社 1986

全唐文　　　　　　　内府刊本　嘉庆十九年
朴通事谚解　　　　　奎章阁丛书第八
老乞大谚解　　　　　同上　第九